한일번역탐구 시리즈 4

Korean-Japanese Translation

한일번역탐구 IV

현장편

김원호 지음

UUP.

한일번역탐구(Ⅳ) - 현장편 -

2011년 2월 07일 초판 인쇄
2011년 2월 14일 초판 발행

지은이 | 김원호
발행인 | 김도연
발행처 | UUP(울산대학교출판부)

출판등록 | 제 370-1996-000001호(1996.3.13)
홈페이지 | http://uup.ulsan.ac.kr
주소 | 680-749 울산광역시 남구 대학로 102(무거동)
울산대학교 출판부
전화 | (052) 259-2488
팩스 | (052) 277-3011

978-89-7868-232-9

값 15,000원

* 잘못된 책은 교환해 드립니다.
* 이 도서의 국립중앙도서관 출판시도서목록(CIP)은 e-CIP홈페이지(http://www.nl.go.kr/ecip)와 국가자료공동목록시스템(http://www.nl.go.kr/kolisnet)에서 이용하실 수 있습니다.(CIP제어번호: CIP2011000478)

머리말

언어표현에서 구어체(「話し言葉」)와 문장체(「書き言葉」)라는 형식이 있다. 일본어로 표현하는 것에도 이 두 가지 형식이 있음은 말할 필요도 없을 것이다. 또한 일본어를 능숙하게 하기 위해서 두 가지 표현형식을 통달하지 않으면 안 될 것이다. 본서는 그 중 문장체(「書き言葉」)에 대한 한일韓日 번역에 관한 전문탐구서라 할 수 있다.

「書き言葉」로 이루어진 문장표현에 문말文末의 종조사終助詞를 추가하여 잘 운용하여 활용하면, 「話し言葉」의 표현도 동시에 정복할 수 있을 것이다. 그런데 한일 양국어를 상호 이전하는 경우, 잘못 행해지는 것을 현장에서 자주 볼 수 있는데, 그것은 각각의 국어에 나름대로 어학적인 특성이 있기 때문으로 본다.

본서의 〈한국어문〉은 평상시 저자가 우리말의 아름다움에 매료되어 매우 흥미있게 읽은 신문의 칼럼이나 광고문을 모은 것이다. 우리말의 다양한 장면과 상황을 생각하면서 최대한 일본어다운 문장(日本語らしい日本語)으로 만들어 보는 것을 본서의 목표로 하고 있다. 또한 본서는 어휘의 해설이 간결하게 되어 있고 주옥같

은 예문이 풍부하게 정리되어 있어 한일번역에 큰 도움이 될 것으로 본다. 무엇보다 독자들에게 알기 쉽게 설명하기 위하여, 많은 참고문헌의 예문을 인용했으며 그 중 여러 장면에서 구사되고 있는 실용적인 예문을 선별하는데 노력하였다. 유니크할 뿐 아니라 흥미롭고 시사성이 있는 많은 예문이 실려 있어 학습에 큰 도움이 될 것으로 본다.

본서의 〈일본어번역문〉은, A, B 두 가지 형으로 제시되어 있어 배우는 사람에게 큰 도움을 줄 수 있을 것으로 본다. 원래 언어에 있어서 상호 이전하여 표현하는 데는 한가지의 표현은 있을 수 없다. 그것은 수많은 유의어類義語가 존재하기 때문이다. 유의어 형태의 표현으로 다양하게 나타낼 수 있고, 그렇게 여러 가지 어휘로 언어연습을 반복하는 것이야말로 효과적인 학습방법이 될 수 있을 것이다.

본서는, 초급이상의 일본어 학습자에게 유용하며, 일본어능력 향상에 큰 효과가 있을 것으로 생각한다. 본서를 활용하여 평상시 한 마디 한마디 올바르게 표현하도록 노력하는 것이 무엇보다 중요하므로, 여러분들의 꾸준한 연마를 기대하는 바이다.

그리고 본서에 실려 있는 한국어문의 분량은 그다지 많지 않다. 배우기 쉽게 적당한 분량으로 편집했으며 짧은 기간에 소기의 실력을 향상시킬 수 있을 것으로 기대한다.

그리고 본서는, 기존 발간된 『한일번역탐구』시리즈Ⅰ,Ⅱ,Ⅲ권에 이어 제 Ⅳ권(현장편)으로, 오랫동안에 걸쳐 각고의 노력을 거듭한 끝에 출간하게 되어 무엇보다 감개무량하다. 앞으로 계속 여러 분야의 다양한 한국어 명문名文을 실어 실용적인 한일번역탐구에 효과적인 방법서가 되도록 약속하면서 여러분들의 많은 조언과 질책을 바라마지 않는다.

마지막으로 본서가 출판되기까지 도움을 준 `일본어 번역 세미나`의 후학들, 히로야마 아키요 선생님 그리고 출판부 여러분에게 고마움을 표시하고 싶다.

2010. 9. 30

스위스 융프라우를 다녀오면서

저 자

■ 일러두기

* 본서는, 크게 나누어 다음과 같이 구성되어 있다.

1 본문은, 〈18장〉으로 구성되어 있으며, 각장各章에는 다음과 같이 나누어 설명한다.

[한국어문] : 한국의 일간신문日刊新聞에 게재된 내용으로, 정치, 경제, 사회, 문화 등 우리사회의 여러 가지 면을 볼 수 있는 내용이다. 평상시 저자가 매우 홍미 있게 읽은 칼럼이나 광고문을 모은 것으로, 우리말의 중요한 어휘·어구에 밑줄을 그어 〈제시어〉로 표시해 두었다.

[한자 어휘] : 해당 한국어문에 대응하는 일본어 한자숙어의 읽는 방법(読み方)을 표시하고 있다. 주로 초급이상의 어휘만을 선별하여 정리해두었다.

▸ 본격적 : 本格的(ほんかくてき)　　둑 : 土手(どて)

[어휘 및 어구] :

A. 한국어문에 밑줄 그은 〈제시어〉를 중심으로, 그것에 해당하는 일본어 유의어를 다양하게 배열해 두었다. 본문에 있는 내용 순서대로 배열해 두었으며 알기 쉽고 홍미로운 예문을 들었다. 또한 예문 속에 있는 초급이상의 〈한자〉에는 최대한 가나를 달아 두었고, 또한 그 예문이 어디에서 인용되었는지 [출전出典]이 필요할 경우, 문말에 명기明記하여 이해에 도움을 주었다.

예) 신(이) 나다 : うきうきする，調子(ちょうし)にのる，浮(う)かれる

▶ 봄바람에 신이 나(마음이 들떠) 있다.
春風(はるかぜ)に浮かれている。

예) ▶ 오는 2014년 제20회 FIFA 월드컵은, 브라질에서 개최하게 되었다.[월드컵, 동아]
来(きた)る2014年の第20回FIFAワールドカップは、ブラジルで開催(かいさい)することになった。

B. 그리고 제시어가 특이하게 사용될 경우, 〈cf〉란을 두어 제시어와의 차이를 이해하는데 도움을 주었다.

예) 味(あじ)がする : 맛이 나다

▶ 이 약은, 초콜릿 같은 맛이 나 먹기 좋은데.
この薬は，チョコレートみたいな味がして飲みやすいね。

cf) 맛을 내다 : 味(あじ)をつける

▶ 이 생선요리는, 소금과 후추만으로 맛을 냈습니다.
この魚料理は、塩とこしょうだけで味をつけました。

C. 일본어의 유의어 표기는, 먼저 한자를 표기하고 후리가나를 해 두었다. 경우에 따라 그 한자가 자주 사용되지 않을 경우, 후리가나를 먼저 표기하고 (　)에 한자를 표기해 두었다.

예) 真剣(しんけん)だ　　うなず(頷)く　　はた(傍)

D. 최근 한국어와 일본어에 외래어가 자주 등장하고 있다. 특히 한국어 예문에 사용되고 있는 외래어에는 필요한 경우, 그 해당하는 원어를 (　)속에 작게 표기하

여 도움을 주었다.

예) 스타벅스(= Starbucks)　　　아이폰(= iPhone)
거스・히딩크(= Guus Hiddink)　　센(= Seine)강
찰스 채플린(= Charles Chaplin)
입생・로랑(= Yves Saint Laurent)

※ [**일본어번역문** A] : 학습자에게서 자주 보이는 번역으로, 평범한 일본어문의 경우를 말한다. 또한 [일본어번역문 B]와 다르게 번역된 어휘・어구에 대해서는 밑줄을 그어, 그 유의어와 차이를 보여주고 있다.

※ [**일본어번역문** B] : 그야말로 정제된 일본어표현이며 고급적인 일본어문장으로 [일본어번역문 A]보다 더욱 일본어다운 표현으로 모범적이며 권장할 만한 번역문이다.

2 [**색인편**]에는 〈한국어편〉・〈일본어편〉・〈한자읽기편〉을 실었다. 하나의 외국어가 다른 외국어로 어떻게 표현되고 있는지 쉽게 찾아볼 수 있도록 사전식으로 배열해 두었다.

3 본서에 사용한 **〈용례문의 참고문헌〉**은 다음과 같다. 대단히 유용함으로 반드시 활용해 보도록 하자. 본서에 사용한 해당용례문에는 〈약어〉로 그 [출전]을 마지막에 명기해두었다. 그리고 표현의 상황 및 의미・용법을 정확히 파악하기 위하여 인터넷 온라인, 사전, 신문, 소설, 잡지 등에서도 참고하기로 한다. (단, 사전・소설・잡지는 출전을 「약어」로 하지 않고 그대로 예문만 제시하기로 한다.)

용례문의 참고문헌

〈 On · Line류 〉 [약어]

- www.yahoo.co.kr → [kr]
- www.yahoo.co.jp → [yp]
- www.donga.com → [동아]
- www.chosun.com → [조선]
- www.joins.com → [중앙]

〈 사전류 〉

- 新村出(1989),『広辞苑』, 3版, 岩波書店
- 文化庁(1973),『外国人のための基本語用例辞典』, 大蔵省印刷局
- 日本語教育学会(1982),『日本語教育事典』, 大修館
- 森田良行(1994),『基礎日本語辞典』, 角川書店 (『基礎日本語』1,2,3의 合本)
- グループ・ジャマシイ編(1998),『日本語文型辞典』, くろしお出版
- 山岸勝営・外多数(2000),『スーパー・アンカー和英辞典』, 学研出版
- 藤原与一・磯貝英夫(1985),『表現類義辞典』, 東京堂
- 大阪外国語大学 朝鮮語研究会編(1985),『朝鮮語大辞典』(上)(下), 角川書店
- 林史典・鶴岡昭夫(1992),『15万例文・成句 現代国語用例辞典』, 教育社
- 小学館辞典編輯部(1994),『使い方の分かる類語例解辞典』, 小学館
- 田忠魁・泉原省二・金相順(1998),『類義語使い分け辞典』, 研究社

목 차

1장 에어로빅의 인기

한국어문

신나는 음악, 화려한 의상, 그리고 역동적인 율동이 한데 어우러지는 에어로빅. 74년 국내에 도입돼 80년대에 폭발적인 인기를 끌었던 에어로빅은 지금도 꾸준한 사랑을 받고 있는 「롱런 레포츠」다.[에어로빅의 인기, 스포츠, 조선]

한자어휘

음악 : 音楽(おんがく)
의상 : 衣装(いしょう)
역동적 : 力動的(りきどうてき)
율동 : 律動(りつどう), 動(うご)き
도입 : 導入(どうにゅう)
폭발적 : 爆発的(ばくはつてき)
인기 : 人気(にんき)

어휘 및 어구

1. 신(이)나다 : うきうきする, 調子(ちょうし)にのる, 浮(う)かれる, 浮かされる, 興(きょう)が湧(わ)く, 興趣(きょうしゅ)がわく

▶ 이제 봄의 정취가 만연하여 신이 난다.
もう春の趣(おもむき)いっぱいでうきうきする。

▶ 오늘은, 3월 3일 히나 마츠리로, 여자아이들이 신이 났다(들떠 있다).
今日は、三月三日ひな祭(まつ)りで、女の子たちはうきうきしている。

▶ 후계자로의 이상을 신이 나서 이야기하는 토라씨는, 실연한 그 남자를 격려해주고 있었다.[男はつらいよ, 寅次郎]
後継者(こうけいしゃ)としての理想(りそう)を調子にのって話す寅さんは、失恋(しつれん)したあの男を励(はげ)ましていた。

▶ 봄바람에 신이 나(마음이 들떠) 있다.
春風(はるかぜ)に浮かれている。

▶ 허영에 신난(들뜬) 마음을 버려요.
虚栄(きょえい)に浮かれた心をすてなさい。

▶ 소년들은 축구열에 신나 있다(들떠있다).
少年たちはサッカー熱(ねつ)に浮かされている。

▶ 이 음악은, 어딘가 여행하고 싶은 신나는(흥이 나는) 가사와 트롯계통의 멜로디로, 남녀노소를 불문하고 인기 있는 바캉스 노래입니다.

この音楽は、どこかへ旅行したくなるような興が湧く歌詞(かし)とトロット系(けい)のメロディで、老若男女(ろうにゃくなんにょ)を問(と)わず人気を博(はく)しているバカンス・ソングです。

▶ 나는 때때로 신이 나면(흥이 나면) 시를 읊는다.
私は、ときどき興趣がわいたら詩(し)を吟(ぎん)じる。

cf) 안절부절 하다 : (落ち着かずに) そわそわする

▶ 하루 종일 안절부절 하며 보내 버렸다
一日中そわそわして過ごしてしまった。

cf) 두근두근 거리다 : (落ち着かずにそわそわして) どきどきする

▶ 가슴을 두근거리며 당선작 발표를 기다린다.
どきどきしながら当選作発表(とうせんさくはっぴょう)を待つ。

2. 화려하다 : 華麗(かれい)だ, 派手(はで)やかだ, 華(はな)やかだ, 派手(はで)だ

▶ 프로 스케이트 팀의 화려한 인라인 스케이트댄스.
プロスケターチームの華麗なインラインスケートダンス。

▶ 한국의 궁궐은, 중국의 궁궐처럼 넓고 화려하지는 않지만, 그것보다 더 우아하며 섬세하고 색이 다양하다.
韓国の宮廷(きゅうてい)は、中国宮廷のように広くて派手やかではないが、それよりもっと雅(みやび)やかで繊細(せんさい)で色が多様(たよう)である。

▶ 특히 여름의 해질녘 산책은, 평화롭고 기분 좋으면서 동시에 화려하다.

特に夏の夕暮(ゆうぐ)れどきの散歩は、平和で心地(ここち)よく、同時に<u>華やかだ</u>。

▶ 그는 <u>화려한</u>(화사한) 빛깔의 넥타이를 매고 외출했다.
彼は、<u>はでな</u>色のネクタイをして出かけた。

cf) 派手(はで)だ : 홍청망청하다, 격렬하다

▶ 매일 밤 바에 가서 <u>홍청망청</u> 돈을 <u>쓰고</u> 있다.
毎晩バーへ行って<u>はでに</u>お金を使っている。

▶ 나는 반항적인 태도 때문에 특히나 엄마와 <u>격렬한</u> 싸움을 매일 반복하게 되었지요.[筆談ホステス, 斎藤理絵]
私は、反抗的(はんこうてき)な態度を取るので、特に母親とは<u>派手な</u>ケンカを毎日のように繰り返すようになったのです。

3. 역동적이다 : ダイナミック(= dynamic)だ, 躍動的(やくどうてき)だ, 力動的(りきどうてき)だ

▶ 스페인의 훌라댄스는 <u>역동적인</u>(다이내믹한) 춤이다.
スペインのフラーダンスは、<u>ダイナミックな</u>踊(おど)りである。

▶ 야생돌고래의 <u>역동적인</u> 점프가 볼만했다.
野生のイルカの<u>躍動的な</u>ジャンプが見事(みごと)だった。

▶ 공중에 그려지는 긴 리본의 <u>역동적인</u> 모양과 연주, 여기에 무용이 일체가 되어 이루어지는 한국 전통예술의 독특한 미학을 느낄 수 있는 특별한 공연입니다.[한국전통공연, kr]
空中(くうちゅう)に描かれる長いリボンの<u>力動的な</u>模様と演奏、ここへ舞踊(ぶよう)が一体となり、成(な)し遂(と)げられる韓国伝統芸術の独特な美学(びがく)を感じることができる特別な公演です。

4. (한데) 어우러지다 : 一緒(いっしょ)になる, 一塊(ひとかたまり)になる, 一(ひと)つになる, 調和(ちょうわ)する, 合(あ)わさる

▸ 많은 사람들과 어우러져 돌아다닌다.
多くの人と一緒になって徘徊(はいかい)する。

▸ 무언가 무서운 일이 있으면, 모두 모여 한데 어우러지는(하나가 되는) 습성이 있습니다.
何か恐い事があるとみんなで集まり、一塊になる習性があります。

▸ 자욱한 안개로 하늘과 바다가 한데 어우러진(하나가 돼버린) 섬.
たちこめた霧(きり)で、空と海が一つになった島。

▸ 오늘은 양복하고 모자가 잘 어울린다.
今日は、洋服(ようふく)と帽子(ぼうし)がよく調和している。

▸ 축제의 마지막에는 징이며 꽹과리, 북, 장구가 한데 어우러졌다.
祭りの最後(さいご)には、どらや鉦(かね)、太鼓(たいこ)、鼓(つづみ)が合わさった。

cf) 一緒(いっしょ)にする : (두 가지가 동일하다고) 잘못 생각하다, 혼동하다

▸ 둘은 얼굴이 닮아 이내 혼동하고 맙니다.
二人は顔が似(に)ているから、すぐ一緒にしてしまいます。

▸ 조심스러운 것과 겁이 많다는 것을 혼동해서는 안 된다.
「注意ぶかいということ」と「おくびょうなこと」を一緒にしてはいけない。

5. 도입되다 : 導入(どうにゅう)する(自), 取(と)り入(い)れられる

▶ 최첨단 기술이 국내에 <u>도입되</u>어 통신 산업이 눈부시게 발전하고 있다.

最尖端技術(さいせんたんぎじゅつ)が国内に<u>導入さ</u>れて通信産業(つうしんさんぎょう)が輝(かが)やかしく発展している。

▶ 글로벌시대에는 외국 문화가 <u>도입 될</u>(받아들여질) 수밖에 없다.

グローバル時代には、外国の文化が<u>取り入れ</u>られざるをえない。

6. 인기를 끌다 : 人気(にんき)を呼(よ)ぶ, 人気を得(え)る, 人気を取(と)る, 人気を集(あつ)める

▶ 이러한 시민의 <u>인기를 끄</u>는 '시민기획 강좌'란, 문자 그대로 시민의 손으로 기획된 강좌이다.[시민강좌, yp]

こうした市民の<u>人気を呼ぶ</u>`市民企画(きかく)講座`とは、文字どおり市民の手で企画された講座である。

▶ 서울에서 의대를 졸업하고 군의관으로 근무하고 있는 젊은 장교는 환자들 간에서도 <u>인기를 끌</u>었다(인기가 높았다).[지구인, 최인호]

ソウルで医大(いだい)を卒業して軍医(ぐんい)に勤めている若い将校(しょうこう)は、患者(かんじゃ)の間でも<u>人気を呼ん</u>だ。

▶ 그의 곡은, 이전 같은 <u>인기를 끌</u>지(얻지) 못해 생활도 서서히 힘들게 되었다.

彼の曲(きょく)は、以前のように<u>人気を得る</u>ことはなくなり、生活も徐々(じょじょ)に苦しくなっていた。

▸ 그 정치가는 세간의 인기를 끄는 말만 하고 있다.

あの政治家(せいじか)は世間(せけん)の人気を取るようなことばかり言っている。

▸ 이 장난감은 지금 아이들의 인기를 끌고 있다(모으고 있다).

このおもちゃは今子供たちの人気を集めている。

7. 지금도 : 今(いま)も, いまだに, まだ

▸ 지금도 선생님은 여전히 울산에 살고 계십니까?

今も先生は、なおウルサンに住んで居(お)られますか。

▸ 9.11동시다발 테러는 지금도 잊을 수 없는 사건이다.

9.11同時多発(どうじたはつ)テロは、いまだに忘れられない出来事(できごと)だ。

▸ 오전에도 부슬비가 왔는데 지금도 오고 있어요.

午前中も小雨(こさめ)だったんですけど、まだ雨が降りつづいています。

8. 꾸준하다 : 根強(ねづよ)い, 根気(こんき)がある, 着実(ちゃくじつ)だ, うまずたゆまず(倦まず撓まず)～する, 粘(ねば)り強い

▸ 그녀는, 1988년에 단편소설 '동트는 새벽'으로 데뷔한 이래, 한국에서 젊은 여성에게 꾸준히 지지를 받고 있는 인기작가입니다.[공지영, kr]

彼女は、1988年に短篇小説`日の上る夜明け`でデビューして

以来、韓国で若い女性に根強く支持(しじ)されている人気作家です。

▸ 얼마나 잘 하는가 보다는, 얼마나 꾸준할지가(끈기가 있을지가) 중요합니다.
どれだけよくやるかというよりは、どれだけ根気があるかが重要です。

▸ 그는 이제까지 학문의 길을 꾸준하게 걸어왔다.
彼は、今まで学問(がくもん)の道を着実に歩いて来た。

▸ 줄기찬 연구로 새로운 것을 꾸준히 개척할 능력을 지니고 있는 한, 교수다운 교수가 될 수 있는 것이다.[대학가의 파수병, 이숭녕]
たゆみない研究で新しいことを倦まず弛まず開拓(かいたく)する能力(のうりょく)があればこそ、教授らしい教授になることができるのだ。

▸ 나는 꾸준한(끈질긴) 성격이므로, 입사하여 곧바로 회사를 그만두지는 않습니다.[이력서, yp]
私は粘り強い性格ですので、入社してすぐに会社を辞(や)めるといったようなことはいたしません。

cf) 꾸준히 : こつこつ(と), しこしこ(と)

▸ 그가 꾸준히 돈을 모으고 있는 것은 외국에 여행 가기 위해서입니다.
彼がこつこつとお金をためているのは、外国へ旅行するためです。

▸ 인생의 가장 어려운 시기인 나는, 꾸준히 돈을 모으는 것 밖에 재능이 없어요.[출장日誌, yp]
生まれてこのかた最も大変な時期にいるおれは、しこしことお金を貯(た)めることしか能(のう)がありません。

일본어번역문 1-A

調子にのっている音楽、はでな衣装、そして力動的な律動が一つになったエアロビクス。74年、国内に導入して、80年代に爆発的な人気を集めたエアロビクスは、今も人達に粘り強く愛されているロングラン・レジャースポーツだ。

일본어번역문 1-B

うきうきする音楽、華やかな衣装、それにダイナミックな動きが合わさったエアロビクス。74年、国内に取り入れられて、80年代に爆発的な人気を呼んだエアロビクスは、今も人々に根強く愛されているロングラン・レジャースポーツだ。

2장 사회지도층의 자세

한국어문

국회의원이 외유 중 세계 최고급 주류를 구입한 것이나 상식을 뛰어넘는 자녀 호화결혼식 등은 일반시민들을 당황하게 만들고 있다. 가뜩이나 경제가 어렵다는데 사회 지도층 인사들이 왜 이러는가.[사회지도층의 자세, 정치, 조선]

한자어휘

국회의원 : 国会議員(こっかいぎいん)

외유 : 外遊(がいゆう), 海外旅行(かいがいりょこう)

최고급 : 最高級(さいこうきゅう)

주류 : 酒類(しゅるい)

구입하다 : 購入(こうにゅう)する

상식 : 常識(じょうしき)

자녀 : 子供(こども), 子女(しじょ)

호화 : 豪華(ごうか)

사회지도층 : 社会指導階層(しゃかいしどうかいそう)

어휘 및 어구

1. 국회의원 : 国会議員(こっかいぎいん), 代議士(だいぎし)

▶ 그는, 이번 국회의원 선거에서 당선되어 기고만장하다.
彼は、今度の国会議員の選挙(せんきょ)で当選(とうせん)して得意絶頂(とくいぜっちょう)である。

▶ 좌파 출신의 국회의원은 수가 적다.
左翼出身(さよくしゅっしん)の代議士は、数少(かずすく)ない。

2. 외유 : 外遊((がいゆう), 海外旅行(かいがいりょこう)

▶ 수상은 6월에 유럽으로 외유길에 오른다.
首相は、6月ヨーロッパへ外遊の途(と)にのぼる。

▶ 그는 안식년 동안 세계로 외유했다.
彼はサバティカル・イヤー中、世界に海外旅行にいった。

▶ 그의 외유이야기는 그것만으로도 한 편의 소설이 될 정도다.
彼の海外旅行談は、それだけでも一編(いっぺん)の小説が出来上(できあ)がるほどだ。

▶ 외유하여 견문을 넓히는 것이 중요하다.
海外旅行をして見聞(けんぶん)を広(ひろ)めることが大切だ。

3. ~중 (~가운데) : (접미) ~中(ちゅう)

▸ 지금 막 식사중이니까 잠시 기다려 주세요.

ただいま食事(しょくじ)中ですから、しばらくお待(ま)ちください。

▸ 이 정도의 피해라면 불행 중 다행입니다.

これぐらいの被害だったら、不幸(ふこう)中のさいわいです。

▸ 공기 가운데 수분이 적으면 목이 아파진다.

空気(くうき)中の水分(すいぶん)が少ないと、のどが痛(いた)くなる。

cf) ～じゅう(中) : (시간 · 장소 + じゅう)～내내, ～동안 (쭉 계속해서), 온～ (그 전체). * 이 경우에 한자「中」은 히라가나「じゅう」로 자주 표기한다.

▸ 근래에는 대부분의 과일이 일년 내내 언제라도 먹을 수 있게 되었다.

近ごろは、たいていの果物が一年じゅういつでも食べられるようになった。

▸ 여름방학 동안에 여행을 떠나, 집에는 하루도 있지 않았다.

夏休みじゅう旅行(りょこう)にでかけて、家には一日もいなかった。

▸ 온 세계 어디라도 자유로이 갈 수 있게 되면 즐겁겠지요.

世界じゅうどこでも自由(じゆう)に行けるようになったら、楽(たの)しいでしょうね。

▸ 저 학생은 학교 전체에서 제일 공부를 잘한다.

あの人は、学校じゅうで一番よくできる。

4. (상식, 기대를) 뛰어넘는(벗어난) : 常識(じょうしき)を超(こ)えた, 常識外(はず)れな, 期待外(きたいはず)れの

- ▶ 그것은 상식을 뛰어넘는 행위입니다.
  それは常識を超えた行(おこな)いです。
- ▶ 많은 뮤지션들은, 상식에서 벗어난 곡은 만들지 않습니다.
  多くのミュージシャンは、'常識外れな'曲は作りません。
- ▶ 기대에 어긋난 말을 상대방에게 듣고 낙담했다.
  期待外れのことを相手(あいて)に言われて、がっかりした。

cf) 뛰어넘다(극복하다) : 飛(と)び越(こ)す, 乗(の)り越(こ)える

- ▶ 작은 시내를 뛰어넘어 지름길을 택했다.
  小さな川を飛び越して近道(ちかみち)をした。
- ▶ 나를 뛰어넘어 저 녀석이 승진한 것은 불공평하다.
  僕を飛び越してあいつが昇進(しょうしん)したのは不公平(ふこうへい)だ。
- ▶ 도둑은 높은 담을 뛰어넘어(타고 넘어) 잠입했다.
  泥棒(どろぼう)は、高い塀(へい)を乗り越えて忍(しの)び込(こ)んだ。
- ▶ 그는 가난과 병고를 뛰어넘어(극복하고) 대발명을 이룩했다.
  彼は、貧乏(びんぼう)と病苦(びょうく)を乗り越えて大発明(だいはつめい)を成(な)し遂(と)げた。

cf) 外(はず)れ : (N) 변두리, 벗어난 곳

- ▶ 그 선생님은 시가지 변두리에 살고 있다.

あの先生は、町のはずれに住んでいる。

▶ 이 도로의 벗어난 곳에 예쁜 커피숍이 섰다.
この街道(かいどう)の外れに、きれいなコーヒーショップが建(た)っている。

5. 당황하다 : 面食(めんく)らう, うろたえる(狼狽える), 慌(あわ)てる, まごつく(= まごまごする)[1]

▶ 누구든지 다급해지면 당황하기 마련이다.
だれでもいざという時になると、めんくらうものだ。

▶ 어떠한 환경에도 당황하지 않을 것이다.
どのような環境(かんきょう)でもうろたえないだろう。

▶ 언제 어떤 일이 일어나도 당황하지 않도록 하세요.
いつ何が起こっても慌てないようにしなさい。

▶ 사전에 준비해 두면, 당일 당황하지 않아도 됩니다.
事前(じぜん)に準備しておけば、当日まごつかなくて済(す)みます。

▶ 어시장에서는, 남자들이 바쁜 듯 뛰어 돌아다녀서, 당황하고 (우물쭈물하고) 있다가는 이내 화난 목소리를 듣게 된다.
魚河岸(うおがし)では、男たちが忙(いそが)しそうに走(はし)り回(まわ)り、まごまごしているとすぐ怒声(どせい)が飛(と)んでくる。

---

1) <뉘앙스의 차이>

	めんくらう	うろたえる	あわてる	まごつく
➡ 突然質問されて ―	○	○	○	○
➡ 秘密がばれて ―	○	○	✘	✘
➡ 不馴(ふな)れな仕事で ―	✧	○	○	✧
➡ 勝手(かって)が分からず ― (사정을 모르고 당황하다)	✘	✘	○	✘

6. 가뜩이나 : さらに悪いことには, それでなくても, そうでなくとも, あまつさえ[2], ただでさえ(= 副, たださえ), おまけに

▸ 가뜩이나 비까지 오기 시작했다.
さらに悪いことには雨まで降り始めた。

▸ 가뜩이나 부아가 치미는데 아침 일찍부터 잔소리만 해댄다.
そうでなくてもむしゃくしゃしているのに、朝(あさ)っぱら[3]から小言(こごと)ばかりならべる。

▸ 가뜩이나 곤경에 빠졌는데 도둑까지 맞았다.
そうでなくとも窮地(きゅうち)に陥(おちい)っているのに、泥棒(どろぼう)にまで入られた。

▸ 그는 실직한데다 가뜩이나 병까지 나 버렸다.
彼は、失業(しつぎょう)しあまつさえ病気(びょうき)にまでなってしまった。

▸ 태풍의 영향으로 바람이 거칠어진데다 가뜩이나 비까지 겹친다.
台風の影響によって、風荒(かぜあれ)あまつさえ雨も加(く)わわる。

▸ 가뜩이나(그렇지 않아도) 더운데 어떻게 뜨거운 것을 마시겠소.
ただでさえ暑いのに、どうして熱(あつ)いものが飲めますか。

▸ 오늘은 황사가 심하다. 가뜩이나(게다가) 비까지 오기 시작했다.
今日は黄砂(こうさ)がきびしい。おまけに雨まで降り出した。

---

2) 부사 `あまりさへ`의 촉음편 `あまっさえ`에서 변한 말(古めかしい表現).
▸ 반성하는 기색은커녕 비웃음마저 띠고 있다
反省(はんせい)の色(いろ)もなくあまつさえ薄笑(うすわらい)まで浮(うか)べている。

3) ‘朝(あさ)っぱら’는, ‘空(す)き腹(はら)’의 말에서 ‘이른 아침’‘식전’의 뜻이다.

7. 어렵다 : 大変(たいへん)だ, 苦(くる)しい, 困難(こんなん)だ

▸ 경제적으로 어려운 가운데에서도 아이를 다섯씩이나 대학에 보냈다.
経済的に大変な中、子供を五人も大学に行かせた。

▸ 그 기자는, 한 달간 어려운(고된) 아프리카 취재를 계속했다.
あの記者は、一ヶ月(いっかげつ)の間、たいへんなアフリカでの取材(しゅざい)を続けた。

▸ 경기가 호전됐다지만 서민의 삶은 아직도 어렵기만(힘들기만) 하다.[서민생활, 동아]
景気が回復(かいふく)したというが、庶民(しょみん)の暮らしは相変(あいか)わらず苦しいだけだ。

▸ 연말까지의 저서 탈고는, 어렵기는 하나 불가능하지 않다.
年末までに著書(ちょしょ)を仕上(しあ)げるのは、困難ではあるが不可能(ふかのう)ではない。

▸ 어려운 일을 해냈을 때는 하여튼 기분이 좋은 법이다.
困難な仕事をやり遂(と)げたときは、とにかく気持ちのいいものです。

8. 왜 이러는가? : なぜこうなのであろうか, いったいどうしたんだ

▸ 일류학교를 나온 어느 국회의원의 성희롱발언, 왜 이러는가? 사람은 학력보다 사람의 됨됨이가 중요하지요.[성희롱, 중앙]
一流校(いちりゅうこう)を出た、ある国会議員のセクハラ発言、なぜこうなのであろうか。人は学歴より人(ひと)となりが重要ですね。

▸ 독경하는 스님이 왜 이러는가? 물으니 다들 말하기를, 왜 이러는가? 반복했다. 그러자 독경하는 스님은 화가 나서 나가 버렸다.[스님, kr]

読経(どきょう)するお坊(ぼう)さんが、いったいどうしたんだというと、みんなもいったいどうしたんだとくりかえした。すると、読経するお坊さんは腹(はら)を立(た)てて出ていってしまった。

일본어번역문 2-A

国会議員が洋行している中、世界最高級の酒類を購入したことや期待外れの子女の豪華結婚式などは一般の市民たちをあわてさせている。それでなくても経済が困難なのに社会指導層の人士がいったいどうしたんだ。

일본어번역문 2-B

代議士が外遊中、世界最高級の酒類を購入したことや子供のための常識を超えた豪華な結婚式などは一般の市民たちをめんくらわせている。そうでなくとも、経済状態が大変なのに社会指導階層の人達がなぜこうなのであろうか。

3장 귀성길 시간절약

한국어문

고향에 자주 가기 어려운 사람들은 근래 고향 주변에 무슨 길이 새로 뚫렸는지 아무래도 어둡다. 이런 신설도로를 이용하면 귀성-귀경길 체증을 피해 시간을 상당히 절약할 수 있다.[귀성길 시간절약, 교통, 조선]

한지어휘

고향 : 故郷(こきょう)
근래 : 最近(さいきん)
주변 : 周辺(しゅうへん), 近辺(きんぺん)
신설도로 : 新設道路(しんせつどうろ)
이용하다 : 利用(りよう)する
귀성-귀경 : 帰省(きせい)-帰京(ききょう)
체증 : 渋滞(じゅうたい), ラッシュ
절약하다 : 節約(せつやく)する

어휘 및 어구

1. **고향** : 故郷(こきょう), ふるさと(古里, 故里, 故郷), 郷里(きょうり), 国(くに)

- 오랜만에 고향을 찾으니 실로 감개무량하다.
  ひさしぶりに故郷を訪(たず)ねたら実に感慨深(かんがいぶか)い。
- 그는 학교에 오면, 늘 고향에 있는 큰 자작나무 자랑만 한다.
  彼は学校に来ると、いつも故郷の大きなシラカバの自慢(じまん)ばかりする。
- 시골 어머니로부터 편지를 받고, 고향 사람들과 고향 산들이 생각났다.
  国の母から手紙をもらって、古里の人々や古里の山々を思い出した。
- 오랜만에 간 고향에서 첫사랑을 딱 마주쳤다.
  久(ひさ)し振(ぶ)りに帰ったふるさとで、初恋(はつこい)の人にばったり出会(であ)った。
- 십년 만에 고향에 돌아온 그녀 앞에, 완전히 변한 마을이 있었다.
  十年ぶりに郷里に帰った彼女の前に、すっかり変わった町があった。
- 고향에는 부모님이 계십니다만, 졸업하면 서울에 오시게 해서 함께 살 작정입니다.
  国には両親がいますが、卒業したらソウルへ呼んで一緒に暮らすつもりです。

2. **자주(종종)** : たびたび, よく, しばしば, 重(かさ)ね重(かさ)ね, しょっちゅう[='初中後(しょちゅうご)'의 음변화]

▶ 이 근처 바다는 파도가 거칠어 배가 자주 조난된다고 한다.
この辺(あた)りの海は、波(なみ)が荒(あら)く、船がたびたび遭難(そうなん)するそうだ。

▶ 그는 자주 시원한 카페에 앉아 노트북 PC를 사용하기도 한다. 주로 친구들을 기다리거나 만나기 위해서다.[디지털 맨, 동아]
彼は、よく(しばしば)クーラーの利(き)いているカフェーに座って、ノート型パソコンを使ったりもする。主に友達を待ったり、友達に会うためだ。

▶ 자주 폐를 끼쳐서 죄송합니다.
重ね重ねご迷惑(めいわく)をかけて申(もう)し訳(わけ)ありません。

▶ 고등학교 친구는 종종 만나지만, 중학교 친구는 그다지 만날 수가 없군.
高校の友だちにはしょっちゅう会うが、中学校の友だちにはあまり会えないね。

3. **근래** : 最近(さいきん), 近来(きんらい), このごろ, 近頃(ちかごろ), 当今(とうこん)

▶ 그는 근래(최근) 어여쁜 그녀와 결혼하여 행복하게 살고 있다.
彼は最近きれいな彼女と結婚して幸せにくらしている。

▶ 근래에 와서 이 부근은 전원주택이 부쩍 늘었다.
近来、この辺りには田園住宅(でんえんじゅうたく)がうんと増

(ふ)えた。

▸ 그야말로 근래(요즘) 보기 드문 인물이다.
彼こそこのごろまれにみる大人物(だいじんぶつ)である。

▸ 근래(최근) 좀처럼 그 사람을 만나지 않았다.
近頃めったにあの人に会わなかった。

▸ 근래(요즘)에는 모든 것이 놀랄 만큼 빨리 변한다.
当今には、すべてのものが驚(おどろ)くほど早く変(か)わる。

4. 주변 : 周(まわ)り, 周辺(しゅうへん), 周囲(しゅうい), 近辺(きんぺん)

▸ 수상한 남자가 집 주변을 배회하고 있다.
不審(ふしん)な男が家の周りをうろついている。

▸ 나의 주변에는 우수한 인재가 많아 매우 도움이 되지요.
私のまわりには、優秀(ゆうしゅう)な人材(じんざい)が多くてとても役に立ちます。

▸ 범행현장의 주변을 샅샅이 조사했지만, 증거가 될 만한 것은 찾지 못했다.
犯行現場(はんこうげんば)の周辺をくまなく捜査(そうさ)したが、証拠(しょうこ)となるようなものは見つからなかった。

▸ 주변(주위) 사람들을 비판하면서, 자신만은 예외라고 하는 자만심이 인간에게는 거의 다 있습니다.
周囲の人々を批判(ひはん)しながら、自分だけは例外(れいがい)だといううぬぼれが、人間にはありがちです。

▸ 지진이 멈춘 뒤에 정원에 나가 보니, 주변 일대의 지면이 20cm이상 솟아올라 있었다.

地震がとまったあとで庭に出てみると、近辺(辺り)一帯(いったい)の地面が二十センチ以上盛(も)り上(あ)がっていた。

5. 길 : 道(みち), 旅程(りょてい), 進路(しんろ), 道(みち)のり

- 인생의 갈림길에서 길을 망설이고 있다.
  人生の分(わ)かれ道で、迷(まよ)っている。
- 1300년전 '구도의 길' 만난다.['왕오천축국전'광고, 동아]
  1300年前の`求道(ぐどう)の道`に会う。
- 그는, 대화의 화제를 잘 바꾼다. 2001년의 러시아 방문길에서는, 꽤 긴 시간 러시아에 대해 이야기하고 있던 도중, 갑자기 평양에서의 마데렌・울브라이트 미 국무장관과의 회담에 대해 말하기 시작했다.[김정일 위원장, kr]
  彼は、話題をよく変える。2001年のロシア訪問の旅程では、かなり長い時間ロシアについて話していた途中、突然平壌でのマデレーン・オルブライト米国務長官との会談について語り始めた。
- 아버지에게는 사후 승낙이 되겠지만, 나는 내 자신의 길을 벌써 정했지요.
  お父さんには事後承諾(じごしょうだく)になるけれど、僕は自分の進路をもうきめたのです。
- '해는 졌는데 갈 길은 아직도 멀다'[史記]
  '日は暮(く)れたのに道のりはまだまだ遠い'(='日暮れて道遠(みちとお)し'. 年を取ってしまったのに、なすべきことがたくさんあって、目的に達するには程遠(ほどとお)いことのたとえ。)

6. (길이) 뚫리다 : 開通(かいつう)する, 貫通(かんつう)する, 崩(くず)れる

▶ 이 마을에 새로운 고속도로가 뚫려 대단히 편리해졌다.
この村に新しい高速道路が開通してすごく便利になった。

▶ 터널이 뚫려 터널 내에서 기념식이 행해졌다.
トンネルが貫通し、トンネル内で記念式典(しきてん)が行われた。

▶ 기습에 능하기 때문에 '반짝 경계태세'로는 뚫리기 십상이다. [기습작전, 중앙]
奇襲(きしゅう)に長(た)けているため、'一時的な警戒態勢'(けいかいたいせい)では崩れてしまう。

7. 아무래도 : どうしても, だぶん, どうやら, どうやっても

▶ 아침부터 생각하고 있는데 그 사건은 아무래도 알 수 없다.
朝からずっと考えているのだが、その出来事(できごと)はどうしても理解できない。

▶ 그것은, 바람직한 일은 아니지만 아무래도 어쩔 도리가 없다.
それは、望(のぞ)ましいことではないがたぶんどうにもならない。

▶ 나는 오늘 아무래도 감기 든 모양이다.
私は、今日どうやら風邪(かぜ)を引いたようだ。

▶ 아무래도 뜻대로 잘 되지 않을 때는, 무리하지도 말고 초조해하지도 말며 신이 주신 기나긴 휴가라고 생각하세요.[드라마, yp]
どうやってもうまくいかない時は、無理もせず、焦(あせ)りもせず、かみさまがくれた長い休みだと考えるように。

8. 어둡다 : 疎(うと)い, 暗(くら)い, 無知(むち)だ

▶ 그 선생님은 연구만하고 계셔서 세상사에는 어둡다.

その先生は、研究ばかりしていて、この世(よ)のことには疎い。

▸ 20년 만에 왔기 때문에 이 부근의 지리에 어둡다.

20年ぶりに戻って来たので、このあたりの地理(ちり)にうとい。

▸ 법률에 어둡기 때문에, 그럴 경우에 어떻게 하면 좋을지 몰랐다.

法律(ほうりつ)に暗いため、そういう時にどうしたらよいか、分からなかった。

▸ 인간의 육체 모두를 지배하고 있는 마음의 진리에 너무 어두웠는가?(무지했는가?)

人間の肉体すべてを支配している、心の真理(しんり)にまったく無知であったのか。

9. 체증(정체, 지체) : 渋滞(じゅうたい), 停滞(ていたい), 滞(とどこお)り

▸ 도로가 극심한 체증을 초래하고 있다.

道路が激しい渋滞をもたらしている。

▸ 노조의 파업으로 화물수송이 지체되었다.

組合(くみあい)のストで、貨物(かもつ)の輸送(ゆそう)が渋滞した。

▸ 2년간 경기가 계속 정체되고 있다.

二年間、景気(けいき)が引(ひ)き続(つづ)き停滞している。

▸ 수십 년 전부터 같은 고속도로의 같은 부분에서 정체하고 있다.

数十年も前から同じ高速道路の同じ部分で、停滞している。

▸ 큰 눈 때문에 지체된(밀린) 우편물이 늘었다.

大雪(おおゆき)のために、郵便物のとどこおり分(ぶん)が増えた。

10. 피하다 : 避(さ)ける[4], 避(よ)ける, 逃(のが)れる, 免(まぬが)れる[5]

- 비난의 화살을 피하지 못하여 매우 당황하고 있어요.
  非難(ひなん)の矛先(ほこさき)をさけれずに、とても当惑(とうわく)しています。
- 날아오는 돌을 피하지 못하여 큰 상처를 입었다.
  飛んで来る石をよけれずに大けがをした。
- 이 일의 책임을 피할(회피할) 생각은 추호도 없다.
  この仕事の責任を逃れる考えは、めったにない。
- 여행을 즐기려면 도로정체를 피하는 테크닉이랄까, 그만한 각오가 필요한 것 같습니다.
  旅行をエンジョイするには､渋滞を逃れるテクニックというか､それなりの覚悟(かくご)が必要なようです。
- 병역기피란, 다양한 수단을 이용하여 국가가 강제적으로 부과하는 병역으로부터 피하는 행위이다.[병역법, kr]
  兵役(へいえき)逃れとは、さまざまな手段を用いて国家が強制的(きょうせいてき)に課(か)す兵役から逃れる行為である。
- 우리 인간은, 누구든지 '죽음'을 피할 수 없다.

---

4) <뉘앙스의 차이>

	避(さ)ける(自分にマイナス)	避(よ)ける(対象)
➡ 暗礁を ― て進む	O	O
➡ 走って来た車を ―	✘	O
➡ ラッシュアワーを ―	O	✘
➡ 断定を ―	O	✘

5) <뉘앙스의 차이>

	逃(のが)れる	免(まぬが)れる
➡ 職務から ―	O	✘
➡ 津波から―	O	✘
➡ 死を―	✘	O

われわれ人間は、誰(だれ)しも`死`を免れることはできない。

▶ 폭력단은, 경찰의 단속을 피하기 위해서, 그 조직을 변화시켜 활동을 다양화 교묘화 시키고 있다.

暴力団(ぼうりょくだん)は、警察の取締(とりしま)りを免れるために、その組織を変化させ、活動を多様化(たようか)、巧妙化(こうみょうか)させている。

11. 절약하다 : 節約(せつやく)する, 倹約(けんやく)する[6)]

▶ 이럴 때 전철로 가면, 시간을 많이 절약하게 됩니다.

こういう時は電車で行けば、時間をかなり節約することになります。

▶ 세탁기 덕분에 시간과 수고를 절약할 수 있다.

洗濯機(せんたくき)のおかげで、時間と労力(ろうりょく)を節約できる。

▶ 여유가 있을 때일수록 생활비를 절약해야 한다.

余裕(よゆう)がある時であればあるほど、生活費(せいかつひ)を倹約しなければならない。

cf) 절약되다 : 節約(せつやく)になる

▶ 차보다 자전거로 가는 편이 시간이 절약된다.

車より自転車で行った方(ほう)が時間の節約になる。

▶ 더운 물을 쓰고 싶을 때는, 필요량만을 가스난로로

6) <뉘앙스의 차이>

	節約する(プラス, 돈, 물건)	倹約する(マイナス, 돈, けちくさい)
➡ 食費を 一	○	○
➡ 時間を 一	○	✘
➡ 水を 一	○	✘

끓이는 것이 절약이 됩니다.[절약방법, yp]

お湯(ゆ)を使いたい時は、必要な量(りょう)だけをガスコンロで沸(わ)かした方が節約になります。

일본어번역문 3-A

古里にしばしば行けない人達は、近頃、古里の周辺でどんな道が新しく貫通しているのか、どうやらそのような情報は暗い。このような新設道路を利用すれば帰省-帰京の渋滞を逃れ、時間を相当に節約することができる。

일본어번역문 3-B

故郷にたびたび行けない人達は、最近、故郷近辺でどんな新しい道路が開通しているのか、どうしてもそのような情報にうとい。このような新設道路を利用すれば帰省-帰京ラッシュを避(さ)け、時間をかなり節約することができる。

4장 귀성전쟁

한국어문

민족 최대 명절인 추석 귀성전쟁이 25일부터 본격 시작됐다. 경찰청과 건설교통부는 이번 연휴 기간 동안 모두 1천2백90만명(교통인원 2천8백90만명)이 고향을 찾을 것으로 예상하고 있다. 연휴를 하루 앞둔 25일 주요 철도역과 고속버스터미널, 공항 등에는 이른 아침부터 귀성행렬이 이어졌다.[귀성전쟁, 교통, 조선]

한자어휘

민족 : 民族(みんぞく)
최대 : 最大(さいだい)
명절 : 祝日(しゅくじつ)
전쟁 : 戦争(せんそう)
본격 : 本格(ほんかく)
경찰청 : 警察庁(けいさつちょう)
건설교통부 : 建設交通部(けんせつこうつうぶ)
연휴기간 : 連休期間(れんきゅうきかん)

교통인원 : 交通人員(こうつうじんいん)

예상 : 予想(よそう)

주요 : 主要(しゅよう), 主(おも)な

철도역 : 鉄道駅(てつどうえき)

공항 : 空港(くうこう)

행렬 : 行列(ぎょうれつ)

어휘 및 어구

1. 명절 : 祝日(しゅくじつ), ミョンジョル(名節)

▶ 한국에서는 설날・단오・추석 등 전통적인 축일을 '명절'이라고 한다.

韓国では、ソルナル(旧正月, きゅうしょうがつ)・端午(たんご)・チュソク(旧盆, きゅうぼん)など伝統的(でんとうてき)な祝日を'ミョンジョル(名節)'という。

▶ 대보름은 음력 1월 15일, 한국의 대표적인 '명절'의 하나로 '상원'이라고도 합니다.

テボルムは陰暦の1月15日、韓国の代表的な'ミョンジョル(名節)'の一つで'上元'(サンウォン)ともよばれています。

cf) 휴일(축일, 祭日) : 祝日(しゅくじつ)[7], 祝祭日(しゅくさいじつ), 祭日[さいじつ, 祭祀(さいし)を行う日], 旗日[はたび, 国旗

---

7) 한국어에서는 '名節(めいせつ, ミョンジョル)'이라고 하는데, 이것을 일본어로 그대로 쓰면 '名誉(めいよ)と節操(せっそう)' 즉 '誉(ほま)れと操(みさお)'(명예와 지조)의 의미가 됨에 주의할 것.

▶ 男子の名節(名誉と節操)は、死よりも重いのである。

(こっき)をあげて祝う日],

▶ 일본은, 국민의 축일로서 연간 13일이 휴일로 정해져 있다.
日本は、国民の祝日として年間十三日が休日(きゅうじつ)と定(さだ)められている。

▶ 저희 가게는 토요일, 일요일, 축일, 제일(祭日)은 휴업합니다.
うちの店は、土、日、祝祭日は、閉店(へいてん)します。

▶ 오늘은 신사의 제일(祭日)로 길거리도 떠들썩하다.
今日は神社(じんじゃ)の祭日で通りも賑やかだ。

▶ 본 가게는 연중무휴로 일요일, 제일(祭日)도 영업합니다.
当店は、年中無休(ねんじゅうむきゅう)で、日曜、祭日も営業いたします。

▶ 내일은 축일(국경일)이니까 다 같이 어디에 갈까?
明日は、旗日だから、みんなでどっかへ行こうか。

2. 귀성(귀향, 회기) : 帰省(きせい), 帰郷(ききょう), 里帰(さとがえ)り

▶ 만원승객을 가득 태운 귀성열차.
満員(まんいん)の乗客(じょうきゃく)をつめこんだ帰省列車(れっしゃ)。

▶ 귀성 전쟁은 지겹지만, 역시 외국에서 맞는 '오봉'은 쓸쓸한데.
帰省ラッシュは、いやだけど、やっぱり外国で迎(むか)える'お盆'は寂(さび)しいな。

▶ 이번 여름, 15년 만에 귀향하여 중학시절 은사를 찾았다.
この夏、十五年ぶりの帰郷をして、中学時代の恩師(おんし)をたずねた。

▸ 도시에서의 생활에 한계를 느껴 귀향하게 되었다.
都会での生活に限界(げんかい)を感じて帰郷することにした。

▸ 이것이야말로 '연어의 귀향' 같은 동물의 회기 본능이다.[회기, yp]
これこそ、'シャケの里帰り'のような動物の帰郷本能である。

cf) 귀경 : 帰京(ききょう)

▸ 수상은 3일간의 오키나와 방문을 끝내고 귀경했다.
首相(しゅしょう)は、3日間の沖縄訪問を終えて帰京した。

▸ 고향 친구들과 함께 하는 귀경길은 늘 즐겁다.
故郷(こきょう)の友達と共にする帰京の旅は、いつも楽しい。

cf) 고향을 떠나다(出郷하다) : 故郷を後(あと)にする

▸ 나는 고등학교를 졸업하고 곧바로 청운의 뜻을 품고 고향을 떠났다.
私は高校を卒業するとすぐ、青雲(せいうん)の志(こころざし)を抱(いだ)いて故郷を後にした。

3. ～전쟁 : ～合戦(がっせん), ～ラッシュ(= rush), ～レース(= race)

▸ 2016년 올림픽에 후쿠오카市와 도쿄都가 유치 전쟁를 벌이고 있다.[올림픽, yp]
2016年オリンピックに福岡市と東京都が、誘致(ゆうち)合戦を繰(く)り広(ひろ)げている。

▸ 와세다・케이오・도쿄대학 등 유명대학 입학식은 스카우트 전쟁이다.[스카우트, yp]

早稲田大・慶応大・東大など、有名大学の入学式は、スカウト合戦だ。

▶ 오늘부터 오봉휴가의 귀성전쟁이 시작되었다.
今日からお盆休みの帰省ラッシュが始まった。

▶ 도쿄가 2016년 하계 올림픽 유치전쟁에 낙선하여, 이시하라 知事의 구심력이 낮아지고 있다.[올림픽, yp]
東京が2016年夏季五輪の招致(しょうち)レースに落選(らくせん)し、石原知事の求心力(きゅうしんりょく)が低下(ていか)している。

4. 본격(적으로) ： 本格的(ほんかくてき)に, 本気(ほんき)で

▶ 이 통신강좌를 추천해 드릴게요! 자택에서 본격적으로 배울 수 있고, 자격을 딸 수 있습니다.[통신강좌, yp]
この通信講座をお勧めします!　自宅で本格的に学べ、資格が取れます。

▶ 호텔 오-크라 도쿄의 웹 사이트입니다. 본격 와인을 즐길 수 있는 레스토랑 바 소개입니다.[오-크라, yp]
ホテルオークラ東京のウェブサイトです。本格的にワインを楽しめるレストラン・バーのご紹介です。

▶ 연초부터 선거전이 본격적으로 펼쳐지고 있다.
年明(としあ)けから選挙戦(せんきょせん)が本気でくり広(ひろ)げられている。

▶ 사람은 감동을 하면 본격적으로(진지하게) 참가합니다. 그러기 위해서는 우선 먼저 강사가 진심으로 참가자를 맞이해야 합니다.[면접, yp]

人は感動すると、本気で参加するようになります。そのためにはまず講師がまごころで参加者に接(せっ)することです。

5. ~ (기간) 동안 : ~間(あいだ), ~期間中(きかんちゅう), ~間(ま), ~間(かん)

▶ 인생은 장미꽃 희망이다. 단, 피어나지 않을 기간 동안만(=피기 전의 일이다).[영국 시인 키이츠]
人生は、ばら色の希望だ。ただし咲(さ)かぬであろう間(あいだ)だけの。

▶ 그는 암으로 오랜 기간 동안 입원하고 있었습니다.
彼は、癌(がん)で長い間(あいだ)入院(にゅういん)していました。

▶ 골든위크 기간 동안의 여행은, 한국의 서울에서! [여행, yp]
ゴールデンウイーク期間中の旅行は、韓国のソウルで!

▶ 마술사의 비둘기는 눈 깜짝할 동안에(사이에) 없어졌다.
マジシャンの鳩(はと)は、またたく間(ま)に姿(すがた)を消(け)した。

▶ 2011년 세계육상경기 선수권대회는, 2011년 8월 27일부터 9월 4일까지 9일 동안 대구스타디움에서 개최된다.
2011年、世界陸上競技選手権大会は、2011年8月27日から9月4日まで、九日間(ここのかかん)、大邱スタジアムで開催される。

6. 찾다(방문하다) : 訪(たず)ねる, 訪(おとず)れる, 伺(うかがう), 訪問(ほうもん)する

▸ 천리 길도 멀다 않고 찾아가다.
千里(せんり)の道も遠(とお)しとせずに、訪ねて行く。

▸ 30년 만에 고향을 찾으니 옛날 일들이 생각난다.
30年ぶりに故郷を訪れると、昔のことが思い出される。

▸ 내일 방문하고 싶습니다만 사정이 어떠하신지요?
明日うかがいたいのですが、ご都合(つごう)はいかがですか。

▸ 세일즈맨으로 가장한 남자가, 여러 집을 방문하는 척하여 빈 집을 털었다고 합니다.
セールスマンに成(な)り済(す)ました男が、家々(いえいえ)を訪問するふりをして、空(あ)き巣(す)を働(はたら)いていたそうだ。

7. 예상하다 : 予想(よそう)する, 見通(みとお)す, 見(み)て取(と)る, 汲(く)み取(と)る

▸ 그 두 배우가 결혼하는 것을 예상한 사람은, 아무도 없었다.
あのふたりの俳優(はいゆう)が結婚することを予想した人は、だれもいなかった。

▸ 10년 앞을 예상하고(내다보고) 이 부근에 땅을 사두었다.
10年先(さき)を見通して、この辺りに土(つち)を買っておいた。

▸ 궁지에 몰린 오바마 정권이 정세를 오판하면, 북한이 같은 일을 되풀이할 수 있다고 예상했다.[핵실험, 중앙]
窮地(きゅうち)に追(お)い込(こ)まれたオバマ政権が、情勢(じょうせい)を誤(あやま)って判断すると、北朝鮮が同じことを繰り返すと見通した。

▸ 사태의 중대성을 예상하고(알아채고) 여러 가지 대비책을 세

웠다.

事(こと)の重大(じゅうだい)さを見て取ってさまざまな対策(たいさく)を立てた。

▸ 인질사건에서 예상되는(짐작하는) 교훈은 거기에 있다.

人質事件(ひとじちじけん)から汲み取る教訓(きょうくん)はそこにある。

8. ～을(를) 앞두다 : ～を控(ひか)える, ～を目前(もくぜん)にする

▸ 결전을 앞둔 장수의 입에서 다시 사자성어가 나왔다.[16강전 출사표, 동아]

決戦を控えた大将(たいしょう)の口からまた四字成語(よじせいご)が出た。

▸ 정상회담을 앞두고 상대방 국가의 주권에 해당하는 동맹문제를 공개적으로 비판했다.[중국, 중앙]

首脳(しゅのう)会談を控え、相手国(あいてこく)の主権に該当する同盟(どうめい)問題を公開的に批判した。

▸ 승리를 앞두고(눈앞에 두고) 믿을 수 없는 일이 일어났다.

勝利(しょうり)を目前にして、信じられない出来事(できごと)がおこった。

9. 주요(주된) ～ : 主要(しゅよう)～, 主(おも)な～

▸ 주요 4대강 사업의 핵심은 치수와 수자원 확보다.[4대강 사업, 동아]

主要4河川(よんかせん)事業の柱(はしら)は、治水(ちすい)や水資源(みずしげん)の確保(かくほ)だ。

▶ 개전 초기 북한의 주요 군사시설을 정밀 공격할 수 있게 돼, 효과적인 전쟁 억제수단이 될 것으로 기대한다.[군사시설 타격, 동아]

戦争発生初期に、北朝鮮の主要軍事施設を精密攻撃できるようになり、効果的な戦争抑制(よくせい)手段になるものと期待する。

▶ 계속해서 오늘의 주요 뉴스를 전해드리겠습니다.

続(つづ)いて、今日のおもなニュースをお伝(つた)えいたします。

▶ 선거 결과가 판명난 어제, 월가 저널 전자판을 비롯 구미의 주된 미디어는 이 뉴스를 톱으로 취급했습니다.[海外미디어, ypl

選挙結果が判明した昨日、ウォール・ストリート・ジャーナル電子版(ばん)をはじめ欧米のおもなメディアは、このニュースをトップで取(と)り扱(あつか)いました。

10. (긴) 행렬이 이어지다(장사진을 치다) : 長蛇(ちょうだ)の列(れつ)をなす, 長蛇の列を作(つく)る, 長蛇の陣(じん)を敷(し)く

▶ 서점 앞에 꾸불꾸불 길게 행렬이 이어졌다.

本屋の前にえんえんたる長蛇の列をなした。

▶ 삼계탕집 앞에서 순번을 기다리는 행렬이 길게 이어졌다.

蔘鶏湯(サムゲタン)の食堂の前で順番を待つ長蛇の列をなした。

▶ 입장권을 사기 위하여 사람들은 장사진을 쳤다.

入場券(にゅうじょうけん)を買うために人々(ひとびと)は、長蛇の列を作った。

▶ '장사진을 치다'라는 말은, 긴 뱀과 같이 일렬로 뻗힌 전투대

형을 말한다. 그 움직이는 방법도 왠지 뱀을 생각하게 한다.
[戦国時代의 陣形, yp]

'長蛇の陣を敷く'とは、長い蛇のように、一列に伸びた陣形(じんけい)を作ることという。その動き方も、どことなく蛇を思わせるものだ。

cf) 이어지다 : 続(つづ)く, 繋(つな)がる, 及(およ)ぶ

- 답장이 없어 이메일에 이어 편지도 보냈다.
  返事がなく、イーメールに続いて手紙も出した。
- 겨우 한건 끝났나 했더니 이어 다른 어려운 문제가 생겼다.
  やっと一件(いっけん)落着(らくちゃく)したと思ったら、続いて別の難(なん)問題が起きた。
- 불안은 적대심으로 이어지고 큰 불행으로 이어진다.
  不安(ふあん)は敵対心(てきたいしん)につながり、大きな不幸(ふこう)につながる。
- 이 가게의 도넛을 사기위해 가게 앞에는 긴 행렬이 200미터나 이어졌다.
  この店のドーナツを買うために店の前には、長い行列(ぎょうれつ)が200メートルにも及んだ。

일본어번역문 4-A

民族の最大の'名節'である秋夕(チュソク)の「帰省戦争」が25日から本格的に始まった。警察庁と建設交通部はこんどの連休期間中みんな千二百三十万名(交通人員二千八百九十万名)がふるさとを訪問するだろうと見通している。連休を一日に(を)控えた25日、 おもな鉄道駅と高速バスターミナル、空港などでは朝早くから帰省客の行列が続いていた。

일본어번역문 4-B

民族の最大のミョンジョル(名節)である秋夕(チュソク)の「帰省ラッシュ」が25日から本格的に始まった。警察庁と建設交通部はこんどの連休期間の間に全部で千二百三十万名(交通人員二千八百九十万名)が故郷をたずねるだろうと予想している。連休を一日後に控えた25日、主要鉄道駅と高速バスタ-ミナル、空港などでは朝早くから帰省客が長蛇の列を作った。

5장 '나는 이래서 탱크가 좋다'(상품광고)

한국어문

교육을 언제 어떻게 시작해야 하냐는 질문에, 「세 살 버릇 여든까지 간다」는 말처럼 훌륭한 답은 없다고 봅니다. 교육의 기본은 가정에서 부터 시작되는 거죠. 기본이 중요한 것은 기술도 마찬가지입니다. 세계적으로 유명한 최고의 상표들을 보면 그 분야에서 기본 기능이 가장 뛰어난 제품들이죠. 기술의 세계화든 교육의 선진화든 우리가 '기본'으로 돌아갈 때 비로소 그 해답을 얻을 수 있습니다.[나는 이래서 탱크가 좋다', 상품광고, 조선]

한자어휘

기본 : 基本(きほん)	분야 : 分野(ぶんや)
기술 : 技術(ぎじゅつ)	기능 : 機能(きのう)
상표 : 商品(しょうひん)	제품 : 製品(せいひん)

세계화 : 世界化(せかいか)　　　해답 : 解答(かいとう)
선진화 : 先進化(せんしんか)

어휘 및 어구

1. 어떻게 : どう, どのように, いかが, どんなふうに, どういうふうに

▸ 그 사건의 결말은 어떻게 되었습니까?
その事件(じけん)の結末(けつまつ)はどうなりましたか。

▸ 다치고 나서는 어떻게 할 수 없으니까 늘 차를 조심해야 된다.
けがをしてからではどうにもならないから、いつも車には気をつけなければならない。

▸ 이럴 경우 상대방에게 어떻게 답장을 쓰는 게 좋을까요?
このような場合、相手(あいて)にどのようにお返事をしたらよろしいでしょうか。

▸ 여러분, 그동안 어떻게 지내시는가요?
みなさん、その後(ご)いかがお過(す)ごしですか。

▸ 긴 머리를 자를 때는 어떻게 될지 걱정인 반면 기대도 된다.
長い髪(かみ)を切(き)るときは、どんなふうになるかと心配(しんぱい)な反面(はんめん)、期待(きたい)もするものだ。

▸ 인간이 '살기'위해 어떻게 집을 짓는지, 그것은 자연의 환경뿐 아니라 문화나 역사의 영향도 받는다.[주거, yp]
人間が'住む'ためにどういうふうにして家を作るか、それは自然の環境(かんきょう)のみならず、文化や歴史の影響(えい

きょう)をも受ける。

2. ～ 해야 하다 : ～なければならない, ～なければいけない, ～べきだ

- 저런 남자에게 고개를 숙여야 하다니 분해 죽겠어.
  あんな男に頭を下(さ)げなければならないなんて、くやしくてたまらないよ。
- 남성은 사자처럼 강해야 된다고 생각하는데도, 놀라운 것은 먹이를 잡아오는 것은 암컷의 일이라고 하네요.[암사자, kr]
  男性はライオンのように強くなければいけないと思いますが、びっくりしたのは、餌(えさ)を取ってくるのはメスの仕事だそうですね。
- 우리들은 지켜야 할 공중도덕은 엄격히 지켜야합니다.
  われわれは、守(まも)るべき公衆道徳(こうしゅうどうとく)は厳格(げんかく)に守るべきです。
- 이 스님이 쓰신 '무소유'는 언젠가 꼭 한번 읽어야 할 것이다.
  このお坊(ぼう)さんのお書きになった'無所有'(ムソユ, むしょゆう)は、いつか必ず一読(いちどく)すべきだ。

3. 세 살 버릇 여든까지 간다 : 三つ子(みつご)の魂百(たましいひゃく)まで, 雀(すずめ)百まで踊(おど)り忘(わす)れず[ことわざ]

- '세 살 버릇 여든까지 간다'라는 말을 들은 적이 있습니까? 세 살 때 그 사람의 성격이 어느 정도 정해진다는 뜻이지요.

'三つ子の魂百まで'という言葉を聞いたことがありますか。3歳(さい)のころには、その人の性格がある程度(ていど)決まってくるというような意味ですね。

▶ '참새는 100살까지 춤을 잊지 않는다'라는 속담은, 참새는 죽을 때까지 날아오르는 버릇이 없어지지 않듯이 인간은 어릴 때 몸에 익힌 습관은 나이가 들어도 고쳐지지 않는다는 뜻이다.

'雀百まで踊り忘れず'という諺(ことわざ)は、雀は死ぬまで飛びはねるくせが抜(ぬ)けないように、人が幼い時に身につけた習慣は、年をとっても直(なお)らないといういみなのだ。

4. ~이라(고 하)는 말처럼 : ~というように

▶ 미국의 속담에 '일찍 일어나는 새는 먹이를 많이 먹는다'라는 말처럼, 사람은 부지런해야 된다는 말이다.

アメリカの諺に'早く起きる鳥はえさをたくさん食べる'というように、人は勤勉(きんべん)でなければならないのだ。

▶ '남자는 일, 여자는 가정'이라는 말처럼, 성별로 역할을 분담하면, 여성은 결혼・출산에 의해, 일을 계속하고 싶어도 계속하기 어렵게 됩니다.[역할, yp]

'男は仕事、女は家庭'というように、性別で役割を分担(ぶんたん)すると、女性は結婚・出産(しゅっさん)により、仕事を続けたくても続けにくくなります。

5. 훌륭하다 : 相応(ふさわ)しい, 立派(りっぱ)だ, 偉(えら)い, 見事(みごと)だ

- 그 분이야말로 분쟁을 조정하는데 훌륭한 사람입니다.
  その方こそ紛争(ふんそう)を調停(ちょうてい)するのにふさわしい方です。
- 오래된 집을 다시 지었더니 훌륭하게 되었습니다.
  古い家を建て直したら立派になりました。
- '열심히 공부해서 훌륭한 사람이 되어라'라고 어머니는 나에게 곧잘 말했다.
  '一生懸命勉強して偉い人になれ'と母は私によく言った。
- 선생님은, 헬스클럽에 다니고 있어서 훌륭한 체격을 하고 있습니다.
  先生は、フィットネスクラブに通っているので、みごとな体をしています。

6. ~의 기본은, ~에서부터 시작되다 : ~の基本(きほん)は、~から始(はじ)まる

- 건강의 기본은 운동에서부터 시작된다.
  健康の基本は、運動から始まる。
- 국가의 기본은 헌법에서부터 시작됩니다.
  国家の基本は、憲法(けんぽう)から始まります。
- 질서교육의 기본은 가정에서부터 시작된다고 생각합니다.
  秩序(ちつじょ)教育の基本は、家庭から始まると思っております。

7. 마찬가지다 : 同(おな)じだ, 同様(どうよう)だ, 同然(どうぜん)だ, 同等(どうとう)だ

▶ 그 탤런트는 몸은 늙었지만 마음만은 젊었을 때나 마찬가지라 합니다.
あのタレントは、老(お)いても心だけは若い頃と同じだといいます。

▶ 마찬가지로 컴퓨터의 붕괴는, 반드시 은행을 파산시킬 것이다.
同様にコンピューターの崩壊(ほうかい)は必らず銀行を破産させるであろう。

▶ 리허설이란, 하나하나의 장면을 실전과 마찬가지로 진행시키고, 진행을 확인하는 행위이다.[리허설, yp]
リハーサルとは、個々(ここ)の場面を本番と同様に進行(しんこう)させて、進行を確認する行為(こうい)である。

▶ 이곳의 머플러는 공짜나 마찬가지(다를 바 없는) 가격입니다.
ここのマフラーは、ただ同然の値段(ねだん)です。

▶ 여기까지 오면 목적지까지는 앞으로 조금만 가면 되며, 이미 도착한 것이나 마찬가지다(다름없다).
ここまで来れば目的地まではあと少し、もう着いたも同然だ。

▶ 그는 장관과 마찬가지(동등한) 자격으로 각료회의에 참석했다.
彼は、大臣(だいじん)と同等の資格(しかく)で閣僚(かくりょう)会議に参席した。

8. 가장 : 最(もっと)も, 一番(いちばん), 何(なに)よりも

▸ 이 지방은 일본에서 가장 많이 포도가 나는 곳이다.

この地方(ちほう)は、日本で最も多くぶどうの取れる所である。

▸ 세계에서 가장 높은 산은, 중국과 네팔국 국경에 있는, 에베레스트의 쵸모란마(= Everest Chomolungma 8,848m)가 세계 최고봉인 것은 잘 알려져 있습니다.[최고봉, kr]

世界で一番高い山は、中国とネパール国の国境にある、エベレストのチョモランマが世界最高峰(こうほう)であることは良く知られています。

▸ 그 아이는 공부 안하고 놀고만 있는데, 몸이 건강한 것이 부모에게는 가장(무엇보다) 기쁜일일 것이다.

あの子は勉強はだめで遊んでばかりいますが、健康なのが親にとっては何よりもうれしいことだろう。

9. 뛰어나다 : 優(すぐ)れる, 飛(と)び抜(ぬ)ける, 勝(まさ)る, 目立(めだ)つ, 秀(ひい)でる, 抜(ぬ)きんでる, ずば抜(ぬ)ける

▸ 침팬지는 다른 동물보다 지능이 뛰어나다.

チンペンジーは、他の動物より知能(ちのう)が優れている。

▸ 우수한 작품이 나열된 가운데서도, 그 그림은 뛰어나서(우수해서) 사람들의 눈길을 끌었다.

優秀な作品の並ぶ中でも、その絵は飛び抜けて人々の目をひいた。

▸ 외국어 실력은 그가 더 뛰어난다.

外国語の実力(じつりょく)は、かれの方(ほう)がまさっている。

▸ 그녀는, 얼굴도 예쁘고 머리도 좋아서 반에서 뛰어난(두드러진) 존재입니다.

彼女は、顔もきれいだし頭もいいので、クラスでは目立つ存在(そんざい)です。

▶ 대대로 전해오는 '수제에 뛰어나는 기술은 없다'라는 가훈을 지키며, 기계화・대량생산을 일체 하지 않는다.
代々(だいだい)伝(つた)わる'手造(てづく)りに秀でる技(わざ)はなし'の家訓(かくん)を守り、機械化・大量生産を一切行なわない。

▶ 여동생은 어학 중에 불어가 뛰어나 프랑스 유학을 가게 됐다.
妹は、語学(ごがく)のうち、フランス語に秀でており、フランスへ留学に行くことになった。

▶ 대학에서는 뛰어난 능력을 가진 인재를 육성하지 않으면 안 된다.
大学では、抜きんでた能力を持った人材を育成しなければならない。

▶ 나는, 뛰어난 운동신경을 살려서 체육학부에 진학하려고 합니다.
私は、ずば抜けた運動神経を生かして、体育学部へ進もうと思います。

10. ~든 ~든 : ~であれ~であれ, ~うと ~まいと, ~うと ~うと, ~なり~なり, ~とか~とか, ~にしろ~にしろ

▶ 그 프랑스제 가방은 진짜든 가짜든 나는 필요 없습니다.
あのフランス製のかばんは、本物であれにせ物であれわたしはいりません。

▸ 유럽여행을 가든 안가든 네사정이다.
ヨーロッパツアーに行こうと行くまいとおまえの勝手(かって)だ。

▸ 아이가 둘이 있든 나이를 먹었든 그런 일은 어떻든 개의치 않습니다.[森本薫、女の一生]
子供が二人あろうと、年をとっていようと、そんな事なんかどうだってかまいません。

▸ 이 고구마, 삶든 굽든 마음대로 해요.
このいも、煮(に)るなり焼(や)くなり勝手(かって)にしなさい。

▸ 돌아가시든 자고가시든 좋아하실 대로.
帰るなり泊まるなりお好きなように。

▸ 나는 늘 비망록이든 일기든 메모해 두는 습관이 있다.
私は、いつも備忘録(びぼうろく)とか日記(にっき)とかメモしておく習慣がある。

▸ 아버지든 나든 그런 예의범절은 가르치지 않았다.
お父さんにしろ、あたしにしろ、そんなしつけはしなかった。

11. (원래로) 돌아가다 : 帰(かえ)る, 返(かえ)る, 戻(もど)る, 帰(き)する

▸ 여름철에는 늘 운동을 하고서 오후 8시에 집으로 돌아갑니다.
夏は、いつも運動してから午後8時にいえに帰ります。

▸ 전쟁으로 불탔던 마을은, 겨우 예전의 모습으로 돌아왔다.
戦火(せんか)で焼(や)かれた町は、やっと昔の姿に返った。

▸ '오치미즈'란, 마시면 젊음이 돌아온다(되찾는다)는 물을 말한다. 달의 불사신앙에 관련되는 영약의 하나라 한다.[오치미즈, yp]
'復(お)ち水(みず)'とは、飲めば若返るといわれた水だという。

月の不死信仰(ふししんこう)に因(ちな)んだ霊薬(れいやく)の一つだといわれる。

- ‘하야부사’ 1호는 지구에서 3억㎞ 떨어진 소행성 이토카와에 착륙해 우주 물질을 캡슐에 싣고 지난달 13일 기적적으로 지구로 <u>돌아왔다</u>.[탐사우주선, 중앙]

  ‘はやぶさ’1号は、地球から3億キロ離れた小惑星(しょうわくせい)イトカワに着陸し、宇宙物質をカプセルに入れて先月11月3日、奇跡的(きせきてき)に地球に<u>戻っ</u>た。

- 그가 죽음으로써 의해 토지는 모두 아내의 손으로 <u>돌아갔</u>다.

  彼の死亡により土地(とち)は、全(すべ)て妻の手に<u>帰し</u>た。

12. 비로소 : はじめて, ようやく, やっと

- 자신이 부모가 되어서야 <u>비로소</u> 부모님 사랑의 깊이를 깨닫는다.

  自分が親になってみて<u>はじめて</u>、両親の愛の深さに気付(きづ)く。

- 이 해저 터널은, 10년이 걸려 <u>비로소</u>(가까스로) 개통했다.

  この海底(かいてい)トンネルは、10年かかって<u>ようやく</u>開通した。

- 저녁이 되어 <u>비로소</u>(겨우) 저서의 초고를 끝냈다

  夕方になって<u>やっと</u>著書(ちょしょ)の下書(したが)きを終えた。

- <u>비로소</u>(겨우) 취업이 확정된 형은, 오늘밤에 밤새도록 술 마시자고 친구를 꾀고 있다.

  <u>やっと</u>就職(しゅうしょく)が決(き)まった兄は、今夜(こんや)は飲(の)み明(あ)かそうと、友達をさそっている。

일본어번역문 5-A

教育をいつ、どういうふうに始めなければならないかという質問に、「三歳の癖八十歳まで続ける」という話しのように立派な答えはないと思います。 教育の基本は家庭からはじまりますね。基本が重要なのは技術も同じです。世界的に有名な最高の商標を見ると、その分野で基本的機能が一番優れている製品でしょう。技術の世界化であれ、教育の先進化であれ私たちが、「基本」に戻る時、ようやくその解答を得ることができます。

일본어번역문 5-B

教育をいつ、どのように始めるべきであるかという質問には「三つ子の魂百まで」という諺ほどふさわしい答えはないと思います。教育の基本は家庭から始まりますよね。基本が重要なのは技術も同様です。世界的に有名な最高製品のブランドを見ると, その分野で基本的な機能が最も優れている製品でしょう。技術の世界化にしろ教育の先進化にしろ私たちが 「基本」に帰る時、ようやくその解答を得ることができます。

6장 한가위의 유래

한국어문

「한가위」라고도 하는 추석은, 신라 유리왕 때 길쌈이라는 공동작업 뒤에 이긴 편과 진 편이 한데 어우러져 술과 음식을 차려놓고 가무를 즐기던 데서 유래하였다. 그때 이후로 한가위는 공동체 의식을 공고히 하여 화합을 도모함은 물론 우리 생활의 활력소가 되어왔다.[한가위의 유래, 문화, 조선]

한자어휘

한가위 : ハンガウィ

신라 : 新羅(しらぎ)

길쌈 : ギルサム(韓国の風習, 機織(はたお)り)

공동작업 : 共同作業(きょうどうさぎょう)

이긴 편 : 勝(か)った側(がわ)

진 편 : 負(ま)けた側(がわ)

유래하다 : 由来(ゆらい)する

공동체의식 : 共同体意識(きょうどうたいいしき)

공고히 하다 : 強固(きょうこ)にする

화합 : 和合(わごう)

도모하다 : 図(はか)る　　　　　　　　　　リティーのもと

활력소 : 元気の素(もと), バイタ

어휘 및 어구

1. **한가위**(ハンガウィ) : '秋夕'(チュソク)とも。韓国で陰暦(いんれき)の8月15日を指す言葉である。日本でいうお盆(ぼん)にあたる。日本のお盆同様、韓国では帰省ラッシュで交通は麻痺(まひ)状態となり、会社や商店は休業することが多い。[한가위, yp]

2. **이기다** : 勝(か)つ, 勝利(しょうり)する

▸ 시합에 이긴 사람들은 매우 기뻐하고 있습니다.
試合(しあい)に勝った人々(ひとびと)は、大喜(おおよろこ)びでした。

▸ 연습에 연습을 거듭하여 그는 당연 이길 것을 이긴 것이다.
練習につぐ練習を重ねて、彼は勝つべくして勝ったのだ。

▸ 스타 선수가 많아야 승리한다는 것은 더 이상 통하지 않는다. 축구는 팀이다.[축구, 중앙]
スター選手が多くいてこそ勝利するというのはもう通じない。サッカーはチームだ。

3. 지다(패하다) : 負(ま)ける, 敗(やぶ)れる, 敗北(はいぼく)する

▸ 이겼다고 우쭐거리지 않고, 졌다고 기죽지 아니하며 평상심으로 시합에 임하겠습니다.[축구, 중앙]
勝っておごらず、負けて悪(わる)びれず、平常心(へいじょうしん)で試合(しあい)に臨(のぞ)みます。

▸ 일본은 어제 16강전에서 파라과이에 승부차기로 졌다.[축구, 중앙]
日本は、昨日ベスト16入り戦でパラグアイにPK戦で敗れた。

▸ 결승전에서 마지막까지 열심히 싸웠지만 패했다.
決勝戦で最後(さいご)まで一生懸命たたかったが敗北した。

cf) 승패(승부) : 勝敗(しょうはい), 勝(か)ち負(ま)け, 勝負(しょうぶ)

▸ 내일의 교진·한신전의 승패를 점쳐 봅시다.
明日の巨人(きょじん)・阪神戦(はんしんせん)の勝敗を占(うらな)ってみましょう。

▸ 양쪽이 모두 강해서 좀처럼 승패가 가려지지 않았습니다.
両方(りょうほう)とも強いので、なかなか勝ち負けが決まりませんでした。

▸ 시간에 구애받지 않고 승부가 날 때까지 싸울 예정입니다.
時間にこだわらないで、勝負のつくまで戦(たたか)うつもりです。

4. 차리다 : 準備(じゅんび)する, 整(ととの)える, 開(ひら)く

- 생일 음식을 차려 주어 정말 고마워.
  誕生日の料理を準備してくれて、本当にありがとう。
- 스파게티, 샌드위치 등 자신있는 요리를 손수 만들어 저녁상을 차렸다.
  スパゲッティ、サンドイッチなど得意(とくい)な手料理で夕食を整えた。
- 9월에 매형 환갑잔치를 차려주겠다고 자랑했는데, 너무 어이없이 가셨다며 말을 잇지 못했다.
  9月には義兄(ぎけい)の還暦(かんれき)祝(いわ)いの宴会を開いてあげると自慢していたのに、あまりにもあっけなく逝(ゆ)ってしまったと言って言葉を失(うしな)った。

5. 즐기다 : 楽(たの)しむ, 親(した)しむ, エンジョイする

- 탐정소설이 2, 3권 있으면 지금부터 1주일은 즐길 수 있다.
  探偵小説(たんていしょうせつ)が2、3冊あれば、これから1週間は楽しめる。
- 자동차를 샀으니까 일요일에는 드라이브를 즐길 수 있다.
  自動車を買ったから日曜はドライブを楽しめる。
- 문장표현 연구회에 들어가서 현대문학을 즐긴다.
  文章表現研究会(ぶんしょうひょうげんけんきゅうかい)に入会し、現代文学に親しむ。
- 예술 애호가였던 아버지의 영향으로 어릴 때부터 음악을 즐

졌다(가까이했다).

芸術(げいじゅつ)愛好家(あいこうか)だった父の影響(えいきょう)で、幼(おさ)ないころから音楽に親しんだ。

▶ 산행을 하거나 홈페이지 개발을 취미로, 제2의 청춘을 즐기고 있습니다.[회원의 이메일, kr]

山歩きとホームページの開発を趣味に、第二の青春をエンジョイしております。

6. 유래하다(생겨나다) :	由来(ゆらい)する, 表(あらわ)れる, 生(しょう)じる(= 生ずる)

▶ 이것은 민족의 애수에서 유래하는 노래입니다.

これは、民族の哀愁(あいしゅう)に由来する歌(うた)です。

▶ 이 외래어는, 유럽 여러나라의 언어에서 유래하는 것을 대상으로 하고 있다.

この外来語は、ヨーロッパ諸国(しょこく)の言語に由来するものを対象(たいしょう)としている。

▶ 생각해 보면 타임머신만 있다면, 그런 관광상품을 기획해 파는 여행사도 생겨날 것이다.[여행, 중앙]

考えてみると、タイムマシンさえあれば、このような観光商品を企画して販売する旅行会社も表れるだろう。

▶ 온라인에서 문제가 생기면, 어떻게 해결할지에 대한 논의조차 이루어지고 있지 않다.[온라인, 동아]

オンラインに問題が生じた場合、どう解決するのかについての議論(ぎろん)すら行われていない

7. 공고(견고)히 하다 : 強固(きょうこ)にする, 固(かた)める

▶ 문제 해결을 위한 연안국간의 관계를 공고히 했다.
問題解決のための沿岸国間(えんがんこくかん)の関係を強固にした。

▶ 앞으로 대학이나 지역과의 관계를 견고히 할 것이다
将来大学や地域とのつながりを強固にするだろう。

▶ 막부는, 대단한 위기감을 가졌고 북방지역 수호를 공고히 하였으며, 사할린이나 쿠릴의 탐험을 계속했다.[일본의 역사, yp]
幕府(ばくふ)は、非常な危機感(ききかん)を抱(だ)き、北方(ほっぽう)地域の守りを固め、樺太(からふと)や千島(ちしま)の探検(たんけん)を進めた。

8. 도모하다(꾀하다) : 図(はか)る, 企(くわだ)てる, もくろ(目論)む[8)]

▶ 양 대학간 국제교류의 증진을 도모한다.
両大学間の国際交流(こくさいこうりゅう)の増進(ぞうしん)を図る。

▶ 그들은 정부의 전복을 꾀하고 있다.
彼らは、政府の転覆(てんぷく)を企てている。

---

8) <뉘앙스의 차이>

	図(はか)る	企(くわだ)てる	もくろむ
➡ ひそかに悪事を ―	○	○	○
➡ 金もうけを ―	−	○	○
➡ 驚かせようと ―	△	△	○
➡ 黒字を ― た会計	−	−	○
➡ 謀叛を ―	−	○	−

▸ 일을 꾀함은 인간이요, 일의 성사는 하늘에 달려있다.
事を企てるのは人間であり、事の成就(じょうじゅ)は天(てん)によっている。

▸ 돈도 벌 수 있고 다이어트도 가능한 일석이조를 꾀하고 있습니다.
お給料ゲット&ダイエットの一石二鳥(いっせきにちょう)をもくろんでいます。

▸ 이것에 의해 뛰어난 소프트웨어 개발자의 육성이나, 한중일의 국제협력을 통한 기술개발 등을 도모하고(계획하고) 있다.
これにより優れたソフトウェア開発者の育成や、韓中日の国際協力を通じた技術開発などをもくろんでいる。

9. ～은 물론(커녕) : ～はもちろん, ～はもとより, ～はおろか(否定을 동반)

▸ 할리씨는 한국어를 말하는 것은 물론이거니와, 쓰기도 아주 잘 합니다.
ハリーさんは、韓国語を話すのはもちろんのこと、書くこともとても上手です。

▸ 어느 때라도 거짓말해서는 안 되는 것은 물론이다.
どんな時にも、嘘をついてはならないのはもちろんのことである。

▸ 반기문 유엔사무총장의 당선을, 젊은이는 물론 노인, 어린이들에 이르기까지 기뻐하고 있다.
潘基文(パン・ギムン)国連事務総長(こくれんじむそうちょう)の当選を、若者(わかもの)はもとより老人(ろうじん)、子供にいたるまで喜んでいる。

▶ 자유로운 연애를 통해 태어났지만, 부모님은커녕 주위로부터도 버림받았다

自由恋愛の結果生まれたものの、両親はおろか周囲(しゅうい)からも見捨(みす)てられた。

▶ 자위 목적의 공격은커녕, 공격에 대한 반격도 허락되지 않는다.

自衛(じえい)目的の攻撃(こうげき)はおろか、攻撃に対する反撃(はんげき)も許されていない。

10. 활력소 : 元気(げんき)の素(もと), 元気の源(みなもと), バイタリティーのもと

▶ 일 년에 한번 활력소로서 한약을 먹고 있다.

一年に一度、元気の素として漢方薬(かんぽうやく)を飲んでいる。

▶ 그녀는 성실성과 승부욕이 남달라, 이 팀의 활력소가 되고 있다.

彼女は、誠実(せいじつ)さと勝負欲(しょうぶよく)が各別で、このチームの元気の源になっている。

▶ 오키나와의 친구들은, 모두 활력이 있다. 잘 먹고 잘 마시고 잘 지껄이고 잘 놀고 일을 잘한다. 자 그럼, 활력소인 시장에 가 보자.[오키나와의 매력, yp]

沖縄の友人たちは、皆バイタリティーがある。良く食べ、良く飲み、良く喋(しゃべ)り、良く遊び、良く働く。さて、バイタリティーのもとである市場へ行ってみよう。

일본어번역문 6-A

「中秋」(ちゅうしゅう)とも言うチュソクは新羅のユリ王の時、ギルサム(機織(はたお)り)と言う共同の作業の後、勝った側(がわ)と負けた側が一緒になって、酒と食べ物をととのえて歌舞(かぶ)を楽しんだことから由来した。そのとき以後、中秋は共同体の意識を固めて和合を図るのはもちろん我らの生活において元気の素になってきた。

일본어번역문 6-B

「ハンガウィ」ともいう秋夕(チュソク)は、新羅のユリ王の時代、ギルサムという共同作業の後に勝った側と負けた側が一つになって酒と食べ物をこしらえて歌や踊りを楽しんだことに由来している。それ以来、「ハンガウィ」は、共同体意識を強固にして和合をはかることはもとより、私達の生活においてバイタリティーのもとになってきた。

7장 추석 연휴 날씨

한국어문

나흘간의 넉넉한 올 한가위 연휴는 맑은 날로 시작해 곳에 따라 비가 오는 날씨로 마무리될 것으로 보인다. 추석인 27일엔 곳에 따라 가끔 구름이 낄 뿐 전국이 쾌청하겠다.

기상청은 25일 「추석인 27일은 강원-영동지방을 제외한 전국이 맑은 날씨가 되겠다.」며 그러나 「연휴마지막 날인 29일쯤 기압골의 영향으로 전국이 차차 흐려져 비가 오는 곳이 많겠다.」고 예보했다.[추석 연휴 날씨, 일기예보, 조선]

한자어휘

나흘간 : 四日間(よっかかん)
한가위 : 秋夕(しゅうせき)
연휴 : 連休(れんきゅう)
쾌청 : 快晴(かいせい)
기상청 : 気象庁(きしょうちょう)
강원 : 江原(カンウォン)
영동 : 嶺東(ヨンドン)
지방 : 地方(ちほう)

전국 : 全国(ぜんこく)　　　　　영향 : 影響(えいきょう)
기압골 : 気圧(きあつ)の谷(たに)　예보 : 予報(よほう)

어휘 및 어구

1. 넉넉하다 : ゆったりする, 豊(ゆた)かだ, 裕福(ゆうふく)だ, 十分(じゅうぶん)だ, 間(ま)に合(あ)う

- ▸ 하코네 온천에 들어가서 넉넉한(느긋한) 기분에 젖었다.
  箱根温泉(おんせん)に入ってゆったりした気分にひたった。
- ▸ 우리들은 넉넉하다고 생각하지 않지만, 가난하다고도 생각하지 않는다.[행복, yp]
  我々は豊かだとは思わないが、貧(まず)しいとも思わない。
- ▸ 이 가정은 적어도 일본내의 어느 누구보다도 넉넉한 생활을 하고 있다.
  この家庭は、少なくとも日本中の誰(だれ)よりも豊かな暮(く)らしをしている。
- ▸ 그는 넉넉한 가정에서 호강스럽게 자랐다.
  彼は裕福な家庭(かてい)でぬくぬくと育(そだ)った。
- ▸ 넉넉한(유복한) 그녀가 복지활동을 시작했을 즈음, 주위 사람들은 할 일없는 여자의 심심풀이로 밖에 생각하지 않았습니다.
  裕福な彼女が福祉(ふくし)活動を始めたころ、周囲(しゅうい)の人々は有閑夫人(ゆうかんふじん)の暇(ひま)つぶしぐらいに考えませんでした。

▸ 넉넉히 시간 여유를 두고 클래식 기타 음악회에 갔다.
十分に時間の余裕(よゆう)をもってクラシック・ギターの音楽会に出かけた。

▸ 센(= Seine)강의 크루즈 배는, 우리들 전원이 앉을 수 있을 만큼 넉넉한 좌석은 없었다.
セーヌ川(がわ)のクルーズには、われわれ全員が座(すわ)れるだけの十分な座席はなかった。

▸ KTX열차의 출발은 시간적으로 아직 넉넉하다고 생각했는데 그렇지 않았다.
KTXの出発には、まだ間に合うと思っていたのに間に合わなくなってしまった。

▸ 다른 재료는 부족하지만 된장은 지금 넉넉해요.
他の材料はたりないが、お味噌(みそ)は今、間に合っているわ。

2. 맑다 : 晴(は)れる, 澄(す)む, 澄み切(すみき)る, 冴(さ)える(自), 清(きよ)い, 清(きよ)らかだ

▸ 이윽고 하늘이 서쪽부터 차차 맑아 왔다.
ようやく空が、西の方からだんだん晴れてきた。

▸ 맑게 갠 하늘에는 별들이 반짝이고 있었다.
きれいに晴れた空には、星が輝(かがや)いていた。

▸ 성탄절, 교회의 종소리가 맑게 울려 퍼진다.
クリスマスの日、澄んだ教会の鐘(かね)の音が響(ひび)き渡(わた)る。

▸ 오랜만에 끝없이 맑게 트인 푸른 하늘을 볼 수 있다.
久しぶりに果(は)てしなく澄み切った青空(あおぞら)が見られる。

▸ 이탈리아의 진한 커피, 에스프레소를 마셨더니 정신이 맑아졌다.

イタリアの濃いコーヒー、エスプレッソを飲んだら頭がさえてきた。

▸ 바이올린은, 오래될수록 재질이 변화하여 소리가 맑아진다고 한다.

バイオリンは、古くなるほど材質(ざいしつ)が変化して音がさえてくると言う。

▸ 마음이 맑은 사람은 늘 행복합니다.

心の清い者(もの)は、いつも幸(さいわ)いです。

▸ 계곡물은, 맑고 투명하여 바닥의 돌까지 선명하게 볼 수 있었다.

谷川(たにがわ)の水は、清く透(す)き通(とお)っていて、谷底(たにそこ)の石まではっきりと見ることができた。

▸ 맑은 물, 풍요로운 녹음과 함께 미래를 위한 마을을 만들어 봅시다.

清らかな水、豊かな緑(みどり)とともに、未来(みらい)のための町(まち)を作りましょう。

3. ～에 따라 : ～によって

▸ 미국은 지역이 매우 넓어 곳에 따라 기온이 다르다.

アメリカは地域(ちいき)がとても広くてところによって気温(きおん)が違(ちが)う。

▸ 서울의 땅값은, 한강의 남쪽과 북쪽에 따라 엄청 다르다.

ソウルの地価(ちか)は、漢江(ハンカン)の南と北によって非常に差(さ)がある。

▸ 장소에 따라 리조트 맨션이 저렴하게 판매되고 있다.

場所によってリゾートマンションが格安(かくやす)で販売されている。

cf) ～따라 : ～に限(かぎ)って

▸ 이상하게도 그날따라 금융 사기전화가 많이 왔어요. [보이스 피싱, kr]

不思議なことに、その日に限って金融詐欺(きんゆうさぎ)の電話が何度もかかってきました。

▸ 매일 캐주얼한 옷을 입는데 왜 오늘저녁따라 양복을 입고 있지요?

毎日カジュアルなのに、なぜ今夜(こんや)にかぎってスーツ(= suit)なんですか。

4. 마무리 되다 : 終(おわ)る, 片付(かたづ)く, 仕上(しあ)げになる, まとめられる(纏められる), 締(し)め括(くく)られる

▸ 봄바람이 살랑살랑 불어 사람들은 겨울이 마무리 된(끝난) 것을 알았다.

春の風がひょうひょうと吹(ふ)いて、人々は冬が終ったことを知った。

▸ 그 일은 깔끔하게 마무리 되었다.

その仕事(しごと)はスムーズにかたづいた。

▸ 사포로 닦고, 염색하는 공정을 반복하여 아름다운 마무리가 된다.[diy가구, yp]

サンドペーパーで磨き、染色(せんしょく)をする工程(こうてい)を繰り返すことで、美しい仕上げになる。

▶ 차분하고 밝은 객실은, 모던한 인테리어로 마무리되어 편안한 느낌의 공간입니다.[호텔, kr]
落(お)ち着(つ)いた明るい客室は、モダンなインテリアでまとめられてゆったりとした空間です。

▶ 유명한 영화 '십계'는, 마지막의 구출극으로 감동적임과 동시에 극적으로 마무리 되어 매우 훌륭하다.[십계, yp]
有名な映画`十戒`(じっかい)は、最後の救出劇(きゅうしゅつげき)で感動的かつ劇的にしめくくられ、とてもすばらしい。

5. ~(으)로 보이다 : ~に見える(= ~ように思われる), ~と見られる, 見込(みこ)む, ~と予測(よそく)される

▶ 그는 마음이 약해 보이지만 심지는 강한 사람이다.
彼は、気が弱(よわ)そうに見えるが、芯(しん)は強いひとだ。

▶ 이 물질의 월별 출현빈도는, 겨울철부터 봄철에 많이 발생할 것으로 보인다.[사스, yp]
この物質(ぶっしつ)の月別(つきべつ)の出現頻度(しゅつげんひんど)は、冬季(とうき)から春季(しゅんき)に多く発生すると見られる。

▶ 교통정체가 될 것으로 보여 우리들은 일찍이 출발하기로 했다.
交通渋滞(こうつうじゅうたい)を見込んで、私たちは早(はや)めに出発することにした。

▶ 적설량이 70㎝이상으로 보이는(예상되는) 대규모 눈피해가 발생할 우려가 있다고 합니다.[일기예보, yp]

積雪量(せきせつりょう)が70cm以上と予測される大規模な雪害(せつがい)の発生する恐(おそ)れがあるそうです。

6．구름(이) 끼다 : 曇(くも)る, 雲(くも)が掛(かか)る

▶ 오늘은 하루 종일 구름이 끼어 있어 답답한 기분이 든다.
今日は、一日じゅうくもっていて重苦(おもくる)しい感じがする。

▶ 도착했을 때와는 싹 달라져, 하늘은 잔뜩 구름 껴 있다.
着(つ)いた時とは打(う)って変(か)わって、空はどんより曇っている。

▶ 여름도 이제 종반에 들어간 것 같고, 아침부터 구름이 끼는 날이 많아졌습니다.
夏もそろそろ終盤(しゅうばん)に入ったようで、朝から雲が掛る日が多くなって来ました。

▶ 수평선 위에는 조금 구름이 끼어 있었지만, 며칠 만에 아침 해를 볼 수 있었습니다.
水平線(すいへいせん)の上には少し雲が掛っていましたが。何日振(ぶ)りかの朝日を見ることができました。

7．~ㄹ 뿐이다 : ～だけだ, ～のみだ, ～ばかりだ, ～までだ

▶ 그 충실한 부하는 단지 명령에 따랐을 뿐이다.
あの忠実(ちゅうじつ)な部下(ぶか)は、ただ命令に従(したが)っただけだ。

▶ 가끔 재채기를 할 뿐 감기는 걸리지 않는다.

たまに、くしゃみをするだけで、風邪はひかない。

▶ 메일은 모두에게 보냈어. 이제는 회답을 기다릴 뿐이야.

メールは、皆(みんな)に出しといたよっ。あとは、返事(へんじ)を待つのみだわ。

▶ 악은 존재하지 않는다. 그 이름으로 부르는 현상이 있을 뿐이다.

悪(あく)は存在しない。その名で呼ぶ現象(げんしょう)があるのみだ。

▶ 현재의 레코드 산업의 구조는, 종말을 기다릴 뿐이다.

現在のレコード産業(さんぎょう)の構造(こうぞう)は、終焉(しゅうえん)を待つばかりだ。

▶ 여왕의 침실은, 요염한 분위기로 차 숨이 막힐 뿐이었다.[궁궐, yp]

女王(じょおう)の寝室(しんしつ)は、妖艶(ようえん)な雰囲気で息(いき)ぐるしいばかりであった。

8. 쾌청하다 : 快晴(かいせい)だ, 晴(は)れ晴(ば)れする(뒤에 자주 '気分'에 접속), 晴(は)れやかだ, 晴天(せいてん)だ, 日本晴(にほんば)れだ

▶ 구름 한 점 없는 하늘. 그리고 쾌청하다.

一点(いってん)の雲(くも)もない空。それに快晴だ。

▶ 이 사진은 어제 촬영한 것인데, 보시다 시피 날씨가 쾌청했어요.

この写真は、昨日撮影(さつえい)したものだが、ご覧のように快晴でした。

▶ 스포츠를 하고 나면 꽤나 쾌청한(상쾌한) 기분이 된다.

スポーツしたあと、かなりはればれした気分になれる。

▶ 이 시기는 심적으로 제일 쾌청한(상쾌한) 계절로, 기분이 좋아요.

この時期は、気分的に一番はればれした季節で、気持いいですね。

▶ 오늘은 구름 한 점 없는 쾌청한(맑게 갠) 하늘입니다.

今日は、雲(くも)ひとつない晴れやかな空です。

▶ 일본의 11월은 항상 쾌청한(맑은) 하늘이 계속된다.

日本の11月は、いつも晴天続(つづ)きだ。

▶ 아침부터 쌀쌀하지만, 실로 쾌청한(맑게 갠) 좋은 일요일이야.

朝から肌寒(はださむ)いが、実によい日本晴れの日曜日だな。

9. **제외하다** ： 除(のぞ)く, 除外(じょがい)する, 外(はず)す, 差(さ)し引(ひ)く

▶ 그 사람을 제외하면 팀의 인원이 부족하다.

あの人を除くと、チームの人数(にんずう)が足りない。

▶ 경복궁 관람 입장 시, 유아는 요금대상에서 제외한다.[경복궁, kr]

景福宮(キョンボックン)観覧入場(かんらんにゅうじょう)の時、幼児(ようじ)は料金(りょうきん)の対象(たいしょう)から除外する。

▶ 맹장염으로 입원했던 열흘을 제외하면(빼면), 나는 감기 한번 걸린 적도 없을 정도로 건강하지요.

盲腸炎(もうちょうえん)で入院(にゅういん)した十日(とおか)を除ぞけば、私は風邪を一度も引いたこともないくらい健康(けんこう)です。

▶ 경찰은 혐의가 없다고 판단하여 그를 수사 대상에서 제외하였다.

警察は、疑(うたが)いがないと判断して、彼を捜査(そうさ)の対象(たいしょう)から外した。

▶ 수입으로부터 지출을 제외한 것이 이익이 된다.
収入(しゅうにゅう)から支出(ししゅつ)を差し引いたものが、利益(りえき)となる。

10. 마지막 날 : 最終日(さいしゅうび), 最後(さいご)の日(ひ), 終(おわ)りの日

▶ 오늘은 마지막 날인데, 활기차게 즐거운 마음으로 열심히 해요.
今日は、最終日だけど、ハリキッテ楽しんでがんばってね!

▶ 만약 오늘이 자기 인생의 마지막 날이라고 한다면, 오늘 할 일을 정말 하고 싶을까?
もし今日が自分の人生最後の日だとしたら、今日しなければならないことを本当にやりたいだろうか。

▶ 성서는, 지구의 마지막 날이 온다고 3500년 전부터 말하고 있습니다.
聖書(せいしょ)は、地球の終わりの日が来ると3500年前から語(かた)っています。

11. 기압골 : 気圧(きあつ)の谷(たに)

▶ 기압골이란, 표고가 아니며 기압이 주위보다 낮아지고 있는 곳이다.
気圧の谷とは、標高(ひょうこう)ではなく、気圧が周(まわ)り

より低くなっているところだ。

▸ 기압골의 축이 직립하면, 지상 저기압은 발달하지 않고 서서히 소멸하기 시작한다.[기압, yp]
気圧の谷の軸(じく)が直立(ちょくりつ)すると、地上低気圧(ちじょうていきあつ)は発達せずに衰弱(すいじゃく)し始める。

12. 차차(점차) ： 段々(だんだん), 次第(しだい)に, 漸次(ぜんじ)

▸ 작은 눈덩이도 굴러감에 따라 차차 커졌습니다.
小さな雪のかたまりも、転(ころ)がるにつれてだんだん大きくなっていきました。

▸ 오후부터 차차(점차) 비바람이 강해질 거예요.
午後から次第に雨風(あめかぜ)が強くなるでしょう。

▸ 향후 비주얼면에서는, 컴퓨터 기술의 발전과 함께 점차 진보해 나갈 것입니다.[컴퓨터, yp]
今後(こんご)もビジュアルの面では、コンピュータ技術の発展に伴(ともな)い漸次進歩(しんぽ)していくでしょう。

13. 흐리다(흐려지다) ： 曇(くも)る, 濁(にご)る, ぼける(自, 惚ける), ぼやける(自)

▸ 아침결에는 흐려 있었습니다만 낮부터는 날씨가 좋아졌어요.
朝のうちは曇っていましたが、昼からはよい天気になりました。

▸ 추워지면 창문이 하얗게 흐려지는 일이 있습니다.
寒くなると, 窓(まど)が白く曇ることがあります。

▶ 수돗물이 흐려지는 원인은, 수도공사나 화재, 또는 계절의 변화 등에 의한 경우가 있습니다.[水道, yp]

水道水が濁る原因(げんいん)は、水道工事や火災(かさい)、また、季節の変化などによる場合があります。[水道, yp]

▶ 수도 물이 붉게 흐려지는 대부분의 경우는, 녹슬은 수도관이 원인입니다.

水道の水が赤く濁る場合のほとんどは、水道管(すいどうかん)の鉄(てつ)さびが原因です。

▶ 현재의 상식으로는, 초점이 흐린 사진을 교정하는 것은 매우 어려운 일이다.

現在の常識(じょうしき)では、ピントがぼけた写真の補正(ほせい)は、至難(しなん)の業(わざ)だ。

▶ 근시란, 가까이에 있는 것은 분명히 보이지만, 멀리 있는 것은 흐리게 보이는 상태입니다.[근시. kr]

近視(きんし)とは、近くのものははっきり見えるが、遠くのものはぼやけて見える状態です。

일본어번역문 7-A

四日間の十分である今年のハンガウィ連休は晴れの日を初めとし、場所によって雨が降る天気で仕上がる見込みである。チュソクの27日には場所によってたまに雲がかかるだけ、全国が晴天であるだろう。

気象庁は25日「チュソクの27日はカンウォン・ヨンドン地方を除外した全国が晴天に恵まれるだろう」と、しかし「連休の最後の日の29日頃、気圧の谷の影響で全国がどんどん曇り続き、雨が降りだす所が多い見込みだ」と予報した。

일본어번역문 7-B

四日間というゆったりした今年の秋夕の連休は晴れた日で始まり、ところによって雨の天気で仕上げになるだろうと見込まれている。秋夕の27日にはところによって時々曇るだけで全国で快晴であろう。

気象庁は25日「秋夕当日の27日は江原-嶺東地方を除いた全国で晴れるだろう。」といいながら、しかし「連休の最終日の29日頃は気圧の谷の影響で全国的に次第に曇り出して雨が降るところが多いだろう。」と予報した。

8장 미술전시회의 난해성

한국어문

문화수용 인구가 늘면서 이제는 철을 가리지 않고 많은 미술전시회가 열리고 있다. 다양한 성격의 전시가 풍성해진 것은 바람직한 일임에 틀림없지만 이따금 전시작품 앞에서 고개를 갸우뚱하게 되는 경우가 있다.

기계 부스러기인지 과학의 도면인지 분간이 되지 않는 작품의 난해성 때문이다. 일반 미술애호가들이 겪는 이러한 당혹감을 당연한 사실로 받아들여야 할지. 전문가적 안목이나 현대미술에 대한 지속적인 관심없이는 해명되지 않는 이러한 작품의 가치에 대해서 궁금한 사람이 많을 것이다.

[미술전시회의 난해성, 一事一言, 조선]

한자어휘

수용 : 受用(じゅよう) 인구 : 人口(じんこう)

미술전시회 : 美術展示会(びじゅつてんじかい)

풍성하다 : 豊富(ほうふ)だ

작품 : 作品(さくひん)

기계 : 機械(きかい)

과학 : 科学(かがく)

도면 : 図面(ずめん)

난해성 : 難解性(なんかいせい)

일반 : 一般(いっぱん)

애호가 : 愛護家(あいごか)

당혹감 : 当惑(とうわく), とまどい

전문가 : 専門家(せんもんか)

안목 : 眼識(がんしき)

지속적 : 持続的(じぞくてき)

관심 : 関心(かんしん)

해명 : 解明(かいめい)

가치 : 価値(かち), 値打(ねう)ち

어휘 및 어구

1. 늘다 : 増(ふ)える, 増(ま)す(自)

▸ 이 마을의 인구는 10년간 3배 늘었다.
この町(まち)の人口(じんこう)は、10年間で3倍で増えた。

▸ 운동을 하지 않아 지난달보다 체중이 5킬로 늘었다.
運動をせず、先月より体重(たいじゅう)が5キロ増えた。

▸ 매년 소년범죄는 늘고 있다.
毎年少年犯罪(しょうねんはんざい)は増しつつある。

▸ 콘크리트 구조로 하면 비용이 50퍼센트 는다.
コンクリート造(づく)りにすると、費用(ひよう)が50パーセント増す。

cf) 늘어나다 : 伸(の)びる, 伸びきる

▸ 이 안테나는 당기면 2미터까지 늘어난다.

このアンテナは、引(ひ)っぱると二メートルまで伸びる。

▶ 이 스웨터는 늘어나서 완전히 모양이 망가져 있다.
このセーターは、伸びきってすっかり型(かた)くずれしている。

2. 이제는(바야흐로) ： 今(いま)や, 今こそ, まさに

▶ 일찍 꽃피는 매화는 이제 한창이다.
早咲(はやざ)きの梅(うめ)は、今やまっさかりだ。

▶ 주위의 강한 반대를 무릅쓰고 무리한 계획을 진행하려던 것이 원인이 되어, 이제 시장은 사면초가의 상태다.
周囲の猛(もう)反対を押し切って無理な計画を進めようとしたのが原因で、今や市長は四面楚歌(しめんそか)の状態だ。

▶ 이제는 국가백년의 계획을 세워야 할 때이다.
今こそ、国家百年(こっかひゃくねん)の計画を立てるべき時である。

▶ 때는 겨울이 지나고 이제는 따뜻한 봄이야.
冬が過ぎてまさに陽春(ようしゅん)だね。

▶ 세상은 이제(바야흐로) 아이폰(= iPhone)시대, 아이티혁명 그 자체로 생각한다.[IT, yp]
世(よ)は、まさにアイホン時代、IT革命そのものだと思います。

3. 철을 가리지 않고 ： 季節(きせつ)を問(と)わずに, 季節を選(えら)ばずに, 季節に関(かか)わらず, 季節の別(べつ)なく

▶ 축구는 철을 가리지 않고 인기가 있다.

サッカーは、季節を問わずに人気(にんき)がある。

▶ 올해는 철을 가리지 않고 신종인플루엔자가 대단했어요.

今年は、季節を問わずに新型(しんがた)インフルエンザがたいへんでした。

▶ 낚시를 매우 좋아하는 그는, 철을 가리지 않고 낚시하러 나갔다.

釣(つり)が大好(だいす)きな彼は、季節を選ばずに、釣(つり)に出かけた。

▶ 철을 가리지 않고, 금방 목이 마르기 때문에 죽겠어요. 몸에 수분이 부족하지 않나 생각돼요.

季節に関わらず、すぐに喉(のど)が渇(かわ)くので困っています。体に水分(すいぶん)が足(た)りないのではないと思います。

▶ 요즈음은 일년 내내 모든 식품을 철을 가리지 않고 먹을 수 있습니다.

このごろは、一年中あらゆる食品(しょくひん)が季節の別なく食(しょく)することが出来ます。

cf) 가리다(가려내다) : 選(えら)ぶ, 選(え)り分(わ)ける, 見分(みわ)ける, 好(す)き嫌(きら)いがある

▶ 그녀는 때와 장소를 가리지 않고 말한다.

彼女は、時と場所(ばしょ)を選ばずにものを言う。

▶ 치아가 좋지 않아서 부드러운 것만 가려서 먹고 있습니다.

歯(は)が悪いので、軟(やわ)らかいものばかり選んで食べています。

▶ 상자속의 사과를 큰 것과 작은 것으로 가려내어 주세요.

箱(はこ)の中のリンゴを、大きいのと小さいのにえり分けてください。

▸ 그 액체는 특유의 냄새가 나기 때문에, 누구라도 가려낼 수 있다.

その液体(えきたい)は、特有のにおいがするので、だれにでも見分けられる。

▸ '나는 음식을 가리지 않습니다'라고 자랑삼아 말하는 사람이 있다.

'私は食べ物の好き嫌いがありません'と自慢(じまん)げに語る人がいる。

cf) 마다하지 않다 : 厭(いと)わない, 厭(いと)わず~する

▸ 나는, 그들을 위한다면 어떤 고통도 마다하지 않는다.

私は、彼らのためならどんな苦痛(くつう)もいとわない。

▸ 바쁘신 가운데서도 먼 길을 마다하지 않고, 저의 숍에 와주셔서 진심으로 감사의 인사말을 드리고 싶습니다.

ご多忙(たぼう)の中、遠路(えんろ)をいとわずご来店(らいてん)頂(いただ)き、心から御礼(おれい)を申(もう)しあげます。

4. 열리다 : 開(ひら)く(自:열리다, 他:열다), 開(ひら)かれる, 開(あ)く(自), 開(あ)けられる, 催(もよお)される

▸ 어제 중앙윤리위원회가 열려 K의원을 제명하기로 결정했다.
[성희롱 발언, 중앙]

昨日中央倫理委員会(りんりいいんかい)が開(ひら)いてK議員を除名(じょめい)することに決めた。

▸ 국가 주요시설을 로봇이 경비하는 시대가 열렸다.[경비 로봇, 중앙]

国家主要施設を、ロボットが警備する時代が開(ひら)かれた。

▶ 창문이 열려 있으니까 빈집은 아니겠지요.

窓(まど)が開(あ)いているから、留守(るす)ではないでしょう。

▶ 은행은 오전 9시에 열리고 오후 5시에 닫습니다.

銀行は午前9時に開(あ)いて午後5時に閉(し)まります。

▶ '실례합니다…'라는 온화한 목소리와 함께 장지가 열리며, 여주인의 정중한 인사가 이어진다. 무심코 이쪽도 자세를 바로하고 인사를 받는다….[女将物語, yp]

'ごめんくださいませ…'という穏(おだ)やかな声とともに襖(ふすま)が開けられ、女将(おかみ)の丁寧(ていねい)な挨拶が続く。思わずこちらも身(み)を正(ただ)して挨拶を受ける…。

▶ 연수단의 송별회는 오후 6시에 열릴 예정입니다.

研修団(けんしゅうだん)の送別会(そうべつかい)は、午後6時に催される予定です。

5. 다양하다 : 多様(たよう)だ, 色々(いろいろ)だ, 様々(さまざま)だ, 種々(しゅじゅ)だ(주로 '種々の' 꼴로 사용)

▶ 한반도의 42배라는 광대한 국토를 가지고 있는, 미국의 기후는 다양하다.

朝鮮半島(ちょうせんはんとう)の42倍という、広大(こうだい)な国土(こくど)を有(ゆう)する、アメリカの気候(きこう)は多様だ。

▶ 양떼구름, 비구름, 뭉게구름 등 하늘에는, 다양한 구름이 보입니다.

ひつじ雲、雨雲(あまぐも)、入道雲(にゅうどうぐも)など、空にはいろいろな雲が見られます。

▶ 어린 너희들은, 지금부터 다양한 경험을 쌓으면서 성장해 나가렴.
若い君たちは、これから様々な経験を積(つ)んで成長して行ってね。

▶ 여기에는 다양한 문제점이 있어 의견을 정리했다.
ここには種々の問題点があって意見をまとめた。

▶ 이것은 다양한 재료를 배합해 푹 끓인 된장국입니다.
これは種々の材料を取り合わせて煮込(にこ)んだ味噌汁です。

6. 풍성하다 : 豊(ゆた)かだ, ふんだんだ[=ふだん(不断)の音変化 이후 뜻이 바뀜]

▶ 일본은 전후, 급성장해 국민의 생활이 풍부해졌습니다.
日本は、戦後(せんご)急成長(きゅうせいちょう)し、国民の生活が豊かになりました。

▶ 마음까지 풍성해지는 따뜻한 중추절이 되십시오.
心まで豊かになる暖かい中秋(ちゅうしゅう)をおすごし下さい。

▶ 이제부터 항상 대화가 풍성해지는(많아지는) 가족이 되도록 노력하고 싶습니다.
これから常(つね)に会話がふんだんになる家族になるよう努力したいと思います。

7. 바람직하다 : 望(のぞ)ましい, 好(この)ましい, 色好(いろよ)い, 願(ねが)わしい, 思(おも)わしい

▶ 일주일에 두 번의 레슨을 받는 것이 바람직한 일인지?

週に二度(にど)のレッスンを受けるのは望ましいことなのか。

▶ 학생들은, 면담결과 바람직한 대답은 얻을 수 없었다.
学生たちは、相談の結果、好ましい答えは得(え)られなかった。

▶ 닥치는 대로 부탁해 보지만, 바람직한 대답은 얻을 수 없다.
手当(てあ)たり次第(しだい)お願いしてみるものの、色好い返事はもらえない。

▶ 이 같은 사태는 바람직한 일이 못 된다.
このような事態(じたい)は、ねがわしい事(こと)ではない。

▶ 그는 당시 회사의 경영이 바람직하지(좋지) 않아서, 괴로워했던 것 같다.
彼は、当時(とうじ)会社の経営(けいえい)が思わしくなく、悩(なや)んでいたらしい。

8. 틀림없다 : 違(ちが)いない, 間違(まちが)いない, 確(たし)かだ

▶ 오늘따라 그가 한 마디도 하지 않는 것은, 무슨 속셈이 있음에 틀림없다.
今日に限(かぎ)って彼が一言(ひとこと)も発(はっ)しないのは、何かも黒みがあってのことに違いない。

▶ 범인은, 내부사정을 잘 알고 있는 사람임에 틀림없다.
犯人(はんにん)は、内部の事情(じじょう)をよく知っているやつに違いない。

▶ 그의 능력은, 사장이 높이 평가했기 때문에 승진은 틀림없을 것이다.
彼の能力は、社長に高く買われているので、昇進(しょうしん)

は間違いないだろう。

▸ 틀림없이 발전소의 건설은 필요할지 모르지만, 자손에게 남겨야 할 아름다운 자연을 생각하면 대가가 너무나 크다.

確かに発電所(はつでんしょ)の建設は必要かもしれないが、子孫(しそん)に残すべき美しい自然を考えると代償(だいしょう)が大きすぎる。

9. **이따금** : ときたま, 時折(ときおり), たまに, 時々(ときどき), ちょいちょい

▸ 야구광인 나도, 요즈음 수험공부로 바쁘고 이따금(때때로) TV를 잠깐 엿볼 정도다.

野球狂(やきゅうきょう)のぼくも、最近は受験勉強にいそがしく、ときたまテレビを見るぐらいだ。

▸ 이따금 미술관을 사랑해 주시는 손님으로부터 소식이 옵니다.

ときおり、美術館を愛好していただいているお客さまからのお便(たよ)りが届(とど)きます。

▸ 아침부터 흐린 하늘에 이따금 부슬비가 흩날린다.

朝からの曇り空に、時折小雨(こさめ)が降ってくる。

▸ 집에 틀어박혀만 있는 것은 좋지 않아. 이따금 여행이라도 가보렴. 기분이 밝아질 테니까.

家にこもってばかりいるのはよくないよ。たまには旅(たび)でもしてごらん、気分(きぶん)が晴(は)れるから。

▸ 도마는, 이따금(가끔) 햇볕에 일광소독 하는 편이 좋습니다.

まな板(いた)は、時々、日に当(あ)てて日光消毒(にっこうしょうどく)したほうがいいです。

▸ 시간이 있으면 골프를 이따금 하는 정도입니다.
ひまがありましたら、ゴルフをちょいちょいやる程度です。

10. 고개를 갸우뚱하다 : 首(くび)を傾(かし)げる, 小首(こくび)を傾げる, 首を傾(かたむ)ける, 小首を傾ける

▸ 그는 고개를 갸웃거리며 무언가 생각하고 있다.
彼は、首をかしげながら何かを考えている。

▸ 너의 그 고개를 갸우뚱하는 버릇이 귀여워.
あなたのその小首をかしげるくせはかわいいね。

▸ 의심스럽게 생각하거나 이상하게 생각하여, 고개를 약간 갸우뚱한다.
不審(ふしん)に思ったり、不思議(ふしぎ)に思ったりして、首をちょっと傾ける。

▸ 우리 집 귀여운 강아지는 낯선 사람을 보고 고개를 갸우뚱한다.
うちのかわいい子犬は、見知(みし)らぬ人を見るとこくびを傾ける。

11. 부스러기 : 屑(くず), 残(のこ)り滓(かす), 端(はし)くれ(토막. 변변찮은 존재로 그 부류에 속하는 사람, 나부랭이), 切(き)れ端(ぱし)(사용하고 남은 자투리), かけら[欠片. 부서진 조각, (비유적으로) 한 가닥, 아주 조금]

▸ 빵을 먹을 때는 부스러기를 흘려서는 안 됩니다.
パンを食る時、パンくずを散(ち)らしてはいけません。

▸ 그 가게에서는 팔다 남은 부스러기를 모아서 싸게 팔고 있

었는데, 그 중에는 좋은 것도 있었다.

その店では売(う)れ残(のこ)った残り屑を集めて安く売っていたが、その中にはいいものもあった。

▶ 자작나무 토막을 인테리어의 재료로 멋진 작품을 만들었다.

シラカバのはしくれをインテリアの材料にしてすてきな作品を作った。

▶ 저는 시인 나부랭이(변변찮은 시인)입니다. 시인이란 간단히 말하면, 자신이라는 존재를 주위에 전하고 싶어 하는 산 생물이지요.

私は詩人の端くれでございます。詩人とは、簡単に言えば、自分という存在を周囲に伝えたがる生き物なのです。

▶ 나무 부스러기(조각)를 모아서 땔감으로 했다.

材木(ざいもく)の切れ端を集めて、焚(た)き物(もの)にした。

▶ 방에는 커튼이나 시트의 자투리 등 헝겊이 너무 많이 있어요.

部屋にはカーテンやシーツの切れ端など、あまり布(ぬの)がたくさんあります。

▶ 해변가에서는 조개 부스러기(조각), 유리 파편 등에 손을 베는 일이 많다.

海辺には、貝のかけら、ガラスの破片(はへん)などで手を切ることが多い。

▶ 그 살인범은 한 가닥의 양심도 없다.

その殺人犯(さつじんはん)は、良心(りょうしん)のかけらも無い。

▶ 그 바보 같은 놈은 손톱만큼도 반성하는 기색이 없었다.

そのばかやろうは、かけらほども反省(はんせい)の色がなかった。

▶ 구김살 없이 자란 젊은이는, 시원시원하고 근심걱정이라곤 조금도 느껴지지 않는다.

のびのびと育(そだ)った若者(わかもの)は、さわやかで屈託

(くったく)のかけらも感じられない。

cf) ~밥(부스러기) : ~屑(くず)

▸ 톱밥 : 鋸屑(のこくず), 대팻밥 : かんな屑(くず)
실밥 : 糸屑(いとくず), 쇠 부스러기 : 屑鉄(くずてつ)
쓰레기통 : 屑籠(くずかご)

12. 도면 : 図面(ずめん), 設計図(せっけいず)

▸ 집을 지을 때에 우선 도면을 그리지 않으면 안 된다.
家を建てる時に、まず図面を引かなければならない。

▸ 공학 공부에는, 도면 긋는 방법이나 읽기 공부가 대단히 중요하다.
工学(こうがく)の勉強では、図面の引き方や読み方の勉強が非常に大切だ。

▸ 신축하는 집의 도면(설계도)에는 내 방도 틀림없이 있었다.
新築(しんちく)する家の設計図には、ちゃんと私の部屋もあった。

cf) 관련어 : 青写真(あおじゃしん), 見取り図(みとりず, 약도), 略図(りゃくず), 平面図(へいめんず), 間取り図(まどりず, 방 배치도)

▸ 장래 나의 청사진을 머릿속에 그려보았다.
今後のわたしの青写真を頭の中に描(えが)いてみた。

▸ 현장 부근의 대략적인 약도를 보고 일찍이 도착했어요.
現場付近(げんばふきん)の大(おお)まかな見取り図をみて早めに着いたんです。

▸ 아래에 공원의 연락처, 주소, 교통수단, 약도 등을 게

시하고 있습니다.[공원소개, kr]

下に公園の連絡先(さき)、住所、交通手段、略図等を掲示(けいじ)しております。

▸ 다음은 박물관·미술관의 평면도와 전시실·홀 등의 면적입니다.

次は、博物館・美術館の平面図と展示室・ホール等の面積(めんせき)です。

▸ 평면도는, 이른바 '배치도'로 건물을 마루 위 1~1.5m의 높이로 수평절단한 면을 나타낸 도면이다.[평면도, yp]

平面図は、いわゆる'間取り図'のことで、建物を床上(ゆかうえ)1~1.5mの高さで水平切断(すいへいせつだん)した面を表現した図面である。

13. 분간이 되지 않다 : 見分(みわ)けが付(つ)かない, 判断(はんだん)が容易(ようい)でない, 識別(しきべつ)できない

▸ 이 달러지폐는 진짜인지 가짜인지 분간이 되지 않는다.

このドル紙幣(しへい)は、本物か偽物(にせもの)か見分けがつかない。

▸ 사실 이 단어의 사전적 의미만으론 분간이 되지 않는다(분간이 쉽지 않다).[포르노, 중앙]

実際、この言葉(ことば)の辞書(じしょ)の意味だけでは、判断が容易でない。

▸ 한 인사는, '소비서가 그동안 해외에서 수차례 진료를 받았지만 눈이 계속 나빠져, 지금은 주변 사람의 도움 없이는 사

물이 분간되지 못할(사물을 분간하지 못할) 정도'라고 전했다. [북한, 동아]

ある人物は、'チョン書記は、これまで海外で数回(すうかい)治療を受けたが、視力(しりょく)が悪化(あっか)し、今は周囲の人の助けなしでは物を識別できないほどだと伝えた。

cf) 분간하다 : 見分(みわ)ける, 分別する(ぶんべつ:구체적, ふんべつ:추상적), 判別(はんべつ)する, 区別(くべつ)する, 弁(わきま)える, 見極(みきわ)める

▸ 우리는, 낯이 익은 사이로 어둠 속에서도 쉽게 서로 분간할 수 있다.

我々は、顔なじみの間柄(あいだがら)で暗がりの中でも簡単に互(たが)いを見分けることができた。

▸ 쓰레기 분간(분별)에는 쓰레기가 어떤 것으로 되어 있는지 아는 것이 중요해.

ごみの分別(ぶんべつ)には、ごみがどんなものからできているかを知ることが重要なのよ。

▸ 저 바보 같은 놈, 언제 세상을 분간할 줄 알까?(철이 들게 될까?).

あのばか、いつになったら分別(ふんべつ)がつくようになるのだろう。(= When will the poor fool learn wit?)

▸ 숙련자도 외견으로 병아리의 성별을 분간(식별)하는 것이 어렵다.

熟練者(じゅくれんしゃ)でも、外見(がいけん)でひよこの性別(せいべつ)を判別するのは難しい。

▸ 의문은, 공사를 분간(구별)하는 경우, 어디까지가 공(公)이며 어디까지가 사(私)인가라는 점이지요.

疑問(ぎもん)は、公私(こうし)を区別すると言う場合、

どこまでが公事(おおやけごと)でどこまでが私事(わたしごと)なのかという点でしょう。

▸ 울컥한 나는, 앞뒤를 분간하지(가리지) 않고 밖으로 뛰쳐나갔다.

かっとなった私は、前後(ぜんご)を弁えず外に飛(と)び出(だ)した。

▸ 어느 정도의 판단력을 가지고 있지 않으면, 정보의 옳고 그름을 분간할(분별할) 수 없다.

ある程度の判断力を持っていないと、情報の是非(ぜひ)を弁えることが出来ない。

▸ 첫 대면에서 인물평가가 어려울 때, 진짜인지 아닌지를 분간하는(가려내는) 기준으로 나는 늘 이것을 참고로 하고 있다.[인물평가, yp]

初対面(しょたいめん)で人物評価(じんぶつひょうか)が難しいとき、本物(ほんもの)かどうかをみきわめる基準として、私はいつもこれを参考にしている。

14. 겪다 : 経験(けいけん)する, なめる, 遭(あ)う, 経(へ)る, 味(あじわ)う

▸ 실제로 사람은 일을 겪어봄(경험함)으로써 완전하게 사물을 이해한다. 뭐든지 겪어보자구나.

実際に人は経験することにより、完全に物事(ものごと)を理解するよ。何でも経験してみよう。

▸ 그는 서울에 올라와 1년 동안 현장에서 온갖 고초를 겪었다.

彼は、ソウルに上がって一年間現場であらゆる辛酸(しんさん)

をなめた。

▶ 미국은 금년 4월 멕시코만 기름유출 사고를 겪었다(당했다). [유출사고, 동아]
アメリカでは、今年の四月、メキシコ湾(わん)原油流出事故(げんゆりゅうしゅつじこ)に遭った。

▶ 울산市는 지난 10년간 큰 변화를 겪어 풍요로운 도시가 되었다.[울산, kr]
ウルサン市は、この10年間大きな変化を経て豊かな都市になった。

▶ 한 달 동안 치아가 아파 심한 고통을 겪었다.
一ヶ月間、歯痛(しつう)で辛(つら)さを味わった。

▶ 월드컵 남아공대회에 나가는 한국대표는, 31일 승리의 쾌감을 겪었다(맛봤다).[월드컵, 동아]
サッカーのワールドカップ南アフリカ大会に出場(しゅつじょう)する韓国代表は、31日、勝利(しょうり)の快感(かいかん)を味わった。

15. 당혹(감) : 当惑(とうわく), 困惑(こんわく), 困惑感(こんわくかん), 戸惑(とまど)い

▶ 그녀에게 세 번이나 프로포즈를 거절당해 당혹스러웠다.
彼女に3度もプロポーズを断(ことわ)られて当惑した。

▶ 수상은 갑자기 어려운 질문을 받고 당혹감을 느꼈다.
首相は、急に難しい質問をされて当惑した。

▶ 그녀는 갑작스런 중매를 부탁받고 당혹스러워(난처해) 했다.
彼女は、急に仲人(なこうど)を頼(たの)まれてこんわくした。

▶ 그가 당연한 이야기를 하면 할수록, 그의 주위사람은 놀라고

당혹스러웠다.

彼があたりまえなことを口にすればするほど、彼の周囲(しゅうい)は驚(おどろ)き困惑した。

- 마음에 드시지 않거나, 어떠한 불안감, 혐오감, 당혹감을 느끼시는 분은, 열람하시지 마시기 바랍니다.

  お気に召(め)さなかったり、何らかの不安感、嫌悪感(けんおかん)、困惑感を感じる方は、ご閲覧(えつらん)されないようにお願いいたします。

- 그는 내 건방진 질문에 당혹함을 드러냈다.

  彼は、私の生意気(なまいき)な質問にとまどいをかくせなかった。

- 한국과 대전하는 에콰도르도 익숙하지 않는 추위에 당혹감(당황스러움)을 보이고 있는 것 같다.[월드컵, yp]

  韓国と対戦(たいせん)するエクアドルも慣(な)れない寒さに戸惑いを見せているようだ。

16. 당연한 사실 : 当(あ)たり前(まえ)なこと，ありふれたこと，当然(とうぜん)のこと

- 여름은 더운 것이 당연한 사실이라 하지만, 이 지역의 무더위는 너무 다르다.

  夏は暑いのが当たり前なことと言っても、この地の蒸(む)し暑さは別物(べつもの)だ。

- 실은, 시시하고 또한 아주 당연한 사실로 말하는 데에 진절머리 납니다.

  実は、つまらないこと、そして、ごくありふれたことというのには、うんざりします。

▸ 이것은 국제연합의 선언이지만, 국제학술회의에서는 당연한 사실로 채택되었다.

これは、国際連合(れんごう)の宣言であるが、国際学術会議では当然のこととして採択(さいたく)された。

cf) 有(あ)り触(ふ)れる ：(「ありふれた～」의 꼴로 자주 쓰임) 흔하게 있다, 흔해 빠지다

▸ 어쨌든 사람 수가 장난이 아니니까 저런 흔한 얼굴을 찾는 것은 상당히 힘들어요.[사람찾기, yp]

なんせ人の数が半端(はんぱ)じゃないですから、あんなありふれた顔を探すのは、一苦労(ひとくろう)ですよ。

▸ 지극히 흔한(평범한) 생활 속에서 생기는 아주 평범한 생각.

ごくごくありふれた生活の中で生まれるごくごくありふれた考え。

▸ 그것이 요컨대, 세상에 흔해 빠진 '틀어박혀 사는 남자'가 되겠지요.[히키고모리, yp]

それが要(よう)するに、この世にありふれた'引きこもり男'なのでしょうね。

17. 받아들이다 ： 受(う)け入(い)れる, 受け容(い)れる, 受け付(つ)ける, 受(う)け取(と)る, 取り上(あ)げる, 取(と)り入(い)れる, 聞(き)き入れる, 受容(じゅよう)する

▸ 이 설은, 아직 다수의 학자에게 받아들여지지 않고 있다.

この説(せつ)は、まだ多数の学者に受け入れられてはいない。

▶ 민주주의를 받아들이고 공산주의를 배척했다.
民主主義(みんしゅしゅぎ)を受け容れて共産主義(きょうさんしゅぎ)を拒否(きょひ)した。

▶ 아버지는 화내고 계시기 때문에, 지금 내가 말하는 것은 받아들이지 않을 것이다.
父は怒(おこ)っているので、今私の言うことなど受け付けないだろう。

▶ 그는 내가 말한 것을 잘못 받아들인 모양이다.
彼は、私の言ったことを間違って受け取ったらしい。

▶ 학생의 불평을 되도록 받아들이기로(들어 주기로) 하고 있습니다.
学生の不平(ふへい)をできるだけ取り上げることにしています。

▶ 일본은, 메이지 시대에 왕성하게 외국 지식을 받아들였다.
日本は、明治時代に、盛(さか)んに外国の知識を取り入れた。

▶ 도로를 고쳐달라고 관공서에 부탁했으나 좀처럼 받아들이지(들어주지) 않는다.
道路を直してもらいたいと役所(やくしょ)に頼んだが、なかなか聞き入れてくれない。

▶ 선배들은, 나의 염치없는 행동을 너그러이 받아들였다(수용해 주었다).
先輩たちは、私の身勝手(みがって)さを大目(おおめ)に受容してくれた。

18. 전문가 : 専門家(せんもんか), 玄人(くろうと) [↔ 素人(しろうと)]

▶ 지진 대책을 어떻게 하면 좋을지 전문가를 불러 이야기를 들

었다.

地震対策(じしんたいさく)をどうしたらよいか、専門家を呼(よ)んで話を聞いた。

▶ 그는 전문가 빰칠 정도의 능숙한 솜씨이다.(실은 '비전문가')
彼は、玄人はだしの腕前(うでまえ)である。

19. ~적이다 : ~的(てき)だ, ~のようだ, ~らしい[=그와 같은 성질을 가진(=そのような性質(せいしつ)を帯(お)びた~), 그것에 대한, 그 방면에 관한(=それについての~, その方面にかかわる~)]

▶ 장마기간에 기록적인 호우로 큰 피해를 입었다.
梅雨(つゆ)期間、記録的な豪雨(ごうう)で大きな被害(ひがい)を受けた。

▶ 현재의 교육 커리큘럼이나 교직원수 및 시설면 등 교육적인 견지에서, 효과적인 교육을 할 수 있을 것으로 생각된다.
現在の教育カリキュラムや教職員数(いんすう)および施設面(しせつめん)などの教育的見地(けんち)から、効果(こうか)的な教育ができるであろうと思われる。

▶ 때로는 목적을 완수하는데 정력적으로 움직입니다만, 귀족적인 태도를 가질 수는 없습니다.
時には目的を果(は)たすのに、精力的(せいりょくてき)に動(うご)きますが、貴族のような態度はとれません。

▶ 따뜻하고 가정적인 분위기속에서 아이들이 지낼 수 있도록 배려되었습니다.[사회복지, yp]
あたたかくて家庭らしい雰囲気(ふんいき)の中で、子供たちが過(す)ごせるように配慮(はいりょ)されました。

20. 안목(안식) : 目(め), 眼目(がんもく), 眼識(がんしき)

▶ 과학자의 안목은 예리하고 분명하다.
科学者(かがくしゃ)の目は、するどくて明(あき)らかである。

▶ 지금의 여당 대표는, 사물을 꿰뚫어보는 안목을 갖고 있지 않은 것 같다.
今の与党代表(よとうだいひょう)は、物事(ものごと)を見抜(みぬ)く目を持っていないようだ。

▶ 당신은 의류디자이너이니까 옷을 고르는 안목이 뛰어나네요.
あなたは衣料(いりょう)デザイナーなので、服(ふく)を選ぶ眼目がさすがですね。

▶ 그 TV해설가는, 서화에 안목이 있는 분으로 재미있게 이야기하시네요. [진품명품, KBS]
そのテレビ解説家(かいせつか)は、書画(しょが)に眼識のある方で面白く言われますね。

▶ 그 프로에 출연한 여성 탤런트는, 미술품에 대한 안목이 높다.
あの番組に出演(しゅつえん)した女性タレントは、美術品(びじゅつひん)に対する眼識が高い。

cf) 판단력(통찰력, 식별안) : 判断力(はんだんりょく), 洞察力(どうさつりょく), 識別眼(しきべつがん)

▶ 판단력이란, 어떠한 상황에서도 냉정하게 다른 사람의 의견에 갈팡질팡하지 않고, 결단을 내리는 것을 말한다.
判断力とは、どのような状況(じょうきょう)でも冷静

(れいせい)に他人(たにん)の意見に惑(まど)わされる事なく、決断(けつだん)を下(く)だすことをいう。

- 통찰력은, 사물의 실상을 깊게 생각하여 이해한다는 것이 아니고, 사물의 실상을 직관적으로 내다보는 힘이라고 말할 수 있다.

  洞察力は、物事のありようを深く考えて理解するというのではなく、物事のありようを直観的(ちょっかんてき)に見抜(みぬ)く力と言えるでしょう。

- 오늘날만큼 식별안이 필요한 시대는 없다.

  今日(こんにち)ほど識別眼が必要な時代はない。

21. 관심 : 関心(かんしん), 興味(きょうみ)

- 신경이 가는 사람이니 만큼 관심도 크다.[김정일, 동아]

  気(き)になる人物(じんぶつ)だけに関心も多い。

- 여러 외국과 비교해 한국은, 교육에 대한 관심이 꽤 높다고 할 수 있다.

  諸外国(しょがいこく)に比べて韓国は、教育に対する関心がかなり高いと言える。

- 컴퓨터 게임에 몰두했던 아이도, 꽤나 관심이 적어진 것 같다.

  コンピューターゲームに夢中(むちゅう)だった子も、だいぶ興味が薄(うす)らいで来た様子(ようす)だ。

- 추리소설의 결과를 미리 듣게 되면, 스토리에 관심(흥미)이 없어져 버린다.

  推理小説(すいりしょうせつ)の結果を前もって聞かされると、ストーリーへの興味をそがれてしまう。

22. ~없이는 ~지 않다 : ~なくしては~ない, ~なしには~ない

▸ 회장이 없이는 회의가 시작되지 않는다.
会長なくしては会(かい)がはじまらない。

▸ 눈물과 웃음 없이는 말할 수 없는 페코페코 이야기.[幼児童話, 'おおかみペコペコ']
涙と笑いなくしては語(かた)れないペコペコの話。

▸ 여성으로 처음으로 K2 등정에 성공한 등산가의 이야기는, 눈물 없이는 들을 수 없다.
女性として初めてK2登頂(とうちょう)に成功した登山家(とざんか)の話は、涙なしには聞(き)けない。

▸ 일년 내내 입술이 건조해서 립크림 없이는 생활할 수 없어요.[상담, yp]
一年じゅう、唇(くちびる)が乾燥(かんそう)していて、リップクリームなしには生(い)きていけません。

23. 가치 : 価値(かち), 値打(ねう)ち, 値(あたい)

▸ 이 가짜 미술품은 한 푼의 가치도 없다.
この偽(にせ)の美術品は、一文(いちもん)の価値もない。

▸ 미국의 제안은 이 이상 논의할 일고의 가치도 없다고 일축했다.[6자회담, yp]
米国の提案(ていあん)はこれ以上論議(ろんぎ)する一顧(いっこ)の価値もないと一蹴(いっしゅう)した。

▸ 이달 출간된 시집은 읽을 만한 가치가 있다.

今月出版された詩集(ししゅう)は、読むだけの値打ちがある。

▶ 사람의 가치는 지위나 돈으로 잴 수 없는 법이다.
人の値打ちは、地位(ちい)やお金で計(はか)れないものだ。

▶ 이번 서울의 고흐 전람회는 평생 한번은 봐 둘 가치가 있다.
今度ソウルのゴッホの展覧会は、一生(いっしょう)一見(いっけん)のあたいがある。

▶ 혼자서 10득점을 한 그의 활약은, 특별히 기사화할 가치가 있습니다.
一人で10得点(とくてん)をあげた彼の活躍(かつやく)は、特筆(とくひつ)に値するものです。

24. 궁금하다 : 気(き)になる, 気にかかる, 気づかう, 気掛(きが)かりだ

▶ 손님이 올 때가 됐는데도 오지 않아서 어떻게 된 일인지 궁금하다.
お客様が来る時間になっても来ないので、どうしたことかと気になる。

▶ 딸의 친구인 레나양은 한국의 궁금한 화제 거리를 듣고 싶어 한다.
娘の友達のレナーちゃんは、韓国の気になる話題を聞きたがっている。

▶ 엄마는 아들의 생사가 궁금하여 가만히 있을 수가 없었다.
母親は、息子の生死(せいし)が気にかかって、じっとしていられなかった。

▶ 내가 아픈 것이 궁금하여(걱정되어) 친구들이 찾아와 주었다.
私の病気を気づかって友だちが訪(たず)ねて来てくれた。

▸ 임금 인상에 관한 중역회의의 결과가 궁금하다.

賃上(ちんあ)げに関(かか)わる重役(じゅうやく)会議の結果が気掛かりだ。

▸ 이번 주는 특히 은행주의 가격하락이 궁금해진다.

今週は、特に銀行株(かぶ)の値下(ねさ)がりが気掛かりだ。

일본어번역문 8-A

文化受用の人口が増えながら今こそ季節に関わらず、多くの美術展示会が開かれている。多様な性格の展示がふんだんになったのは望ましいことに間違いないが、時々、展示作品の前で首を傾げる場合がある。

機械の屑なのか科学の設計図なのか識別できない作品の難解性のせいだ。一般美術愛好家がなめるこういう当惑を当たり前なことと受容してくれるのか。専門家的な眼目や現代美術に対して長く続ける関心なくては解明できないこういう作品の価値について気になる人を多いはずだ。

일본어번역문 8-B

文化を楽しむ人々が増え、今や季節をとわず多くの美術展示会が催されている。様々なジャンルの展示が豊かになったのは望ましいことには違いないが時折展示作品の前で首をかしげてしまうことがある。

それは機械の残り屑なのか科学の図面なのかまったく見分けがつかない作品の難解性のゆえである。一般の美術愛好家たちが経験するこういう戸惑いを当然のこととして受け入れべきなのか。専門家のような眼識あるいは現代美術に対する持続的な興味なしには解明できないこういう作品の価値に対して気になる人が多いであろう。

9장 신촌의 락카페

한국어문

서울 신촌 락카페 화재참사를 계기로 대부분의 유흥업소가 지하에 위치하고 있는 지금의 우리 실정을 계속 방치해도 괜찮은지 어떤지 당국은 심각하게 고려해 봤으면 한다.

미국 등 선진국에서는 다중(多衆)이 몰리는 유흥업소와 같은 업종의 지하층 사용은 엄격히 규제하는 추세를 보이고 있다. 화재 등 불의의 사고가 발생했을 때 대피가 쉽지 않고 또 환기가 잘 안 돼 사람들이 질식 사고를 당할 위험성이 있기 때문이다. 우리도 이를 타산지석으로 삼았으면 한다.[신촌의 락카페, 사회, 조선]

한자어휘

화재참사：火災惨事(かさいざんじ)

계기：契機(けいき)

유흥업소：遊興施設(ゆうきょうしせつ)

지하 : 地下(ちか)
위치 : 位置(いち)
실정 : 実情(じつじょう)
방치 : 放置(ほうち)
당국 : 当局(とうきょく)
심각 : 深刻(しんこく)
고려 : 考慮(こうりょ)
선진국 : 先進国(せんしんこく)
다중 : 大勢(おおぜい)の人,
大衆(たいしゅう)
업종 : 業種(ぎょうしゅ)
지하층 : 地下層(ちかそう)
화재 : 火災(かさい)
엄격히 : 厳(きび)しく
규제 : 規制(きせい)
추세 : 動(うご)き, 流(なが)れ
불의의 사고 : 不意(ふい)の事故(じこ)
대피 : 待避(たいひ)
환기 : 喚起(かんき)
질식 : 窒息(ちっそく)
위험성 : 危険性(きけんせい)
타산지석 : 他山(たざん)の石

어휘 및 어구

1. ~을(를) 계기로 : ~を切(き)っ掛(か)けに, ~を契機(けいき)に, ~を契機として, ~を動機(どうき)として

▸ 나도 인턴십을 계기로 나 스스로의 진정 나아가고 싶은 길을 확인할 수 있었습니다.[인턴십, kr]
私もインターンシップをきっかけに自分の本当に進みたい道を確認することができました。

▸ 병이 난 것을 계기로 술도 담배도 끊고 운동을 시작했다.
病気になったのを契機に酒もたばこもやめて、運動を始めた。

▸ 2000년이라는 새로운 천년기를 맞은 것을 계기로, 상호를 고쳐 더욱 사회발전에 기여할 수 있도록, 마음을 새롭게 했습

니다.[천년기, yp]

2000年という新千年紀(しんせんねんき)を迎えるにあたったことを契機に、商号(しょうごう)を改め、更(さら)なる社会発展への寄与(きよ)を目指(めざ)すべく、心を新(あら)たにしました。

▸ 1929년 10월, 월스트리트의 뉴욕 주식시장 대폭락을 계기로 일어난 세계적인 공황.[주식, yp]

1929年10月、ウォール街(がい)のニューヨーク株式市場(かぶしきしじょう)の大暴落(だいぼうらく)を契機として起(お)こった世界的な恐慌(きょうこう)。

▸ 유기재배 농가는, 모든 사람들이 안심할 수 있는 농산물의 생산・공급, 건강의 확보 등을 계기로 적극적으로 유기농업에 몰두하고 있습니다.[유기농업, yp]

有機栽培農家(ゆうきさいばいのうか)は、皆、安心な農産物の生産・供給、健康の確保(かくほ)などを動機として、積極的に有機農業に取(と)り組(く)んでおります。

2. 유흥업소 : 遊興業所(ゆうきょうぎょうしょ. ルームサロン, ビジネスクラブ), 遊興施設(ゆうきょうしせつ), 風俗店(ふうぞくてん), 風俗営業店(ふうぞくえいぎょうてん)

▸ 일본에서도, 옛날에 전화박스에 가득 있었던 에로 전단지나 유흥업소・나이트클럽 전단지도 대단했었다.[전단지, yp]

日本でも、昔、電話ボックスにいっぱいあったような風俗(ふうぞく)のビラとか、遊興業所のビラ、ナイトクラブ(=ディスコ)のビラもすごかった。

▶ 옛날부터 이름 있는 사찰 부근에는, 왜 그런지 <u>유흥업소</u>가 많은 것 같다.
昔から名のあるお寺の近辺(きんぺん)には、なぜか<u>遊興施設</u>が多いようである。

▶ '風俗店'이라는 <u>유흥업소</u>란, 일반적으로 성적인 서비스를 제공하는 가게를 말하기도 한다.[규정, yp]
<u>風俗店</u>というのは、一般に性的(せいてき)なサービスを提供する店の事ともいう。

▶ 경찰은 미성년자들의 <u>유흥업소</u> 출입을 단속하고 있다.
警察は、未成年者(みせいねんしゃ)の<u>風俗営業店</u>の出入(でいり)りを取(と)り締(し)まっている。

3. ～에 위치하다 : ～に位置(いち)する, ～にある, ～に位(くらい)する

▶ 2010년 월드컵대회가 열리는 남아프리카 공화국은, 아프리카 대륙 최남단<u>에 위치하</u>고 있는 공화제 국가이며, 수도는 프리토리아로 인구는 약 5천만 명이다.[월드컵, kr]
2010年サッカーのワールドカップ(W杯)大会が開かれる南アフリカ共和国(みなみアフリカきょうわこく)は、アフリカ大陸最南端(たいりくさいなんたん)<u>に位置し</u>ている共和制国家で、首都(しゅと)はプレトリアで、人口は約5千万人である。

▶ 도쿄 디즈니랜드는 도쿄역의 동남쪽<u>에 위치하</u>며(있으며) 도쿄역에서 JR 케이요선을 타고 간다면 15분 걸린다.
東京ディズニーランドは、東京駅の東南部(とうなんぶ)<u>にあり</u>、東京駅でJR京葉線(けいようせん)に乗って15分かかる。

▶ 일본은 아시아의 동부<u>에 위치한</u> 섬나라이다.

日本は、アジアの東部(とうぶ)にくらいしている島国(しまぐに)である。

▸ 뉴욕 맨해튼의 중심이라는 42번가 브로드웨이의 교차점에 위치하고 있는 타임즈・스퀘어는, 낮보다 밤이 더 화려합니다.[The Times Square, yp]
ニューヨーク・マンハッタンの中心だと言われている42街ブロードウェイの交差点(こうさてん)に位している タイムズ・スクエアは、昼より夜の方がもっと華麗(かれい)です。

4. 계속 : 引(ひ)き続(つづ)き, ずっと, このまま

▸ 고흐의 미술전람회는 다음 달 말까지 계속 개최됩니다.[고흐展, kr]
コッホの美術展覧会(びじゅつてんらんかい)は、来月末(らいげつまつ)まで引き続き開催(かいさい)されます。

▸ 요즈음 호황으로 주가는 최근 계속 오르고 있다.
昨今(さっこん)の好況(こうきょう)のため株(かぶ)の値段(ねだん)は、このところ引き続き上昇(じょうしょう)している。

▸ 삼중고의 헬렌 켈러는 평생을 줄곧 봉사에 전념하였다.
三重苦(さんじゅうく)のヘレンケラーは、一生(いっしょう)ずっと奉仕(ほうし)に打(うち)込(こ)んだ。

▸ 석유의 매장량에는 한계가 있기 때문에, 자꾸 계속(이대로) 사용하면 언젠가 없어지는 시기가 올 것이다.[석유고갈, yp]
石油(せきゆ)の埋蔵量(まいぞうりょう)には限(かぎ)りがあるので、このままどんどん使っていったら、いつかはなくなる時がくるだろう。

5．**방치하다**(내버려두다) ： そのままにする，捨(す)て置(お)く，放(ほう)って置く，見捨(みす)てる，ほったらかす

▶ 이가 빠진 것을 방치하는 것은, 식사나 외관상의 문제는 물론, 몸 전체에 악영향을 미칠 수 있습니다.[치과, yp]
歯が抜(ぬ)けたところをそのままにしておくのは、食事や外見上(がいけんじょう)の問題はもちろんのこと、体全体(からだぜんたい)に悪影響(あくえいきょう)を及(およ)ぼしかねません。

▶ 이대로 내버려 두면 장래 어떻게 될지 예측할 수 없다.
このままほうっておいたら将来(しょうらい)どうなるか予測(よそく)できない。

▶ 부모에게 내버려진(버림받은) 자식, 게다가 부모로부터 어떤 관심도 받지 못하는 아이가 주위에는 너무 많이 있다.
両親に見捨てられた子、それに両親から何の関心も示してもらえない子が周りにはおおぜいいる。

▶ 오랜만에 하던 일을 내버려 두고 등산 갔다.
久々(ひさびさ)に、仕事をほったらかしにして山登りに行った。

6．**심각하다** ： 深刻(しんこく)だ，真剣(しんけん)だ，重大(じゅうだい)だ

▶ 그 후의 대기 이온농도 변화를 보면, 사태는 한층 더 심각해졌다고 볼 수 있어요.[환경, yp]
その後の大気(たいき)イオン濃度(のうど)変化を見ると、事態(じたい)はいっそう深刻になったと考えられます。

▸ 지금은 자신의 인생에 대해 심각하게(진지하게) 생각할 시기이다.

今は、自分の人生(じんせい)について真剣に考える時期である。

▸ 21세기의 사회는 인류에게 있어서 심각한(중대한) 국면을 맞이하게 된다. 인간의 무질서한 사회활동이 확대됨에 따라 환경이 파괴되고 인간의 생존 기반자체가 위험해지고 있다.[환경, yp]

21世紀の社会は、人類(じんるい)にとって重大な局面(きょくめん)を迎えることになる。人間の無秩序(むちつじょ)な社会活動の拡大(かくだい)によって環境(かんきょう)が破壊(はかい)され、人間の生存基盤自体(せいぞんきばんじたい)が危(あや)うくなりつつある。

7. 고려하다 : 考慮(こうりょ)する, 考量(こうりょう)する, 深(ふか)く考(かんが)える, 勘定(かんじょう)に入(い)れる

▸ 실제로 필요한 것은, 상대의 입장을 고려하는 자세입니다.[설득, yp]

実際に必要なのは、相手の立場を考慮する姿勢(しせい)です。

▸ 세계선수권 마라톤 코스는, 최종적으로 교통・경비 등을 고려한 결과 적절히 결정했다.[마라톤, yp]

世界選手権マラソンのコースは、最終的に交通・警備(けいび)などを考量した結果、適切に決定した。

▸ 그는 늘 깊이 고려(궁리)하여 맛있는 요리를 내 놓는 요리사이다.

彼は、いつも深く考えておいしい料理を出す板前(いたまえ)だ。

▸ 실패를 깊이 고려해(계산에 넣고) 늘 종이를 여유 있게 준비해야한다.

失敗を勘定に入れて、いつも紙を余計(よけい)に用意すべきだ。

8. ～해 봤으면 하다(했으면 하다) ： ～てほしい, ～てみてほしい, ～てみたらと思(おも)う

▸ 머지않아 사회로 나가는 여러분들은, 다른 사람의 마음고통을 자기 일처럼 느낄 수 있는 사람이 되었으면 한다.

やがて社会に出てゆく諸君(しょくん)は、他人の心の痛みを自分のこととして感じられる人になってほしい。

▸ 지금까지 온라인 게임을 해본 적이 없는 사람도, 꼭 응모해 봤으면 한다.[게임, yp]

これまで、オンラインゲームをしたことがなかった人も、ぜひ応募(おうぼ)してみてほしい。

▸ 국회의원 선거에 즈음하여, 다음과 같이 공약해 봤으면 합니다.[공약, yp]

国会議員(こっかいぎいん)の選挙(せんきょ)に際(さい)して、次のように公約(こうやく)してみたらと思っています。

9. 몰리다(몰려들다) ： 群(むら)がる, 集(あつ)まる, 集(つど)う, 集(たか)る, 群(む)れる, 押(お)し寄(よ)せる, 殺到(さっとう)する, 集中(しゅうちゅう)する, 追(お)いこまれる

▸ 그 연예인 차 주위에 사람들이 몰리고 있다.

その芸能人(げいのうじん)の車の周(まわ)りにおおぜいの人が群がっている。

▶ 도쿄의 '간다'에는 많은 고서점이 몰려(모여) 있다.

東京の神田(がんだ)には、たくさんの古本屋が集(あつ)まっている。

▶ 올림픽은, 4년에 한 번 세계의 유명선수가 모이는 스포츠의 제전입니다.

オリンピックは、4年に一度、世界の名選手(めいせんしゅ)が集(つど)うスポーツの祭典(さいてん)です。

▶ 개미가 설탕이 있는 곳에 몰렸다.

ありが砂糖(さとう)のところに集(たか)った。

▶ 고래는 울산의 해안부근에 많이 몰려(모여)들어 고래관광도 할 수 있다.

鯨(くじら)は、ウルサンの海岸の近辺(きんぺん)に多く群れていて鯨の観光もできる。

▶ 이 라면집은, 맛이 있어 점심시간에 손님이 한꺼번에 몰려든다.

このラーメンやさんは、おいしいので昼食(ちゅうしょく)時間にはお客がいっぺんに押し寄せる。

▶ 피아노 콩쿠르 대회에 벌써 응모신청이 많이 몰렸다.

ピアノコンクール大会に早(はや)くも応募(おうぼ)の申(もう)し込(こ)みが殺到した。

▶ 국회에서의 질문은 신임수상에게만 몰렸다(집중됐다).

国会(こっかい)での質問は、新任首相(しんにんしゅしょう)だけに集中した。

▶ 갖가지 물고기가 그물 안으로 몰려들었다.

さまざまな魚が網(あみ)の中に追いこまれた。

10. ～와 같다 : ～のようだ, ～に等(ひと)しい

- 나폴리(= Napoli)는, 상상도 할 수 없을 정도로 멋진 낙원과 같은 장소입니다.
  ナポリは、想像(そうぞう)もつかないほど、すばらしい楽園(らくえん)のような所です。
- 자네와 같은 사내답지 못한 태도는, 동료의 신뢰를 얻을 수 없을 것이다.
  おまえのようなめめしい態度(たいど)では，仲間(なかま)の信頼(しんらい)を得(え)ることはできまい。
- 노숙자는 거지와 같은 옷차림을 하고 있다.
  ホームレスは、乞食(こじき)に等しい身(み)なりをしている。
- 불량배의 부탁은 협박과 같았다(협박이나 다름없었다).
  与太者(よたもの)の頼(たの)みは、脅迫(きょうはく)にひとしかった。

11. 엄격하다 : 厳(きび)しい, 厳格(げんかく)だ

- 저는 예절이 엄격한(엄한) 집에서 자랐습니다. 엄한 사람은 조부모였습니다.
  私は、仕付(しつ)けが厳しい家(いえ)で育(そだ)ちました。厳しいのは祖父母(そふぼ)でした。
- 이 정부가 상공업을 엄격히 통제한 이유는 무엇인가요?
  この政府(せいふ)が商工業(しょうこうぎょう)を厳しく統制(とうせい)した理由は何ですか。

▶ 이제부터 내부 규칙을 엄격히 지켜주시면 이런 사태가 없어질 것입니다.

これから内部規則(ないぶきそく)を厳格に守(まも)ってくださると、こんな事態(じたい)はなくなるでしょう。

cf) 딱딱하다 : 堅苦(かたくる)しい

▶ 저는, 일반적인 판에 박힌 딱딱한 인사를 할 생각은 조금도 없습니다.[인사, yp]

私は、一般的な決まりきった堅苦しい挨拶(あいさつ)をするつもりは毛頭(もうとう)ありません。

▶ 자유로운 의견교환을 위하여, 회의를 개최할 경우 딱딱한 인사는 하지 않기로 합니다.[회의, yp]

自由な意見交換をすべく、会議を開催(かいさい)する場合、堅苦しい挨拶は抜(ぬ)きにします。

12. 규제하다 : 規制(きせい)する, 取(と)り締(し)まる, 制限(せいげん)する

▶ 오늘은 큰 행사 때문에 차량 통행을 규제하고 있다.

今日は大きな行事(ぎょうじ)のために、車の交通(こうつう)を規制している。

▶ 특정 공장 등에서 발생하는 진동에 대해 규제할 필요가 있다.

特定(とくてい)の工場などで発生する振動(しんどう)に対して規制する必要がある。

▶ 오토바이 폭주족을 엄중하게 규제하여(단속하여) 살기 좋은 도시를 만들자.[폭주족, yp]

バイク暴走族(ぼうそうぞく)を厳重(げんじゅう)に取り締まっ

て住み良い町を作ろう。

▶ 우리들의 활동은, 좁은 범위로 규제되어(제한되고) 있어 매우 곤혹스럽다.

われわれの活動(かつどう)は、狭(せま)い範囲(はんい)に制限されていて大変困っている。

13. ~하는 추세를 보이다 : ~動(うご)きを見せる, ~傾向(けいこう)が見られる

▶ 이러한 현상은, 언뜻 보아 교육의 보급에 따라, 직업교육이 중등교육에서 고등교육 단계로 옮아가는 추세를 보인다.

こうした現象(げんしょう)は、一見して教育の普及(ふきゅう)にともなって、職業(しょくぎょう)教育が中等教育から、高等教育段階に移る動きを見せる。

▶ 매년 인구가 차차 감소하는 추세를 보인다.

毎年人口(じんこう)がだんだん減少化(げんしょうか)していく傾向が見られる。

cf) 추세 : 傾向(けいこう), 動(うご)き, 動向(どうこう)

▶ 요즘 유행하는 패션 추세는 미니이다.

このごろ、はやりのファッションの傾向はミニだ。

▶ 부동산 값의 상승추세 덕분에 경제가 활발해졌다.

不動産(ふどうさん)価格の上昇(じょうしょう)の動きにより、経済が活発(かっぱつ)になった。

▶ 내년 일본의 증권시장의 추세는 내리막일 것이다.

来年の日本の証券市場(しょうけんしじょう)の動向は、下(くだ)り坂(ざか)になるでしょう。

14. 불의의(예기치 못한) ： 不意(ふい)の, 不慮(ふりょ)の, 突然(とつぜん)の, 予期(よき)しない, 思(おも)いがけない(後文은 대부분 부정적 의미)

▸ 불의의 재난을 만나 3일간 아무것도 먹지 못한 나는, 더 이상 견디지 못했다.

不意の災難(さいなん)にあって、3日間、何も食べることができなかった俺(おれ)は、これ以上我慢(がまん)できなかった。

▸ 불의의 화재가 일어났을 때, 폐쇄되지 않는 곳으로 대피해 주세요.

不慮の火事が起こった時、閉鎖(へいさ)されない所に待避してください。

▸ 기자의 불의의(갑작스런) 질문에도 그녀는 척척 대답했다.

記者の突然の質問にも、彼女はすらすら答えた。

▸ 어제의 야구시합은 예기치 못한 에러가 많이 발생하여 패했다.

昨日の野球の試合は、予期しないエラーが多く発生して負(ま)けた。

▸ 예기치 못한 '천안함' 침몰사건이 발생하여 예상대로 경기가 좋지 않다.[천안함, kr]

予期せぬ哨戒艦(しょうかいかん)'天安'沈没(ちんぼつ)事件のため、予想通(よそうどお)り景気がよくない。

▸ 아침까지 내리던 비가 그쳐, 너무나 좋은 이 날씨는, 예기치 못한(생각지도 못한) 하늘의 선물이 되었다.[날씨, yp]

朝まで降っていた雨が上(あ)がり、ほどよいお天気は、思いがけない天(てん)からの贈り物になった。

15. **발생하다(생기다)** ： 発生(はっせい)する，起(お)こる，生(しょう)じる

▸ 학자들은, 지진이 왜 발생하는가라는 의문을 해결하기 위해 대대적인 실험을 했다.[지진, yp]
学者たちは、地震(じしん)がなぜ発生するのかという疑問(ぎもん)を解(と)くために、大(おお)がかりな実験(じっけん)を行(おこな)った。

▸ 이곳에서는 최근 원인 모를 화재가 자주 발생하고 있어 민심이 매우 흉흉하다.
ここでは最近不審火(ふしんび)による火事(かじ)がしばしば起こっていて人心(じんしん)がひどく動揺(どうよう)している。

▸ 하숙집이 조금 멀어졌다고 하여 지장이 생기는 것도 아닐 거야.
下宿が少しばかり遠くなったからと言って、差(さ)し支(つか)えが生じるものでもあるまい。

16. **대피** ： 待避(たいひ)，退避(たいひ)

▸ 갑작스런 지진에 그는 마을 주민들을 안전한 곳으로 대피시켜, 큰 인명 피해를 줄였다.
突然(とつぜん)の地震に彼は、村の住民(じゅうみん)を安全な所に待避させ、大きい人命被害(じんめいひがい)を減(へ)らした。

▸ 국제공항 부지 내를 제외한 모든 지역으로 대피를 권고합니다.
国際空港の敷地(しきち)内を除(のぞ)く、すべての地域(ちい

き)に退避を勧告(かんこく)します。

▶ 주민을 비롯 해변에 있는 사람, 해안부근의 주민에게 즉시 해변으로부터 대피시킨다.[츠나미, yp]
住民をはじめ、うみべにいる者、海岸付近(かいがんふきん)の住民に直(ただ)ちにうみべから退避させる。

17. 환기(통풍) ： 換気(かんき), 通風(つうふう), 風通(かぜとおし, 空気(くうき)の入(い)れ換(か)え

▶ 우리 집 창고는 환기가 잘 되어 습기가 없다.
うちの家の倉庫(そうこ)は、換気がよくて湿(しめ)り気(け)がない。

▶ 환기를 위해 창을 열면, 몇 도인가 온도가 내려간다.
換気のために窓を開けると、何℃(なんどし)か温度が下がる.

▶ 다시마는 통풍이 잘 되는 곳에서 말려 주세요.
昆布(こんぶ)は、通風がよい所で乾(かわ)かしてください。

▶ 배수가 좋은 모래 땅에, 통풍이 좋고 해가 잘 드는 곳에, 4월 상순에 씨를 뿌린다.[재배방법, yp]
排水(はいすい)のよい砂土(さど)で、通風がよく、日当たりのよい所に、4月上旬(じょうじゅん)に種(たね)をまく。

▶ 통풍이 잘되는 쾌적한 거주지 조성이 목표입니다.
風通しに恵(めぐ)まれた快適(かいてき)な住(す)まいづくりがねらいです。

▶ 햇볕도 좋고 통풍도 좋은 상쾌한 하루가 시작된다.
日当たりと風通しに恵まれた爽(さわ)やかな一日が始まる。

▶ 환기와 습도에 신경을 씀으로써, 바이러스가 방안에 떠다니

는 위험을 줄이는 효과가 있습니다.[인플루엔자, yp]

空気の入れ換えと湿度(しつど)に気を配(くば)ることによって、ウイルスが部屋の中にただよう危険を減(へ)らす効果(こうか)があります。

18. ~를 당하다 : ~(ら)れる, ~を受(う)ける, ~に遭(あ)う, ~に見舞(みま)われる, ~を喫(きっ)する

- 2인조 강도에게 습격을 당한 피해자는 의식불명의 중태입니다.
  二人組(ふたりぐみ)の賊(ぞく)に襲(おそ)われた被害者(ひがいしゃ)は、意識不明(いしきふめい)の重態(じゅうたい)です。
- 시장은 사생활의 하찮은 일로 반대파로부터 사임을 강요당하고 있었다.
  市長は、私生活(しせいかつ)のつまらぬことで、反対派から辞任(じにん)を迫(せま)られていた。
- 왜 나만이 까닭 없는 모진 괴로움을 당하지 않으면 안 되는 건가요?
  なぜわたしだけがこんないわれのない責(せ)め苦(く)を受けなければならないのでしょうか。
- 이 일련의 사건으로 그는 엄중한 문책을 당해 사임했다.
  この一連のことで、彼は、厳(きび)しいとがめを受けて辞任(じにん)した。
- 비행기 사고를 당한 그는, 병원에서 남은 생애를 보내야만 했다.
  飛行機事故(ひこうきじこ)に遭った彼は、病院で残りの生涯(しょうがい)を送らなければならなかった。
- 지금까지는 순조로워도, 언제 생각지도 못하는 불행을 당할

지도 모른다.

これまでは順調(じゅんちょう)でも、いつ思わぬ不幸せに見舞われるかも知れない。

▶ 당시는 생각지 않은 폭설의 피해를 당했기 때문에 편성중인 예산을 재편성하게 되었다.[예산, yp]

当時(とうじ)は思わぬ豪雪(ごうせつ)の被害(ひがい)に見舞われたため、編成中(へんせいちゅう)の予算(よさん)を組(く)み替(か)えることになった。

▶ 이번 참의원 선거는 민주당에게 참패당했다.

今度の参議院(さんぎいん)選挙は、民主党に惨敗(ざんぱい)をきっした。

▶ 지난번 한신과의 3연전에서 3연패를 당한 교진은, 오늘 내일 연승해, 앞에서 빗진 것을 갚고 싶을 것이다.[야구, yp]

前回の阪神との3連戦で3連敗をきっしている巨人は、今日、明日と連勝し、前節(ぜんせつ)の借りを返したい所だ。

cf) 恥(はじ)をかく : 창피를 당하다

▶ 인간은 창피를 당하면서 성장합니다. 수치를 두려워하면, 아무것도 할 수 없게 됩니다.[석가모니, yp]

人は恥をかきながら成長するのです。恥を怖(おそ)れると、何もできなくなってしまうのです。

19. ~때문이다 : ~からだ, ~ためだ, ~故(ゆえ)だ(명사에만 접속), ~せいだ

▶ 그가 전무로서 일할 수 있었던 것은, 사장인 아버지의 후견이 있었기 때문이다.

彼が専務(せんむ)としてやってこられたのは、社長である父親(ちちおや)の後ろだてがあったからだ。

▶ 자동차가 충돌한 것은 부주의 때문이다.

自動車が衝突(しょうとつ)したのは、不注意(ふちゅうい)のためだ。

▶ 의사의 진단은, 아버지는 과로로 인해 3일간 절대안정이 필요하다고 했습니다.

医師(いし)の診断(しんだん)では、父は過労(かろう)のため三日間(みっかかん)の絶対安静(ぜったいあんせい)が必要とのことでした。

▶ 체육대회는 악천후 때문에 연기되었다.

体育大会は、悪天候(あくてんこう)故で延期(えんき)された。

▶ 그 정권의 부패는 26년의 '장기정권' 때문이다.

その政権(せいけん)の腐敗(ふはい)は、二十六年の'長期政権'ゆえだ。

▶ 매일아침 줄넘기를 계속한 때문일까(탓일까), 왠지 몸이 가볍게 느껴진다.

毎朝なわとびを続(つづ)けたせいか、なんだか体が軽(かる)く感じられる。

▶ 올해는 겨울이 따뜻했던 때문인지(탓인지) 벚꽃 봉오리가 벌써 피기 시작했다.

今年は暖冬(だんとう)だったせいか、桜(さくら)のつぼみがもう開(ひら)き始めた。

20. 타산지석(他山之石) : 他山(たざん)の石(いし)

▶ '타산지석'이란, 타인이 잘못을 한 언동을 교훈으로 자기 자신의 수양에 유용하게 하는 것을 말합니다.
他山の石とは、他人の誤(あやま)った言動(げんどう)を教訓(きょうくん)として自分の修養(しゅうよう)に役立(やくだ)てることを言います。

21. ~로 삼다(간주하다) : ~とする, ~にする, ~と見做(みな)す, ~に取(と)る

▶ 작년 발생했던 은행 강도사건을 타산지석으로 삼아, 이제부터는 이런 일을 사전에 예방해야 할 것이다.
去年発生(はっせい)した銀行強盗事件((ごうとうじけん)を他山の石として、これからはこういうことを事前(じぜん)に予防(よぼう)しなければならないだろう。

▶ '나라'의 거리는, 중국의 '장안'이라는 거리를 본보기로 삼아 만들어졌다고 합니다.[奈良, yp]
'奈良'の町(まち)は、中国の'長安'(ちょうあん)という町を手本(てほん)にして造(つく)られたと言われています。

▶ 실제로 불이 났다고 간주하고 대피훈련을 한다.
実際に火事(かじ)がおこったと見なして避難(ひなん)の訓練(くんれん)をする。

▶ 그 학생은 병을 구실로 삼아 학교에 가지 않았다.
その学生は、病気を口実(こうじつ)に取って学校へ行かなかった。

일본어번역문 9-A

ソウルのシンチョン、ロック・カフェー火事惨死をきっかけに大部分の遊興業所が地下に位置している今のわれわれの実情をずっと放置してもよいかどうか、当局は深刻に考えてほしい。

アメリカなどの先進国では大衆が集まる遊興業所のような業種の地下層の使用は厳しく規制する趨勢をみせている。火事など、不意の事故が発生したとき待避することが易しくないし、また喚起もよくできなくて人が窒息事故を受ける危険性があるからだ。私たちもこれを他山の石としてほしい。

일본어번역문 9-B

ソウルのシンチョン、ロック・カフェーの火災惨事を契機に大部分の風俗営業店が地下に位置している今の私たちの実情をそのままにしてもよいかどうか、当局は深刻に考慮してみたらと思う。

アメリカなどの先進国ではおおぜいの人が押し寄せる風俗営業に等しい業種の地下層の使用は厳格に規制する動きをみせている。火事などの不意の事故が起こったとき待避が困難であるし、また風通しもよくできずに窒息される危険性があるからだ。私たちもこれを他山の石とみなすのはどうでしょうか。

10장 캠퍼스의 자전거

한국어문

자전거와 오토바이가 신세대 대학생들의 교내 교통수단으로 인기를 끌고 있다. K대 도서관 앞 광장에는 2~3백대에 달하는 자전거와 오토바이가 빼곡하게 들어서 있다. 학생들은 뒤에 가방을 싣거나 친구를 태우고 신나게 페달을 밟는다. 최신형 산악자전거도 있고, 한구석에는 짐차 같은 투박한 자전거도 눈에 띈다. 125cc 이상의 중대형 오토바이부터 50cc짜리 소형까지 크기도 다양하다.

K대의 캠퍼스 넓이는 20여만평. 많은 학생들은 교내 교통수단이나 등교용으로 자전거-오토바이를 몰고 다닌다. 자전거의 경우 대부분 「교내용」으로 보면 된다. 125cc 오토바이를 타고 다니는 J군(23, K대 농학과 2년)은 「학교까지는 대중교통을 이용하고 교내에서 돌아다니거나 시내에 일 보러 나갈 때는 오토바이를 탄다」고 말했다.[캠퍼스의 자전거, 교육, 조선]

한자어휘

신세대 : 新世代(しんせだい)
교내 : 校内(こうない)
교통수단 : 交通手段(こうつうしゅだん)
광장 : 広場(ひろば)
최신형 : 最新型(さいしんがた)
산악 : 山岳(さんがく)
중대형: 中大型(ちゅうおおがた)
소형 : 小型(こがた)
다양하다 : 多様(たよう)だ
~여만평 : ~余万坪(よまんつぼ)
등교용 : 登校用(とうこうよう)
대부분 : 大部分(だいぶぶん)
농학과 : 農学科(のうがくか)
대중교통 : 大衆交通機関(たいしゅうこうつうきかん)
이용하다 : 利用(りよう)する
시내 : 市内(しない)

어휘 및 어구

1. 신세대 : 新世代(しんせだい), 若(わか)い世代(せだい)

▸ 그는 신세대 정치가 세 명 중에 리더로서 역할을 다하고 있다.
彼は、新世代政治家(せいじか)3人の中で、リーダーとしての役割(やくわり)を果(は)たしている。

▸ 이 사이트는 21세기 한국을 만드는 신세대를 위한 정책정보 교류회입니다.[정보교류, yp]
このサイトは、21世紀の韓国をつくる新世代のための政策情報(せいさくじょうほう)交流会(こうりゅうかい)です。

▸ 신세대와 귀중한 체험을 할 수 있어 모두들 만족하는 것 같

왔습니다.

若い世代と貴重(きちょう)な体験(たいけん)が出来て、だれもが満足げでした。

▸ 신세대 사람들은 적응력이 매우 좋아 마음에 듭니다.

若い世代の人々(ひとびと)は、適応力(てきおうりょく)がすぐれている点がすばらしいと思います。

cf) 세대 : 世代(せだい)[= 約30年で区切(くぎ)った年齢層(ねんれいそう), generation]

▸ 할아버지, 아버지, 아들 각각 3세대가 같은 아파트단지에 살고 있다.

お祖父さん、お父さん、息子、各々(おのおの)3世代が同じアパートの団地(だんち)に住んでいる。

▸ 세대 간 단절이 사회적인 문제입니다.

世代間(かん)の断絶(だんぜつ)が社会的な問題です。

2. 인기를 끌다 : 人気(にんき)を呼(よ)ぶ, 人気を集(あつ)める, 人気がある, 人気絶頂(ぜっちょう)だ, 人気をさらう, もてる, 人気がでる

▸ 이 과학 잡지는 초・중학생들 사이에서 인기를 끌고 있다.

この科学雑誌は、小・中学生の間で人気を呼んでいます。

▸ 그 아나운서는 부드럽고 알기 쉬운 말투로 단숨에 인기를 끌었다.

そのアナウンサーは、柔和(にゅうわ)で分かりやすい語(かた)り口(くち)で一躍(いちやく)人気を集めた。

▸ 단정한 용모와 품위 있는 성품으로 인기를 끌고 있다.

端正(たんせい)な顔立(かおだ)ちと上品(じょうひん)な性格(せいかく)で人気を集めている。

▶ 그 아티스트는 젊은이들에게 인기 끄는 가수이다.

あのアーチストは、若者(わかもの)に人気がある歌手である。

▶ 이 영화는 신화를 모티프(= motif)로 한 화려한 스타일과 액션이 인기를 끈다.

この映画は、神話をモチーフにした華麗(かれい)なスタイルとアクションがに人気がある。

▶ 낭독을 담당하고 있는 사람은 현재 대단히 인기 끄는(인기 절정의) 아이돌 가수라고 한다.

朗読(ろうどく)を担当している人は、今人気絶頂のアイドル歌手だそうだ。

▶ 가수 '카라'의 앨범은 10대의 인기를 끌고(독차지 하고) 있다.

歌手'カラ'のアルバムは、ティーンエージャーの人気をさらっている。

▶ 그는 일본여성들에게 인기를 끄는(평판이 좋은) 한류스타입니다.

彼は、日本の女性たちにもてる韓流(かんりゅう)スターです。

▶ 이 배우도, 오랜 무명생활을 견뎌 오면서 이제야 인기를 끌게 되었다(얻고 있다).

この俳優(はいゆう)も、長い下積(したづ)み生活が報(むく)われて、やっと人気がでてきた。

3. 빼곡하게 : たわわに, びっしり(と), ぎっしり(と), ぎっちり(と), すきまなく

▶ 우리 집 앞마당의 나뭇가지에 사과가 빼곡히 달려있다.

うちの庭の木の枝(えだ)にリンゴがたわわに実(みの)っている。

▶ 도쿄에서는 집이 빽빽이 지어져서, 옆집과의 틈 사이에 사람

이 들어갈 수 없는 곳도 많이 있다.

東京では、家がびっしりと建て込んでいて、隣家(りんか)との隙間(すきま)に人が入(はい)れないところも多くある。

▸ 콘서트홀에는 젊은 사람이 빼곡히 차 있었다.

コンサートホールには、若い人がぎっしり詰(つ)まっていた。

▸ 용기에 빼곡히 채운 된장 위에 소금을 고르게 뿌린다.[저장방법, yp]

容器(ようき)にぎっしりと詰めた味噌(みそ)の上に、塩を満遍(まんべん)なくふりかける。

▸ 친구 주소 등 빼곡하게 적혀 있던 수첩을 잃어버렸다.

友達のアドレスなどがぎっちり書いてある手帳(てちょう)を失(なく)してしまった。

▸ 아이들은 조그만 치아가 빼곡하게 나 있다.

子どもたちは、小さな歯がすきまなく生(は)えている。

4. 들어서다 : 並(なら)ぶ, 立(た)ち並ぶ, 詰(つ)まる, 建(た)つ, 入(はい)る, 立(た)ち入(い)る

▸ 일본만화가 해외에서 대인기다. 여기 프랑스의 서점에서도 책꽂이에 번역된 작품이 꽉 들어서 있다.[여행, yp]

日本のマンガが海外で大人気(だいにんき)だ。ここフランスの書店でも本棚(ほんだな)に翻訳された作品がびっしりと並んでいる。

▸ 그곳은 하얀 양옥집이 들어선 이국정서가 넘치는 거리였다.

そこは、白い洋館(ようかん)の立ち並ぶ、異国情緒(いこくじょうしょ)があふれる街(まち)だった。

▸ 여러 추억들이 들어선(새겨진) 가게입니다. 사라진다고 생각

하니 마음이 쓸쓸해지네요.[여행, yp]

イロイロな思い出(で)の詰まった店です。なくなると思うと淋(さび)しくなりますね。

▶ 얼핏 보기에는 그저 바위산 같습니다만, 정상에 집이 오도카니 들어서 있습니다.

一見(いっけん)ただの岩山(いわやま)のようですが、頂上(ちょうじょう)にちょこんと家が建ってます。

▶ 호텔의 가구라면, 텔레비전이 쏙 들어 있는 가구가 있지요. 문을 닫아 쏙 숨기거나 또는 좌우 여닫이문과 같이 열어, 그대로 뒤쪽으로 슬라이드하여 수납할 수 있는 타입이 있지요.[호텔인테리어, yp]

ホテルの家具だと、テレビがすっぽりはいっている家具があります。扉(とびら)をしめてすっぽりかくせたり、また観音開(かんのんびら)きのようにあけて、そのまま後ろにスライドして収納(しゅうのう)できるタイプがあります。

▶ 잔디밭으로 들어서지(들어가지) 말 것!

芝生(しばふ)に立ち入るべからず。

5. ~을(를) 태우다 : ~を乗(の)せる

▶ 아빠는 간난아이를 그네에 태우고서 놀고 있다.

お父ちゃんは幼子(おさなご)をぶらんこに乗せて遊んでいる。

▶ 아버지를 태운 열차는 발차 소리와 함께 조용히 플랫폼을 미끄러져 나갔습니다.

父を乗せた列車(れっしゃ)は、発車(はっしゃ)のベルとともに静かにプラットホームを滑(すべ)り出しました。

▸ 이 노래는, 아직 그네를 잘 못타는 아이를, 그네 태울 때 부르는 노래입니다. 그네의 움직임에 맞추어, 천천히 부르거나 빨리 부르기도 합니다.[그네, yp]

この歌は、まだブランコにうまく乗れない子供を、ブランコに乗せるときに歌う歌です。ブランコの動(うご)きに合わせて、ゆっくり歌ったり早く歌ったりします。

cf) 싣다 : 載(の)せる, 掲載(けいさい)する

▸ 스키를 자동차 지붕에 싣고 용평스키장으로 갔다.

スキーを車の屋根(やね)に載せて竜平(ヨンピョン)スキーリゾートへ出掛(でか)けた。

▸ 새벽에 열린 경기 소식을, 미처 조간에 싣지 못한 신문사도 이날 아침 호외를 발행했다.[여행, yp]

未明(みめい)に行われた試合のニュースを、朝刊に載せられなかった新聞社も同日(どうじつ)朝、号外(ごうがい)を発行した。

▸ 이 가게는 여성잡지에 실은 브랜드 웨어, 가방, 액세서리를 판매하고 있습니다.

この店では、女性誌(じょせいし)に掲載されたブランドウエア、バッグ、アクセサリーを販売しています。

6. 신(이)나다 : 得意(とくい)になる, 浮(う)かれる, 調子(ちょうし)にのる, 得意気(とくいげ)だ, 意気揚々(いきようよう)と～する

▸ 자기가 낚은 커다란 물고기를, 신나서 열차 안에서 보여주고 있다.

自分の釣(つ)った大きな魚を列車の中で得意になって人に見せている。

▶ 새삼스레 생일이라고 신이 날 정도의 아이는 아니지만, 역시 약간 감개무량하다고나 할까.[생일, yp]
いまさら誕生日だからといって浮かれるほど子供じゃないけど、やはりすこしは感慨深(かんがいぶか)いといおうか。

▶ 신이 나서 쓸데없는 말까지 지껄여 버리고 말았다.
調子にのって余計(よけい)なことまでしゃべってしまった。

▶ 신발을 신은 채로 생활하는 집의 청소방법을 배워, 새로운 방법을 알았다고 신나 있었다.[유학생활, yp]
靴をはいたままで生活をする家の掃除のやり方を教えてもらい、新しい方法を知ったと得意気になっていた。

▶ 그는 성공한 후 신이 나(의기양양하게) 고향으로 돌아왔다.
彼は、成功した後(のち)、意気揚々と故郷(こきょう)に帰った。

7. (짓)밟다 : 踏(ふ)む, 踏まえる, 踏み付(つ)ける, 踏み締(し)める, 踏みにじる

▶ 들은 바에 의하면, 숙부가 고향의 땅을 밟은 것은, 20년만이라고 합니다.
聞くところによると、おじが故郷の土(つち)を踏むのは、二十年ぶりだそうです。

▶ 마귀를 힘껏 밟고 선 사천왕상은 어쩐지 무서운 느낌이 들어요.
鬼(おに)をふまえた四天王(してんのう)の像(ぞう)は、なんだか恐ろしい感じがしますね。

▶ 우리들이 지금 이 세상에서 행복하다면, 물론 그것은 멋진 일이지만, 타인을 짓밟는 이기적인 마음도 있지요.[이기심, yp]
私達が今、この世で幸せであれば、もちろんそれは素晴らしいことですが、他人を踏みつける利己心(りこしん)もあります。

▶ 한 걸음 한 걸음 힘껏 밟으며 비탈을 오르자 조그마한 암자가 나온다.[백운암, kr]
一歩一歩(いっぽいっぽ)ふみしめて斜面(しゃめん)を登ると、小さな庵(いおり)があらわれる。

▶ 금방 손질해 둔 화단을 짓밟은 사람은, 도대체 누구일까?
手入(てい)れしたばかりの花壇(かだん)を踏みにじったのは、いったい誰なのだろう。

8. ～형 : ～型(がた), ～タイプ

型(がた)

▶ 최신형 자전거 最新型(さいしんがた)自転車, 대형스크린 大型(おおがた)スクリーン, 중대형 자동차 中大型(ちゅうおおがた)自動車, 대형마트 大型(おおがた)マート, 소형버스 小型(こがた)バス, 이동형 로봇 移動型(いどうがた)ロボット, 생계형 도둑 生計型(せいけいがた)泥棒(どろぼう), 창조형 기업 創造型企業(そうぞうがた), 표준형 화장실 標準型(ひょうじゅんがた)トイレ, 비만형 사람 肥満型(ひまんがた)の人, 혈액형과 성격 血液型(けつえきがた)と性格, 노트북PC로 쿨하게! ノート型パソコンで生活に'潤(うるお)い'を!, 대형TV화면 大型テレビ画面(がめん)

タイプ

▶ 학자형 学者(がくしゃ)タイプ, 중역 타입 重役(じゅうやく)タイプ, 하드디스크・포터블형 ハードディスク・ポータブルタイプ

cf) 대형 : 大型(おおがた)

▶ 그는 대형 트럭 운전에 능숙하여 돈도 잘 번다.
彼は、大型トラックの運転に熟練(じゅくれん)していてお金もよくもうけるよ。

▶ 경기장에는 두 대의 대형 스크린이 있어 자주 거기에 갑니다.[축구, kr]
競技場(きょうぎじょう)には二台の大型スクリーンがあるので、ときどきそこへ寄ります。

▶ 이 도로는 대형 차량의 진입을 금지한다.
この通りは、大型車輛(しゃりょう)の進入(しんにゅう)を禁止(きんし)する。

9. 한구석 : 片隅(かたすみ), 片脇(かたわき), 一隅(いちぐう)

▶ 일생을 좌우하는 중대한 문제가 사회의 한구석에 방치되어 있다.
一生を左右(さゆう)する重大な問題が社会の片隅に転(ころ)がっている。

▶ 잊혀졌던 한구석에도 빛은 비치게 마련이다.
忘れられた片隅にも光(ひかり)はさすものだ。

▶ 방석을 한구석으로 치워놓고 참고자료를 정리하고 있다.

座蒲団(ざぶとん)をかたわきに寄(よ)せて、参考資料をまとめている。

▶ 뜰 한구석에 피어 있는 매화꽃이야말로 봄소식의 전령사이다.
庭(にわ)のいちぐうに咲いている梅(うめ)の花、これこそ春の事触(ことぶ)れである。

10. 투박하다 : 不格好(= 不恰好, ぶかっこう)だ, 不体裁(ふていさい)だ, 粗悪(そあく)だ, 無骨(ぶこつ)だ(말씨)

▶ 추운 겨울에는 대개 투박한 외투를 입게 된다.
寒い冬は、たいてい不格好な外套(がいとう)を着ることになる。

▶ 이 가방가게에는, 디자인이 투박한 것이 많아서 마음에 들지 않는다.
このかばんやさんには、デザインが不恰好なものが多くて気に入(い)らない。

▶ 상품판매는 투박한 포장법으로는 경쟁력이 없다.
商品の販売では、不体裁な包(つつ)み方(かた)をしては競争力(きょうそうりょく)にならない。

▶ 첫 대면 인사를 하는데도 불구하고 투박한 복장으로 왔다.
初対面(しょたいめん)のあいさつをするにもかかわらず、不体裁な服装(ふくそう)で来た。

▶ 고도의 인쇄기술에 의해 만들어진 지폐인데도, 완성된 모양은 투박합니다.
高度(こうど)な印刷技術(いんさつぎじゅつ)によって作られた紙幣(しへい)ですが、出来具合(できぐあい)は粗悪です。

▶ 그 남자는, 투박한 말씨를 쓰지만 마음은 따뜻한 사람입니다.
あの男のひとは、ぶこつな話し方をしますが心は暖かい人です。

11. 눈에 띄다 : 目につく，目立(めだ)つ，目に留(と)まる，目に触(ふ)れる

▶ 그 총장님은 키가 커서 군중 속에서도 금방 <u>눈에 띕</u>니다.
その総長(そうちょう)は背が高いので、人込(ひとご)みの中でもすぐ<u>目につき</u>ます。

▶ 당선 현수막이 <u>눈에</u> 잘 <u>띄</u>게 옥상에 걸려 있었다.
当選(とうせん)の垂(た)れ幕(まく)が、良く<u>目につく</u>ように屋上(おくじょう)から下(さ)がっていた。

▶ 그분은 항상 조용하고 <u>눈에 띄</u>지 않는 부드러운 선생님입니다.
あの方は、いつも静かで、<u>目立た</u>ないやさしい先生でした。

▶ 그 국회의원은, 늘 빨강이나 검은색 등 <u>눈에 띄</u>는 색의 넥타이를 매고 있다.
あの国会議員(こっかいぎいん)は、いつも赤とか黒とかの<u>目立つ</u>色のネクタイをしめている。

▶ 그는 비로소 전국적인 유명인으로 대중의 <u>눈에 띄</u>게 되었다.
彼は、初めて全国的な有名人として大衆の<u>目にとまる</u>ようになった。

▶ 여름 산에서 <u>눈에 띄</u>는 것은 모두가 온통 녹색으로 기분이 상쾌합니다.
夏の山では<u>目に触れる</u>ものは、すべて緑一色(みどりいっしょく)で爽(さわ)やかです。

12. ～여(남짓) : (접미) ～よ(余)，～あまり(余，余り) (=N 다음에 붙어 '그보다 이상'의 뜻，more than)

▶ 100여명의 합창단이 출연했다.

100余名(ひゃくよめい)のコーラスが出演した。

▶ 공예 기술을 완전히 마스터하는 데에는 적어도 10여년은 걸린다고 한다.[공예, kr]

工芸(こうげい)の技術を完全にマスターするには少なくとも十余年(じょうよねん)はかかるということだ。

▶ 그 재벌회장의 어머님은 10여 년 동안 병상에 있다.

あの財閥(ざいばつ)の会長の母親は、十年余の間(あいだ)病床(びょうしょう)にいる。

▶ 어제 '작은 음악회'에는 500여명의 사람이 모였다고 합니다.

きのうの'小さな音楽会'には500人余の人が集まったそうです。

▶ 이 로봇은 10여 년의 연구 결과 가까스로 완성되었습니다.

このロボットは、10年余の研究の結果、ようやく完成しました。

▶ 북한 지도층의 사치품 구입대금이 결제된 계좌 등 200여 개를 추적 끝에 발견했다.[불법계좌, 중앙]

北朝鮮指導層(しどうそう)の贅沢品(ぜいたくひん)の購入代金(こうにゅうだいきん)が決済(けっさい)された口座(こうざ)など200件余りを追跡(ついせき)して発見した。

▶ 동해 전역에서 실시되는 훈련에는, '조지 워싱턴' 호와 아시아 최대 수송함인 한국 해군 '독도함' 등 양국 함정 20여 척이 참가했다.[연합훈련, 중앙]

東海全域(とうかいぜんいき)で実施される訓練には、'ジョージ・ワシントン'とアジア最大の輸送艦(ゆそうかん)である韓国海軍'独島'(ドクト)など両国艦艇(かんてい)20隻(せき)余りが参加した。

13. 몰다 : 運転(うんてん)する, 駆(か)る, 走(はし)らせる, 追(お)う

- 차를 운전할 줄만 알았지, 교통법규나 안전수칙을 가볍게 여기는 운전자가 수두룩하다.[운전문화, 중앙]
  車を運転することはできるが、交通ルールや安全規則(きそく)を甘く考える運転手が多い。
- 오토바이를 몰고 현장으로 가 사진을 찍었다.
  オートバイを駆って現場(げんば)へ行って写真をとった。
- 켄터키 더비(=Kentucky Derby)에서 전속력으로 말을 몰아 우승마가 되었다.[경마, yp]
  ケンタッキー・ダービーで全速力(ぜんそくりょく)で馬を駆って勝(か)ち馬(うま)になった。
- 꼬불꼬불한 산길이지만 멋진 운전솜씨로 자동차를 몰았다.
  曲(ま)がりくわった山道(やまみち)だが、あざやかなハンドルさばきで車を走らせた。
- 할아버지는 다섯 마리 소를 몰아 우리 안으로 넣었다.
  お爺さんは、5頭(とう)の牛を追って檻(おり)の中に入れ込んだ。

14. ～하고 다니다 : (후항V) ～回(まわ)す(自, 他), ～回(まわ)る(自)

- 그 유명한 아이돌 가수는 고급차를 타고 다니고 있다.
  あの有名なアイドル歌手は、高級車を乗り回している。
- 그녀는 있는 말 없는 말을 퍼뜨리고 다닌다.
  彼女は、有(あ)る事(こと)無い事を触(ふ)れ回る。
- 그 시장은 나쁜 짓을 하고서 여기저기 도망 다니고 있다.

その市長は、悪事(あくじ)を働(はたら)いて方々(ほうぼう)を逃(に)げ回っている。

▶ 온 세계를 돌아다니면서 국립공원에 관한 자료를 모으고 있다.
世界じゅうを歩き回りながら、国立公園に関する資料をあさっている。

15. 대중교통 : 公共交通機関(こうきょうこうつうきかん), 大衆交通(たいしゅうこうつう), 大衆交通機関(たいしゅうこうつうきかん)

▶ 학생들은 하교 시 모두 대중교통을 이용해주세요.
学生達は下校(げこう)の時、みな公共交通機関を利用しなさい。

▶ 대중교통이란, 불특정 다수의 사람들이 이용하는 교통기관을 가리킨다.[교통, yp]
公共交通機関とは、不特定多数(ふとくていたすう)の人々が利用する交通機関を指す。

▶ 이 가수는 서울시의 친환경 대중교통이용 활성화 캠페인의 홍보를 위하여, 캠페인 송을 노래한다.[가수 채연, kr]
この歌手は、ソウル市の親環境(しんかんきょう)の大衆交通利用活性化(かっせいか)キャンペーンの広報(こうほう)のため、キャンペーンソングを歌う。

▶ 싱가포르의 대중교통으로는, 택시, 버스, MRT(지하철)가 있습니다만 여행자에게 이용하기 쉬운 것은 택시입니다.[싱가포르, yp]
シンガポールの大衆交通機関としては、タクシー、バス、MRTがありますが、旅行者にとって利用しやすいのはタクシーです。

16. 돌아다니다 : 歩(ある)き回(まわ)る, 巡(めぐ)る, ほっつき回る, うろつく, 徘徊(はいかい)する

▸ 나는 건강을 위하여, 매주 토요일은 산으로 하루 종일 돌아다닌다.
おれは健康のために、毎週土曜日は山を一日中(いちにちじゅう)歩き回る。

▸ 인도 각지를 돌아다니고 있는 서커스 중에서, 어린이들에게 제일 인기 있는 것은 저 코끼리이다.
インドの各地(かくち)を巡っている、このサーカスの中で、子供たちのいちばんの人気者(にんきもの)はあの象(ぞう)です。

▸ 나의 여행은 그저 들개처럼 돌아다니는 여행 스타일이므로, 별로 참고되지 않을 것 같네요.[여행정보, yp]
私の旅行は、ただ野良犬(のらいぬ)のようにほっつき回る旅行スタイルですので、御参考にはならないことが多いと思いますが。

▸ 사건 당시에 현장부근을 수상한 남자가 돌아다니고(서성거리고) 있던 것이 목격되었다.
事件当時(じけんとうじ)、現場付近(げんばふきん)を怪(あや)しい男がうろついていたのが目撃(もくげき)された。

▸ 밤하늘의 별을 보면서, 우리집 현관을 지나 조용한 고급 주택가를 잠시 돌아다녔다.
夜空(よぞら)の星を見ながら、わが家(や)の玄関をやりすごし、静かな屋敷町(やしきまち)をしばらく徘徊した。

17. (볼)일을 보다 : 用(よう)を足(た)す, 用事(ようじ)をすませる, 用事(ようじ)に出(で)かける

▸ 병원에 가는 김에 볼일을 보면 시간이 절약된다.
病院に出かけたついでに用をたすと、時間がセーブされる。

▸ 요즈음은 너무 더워 아침나절에 볼일을 보기로 한다.
このごろは、かなりの暑さで、朝がたに用事をすませることにしている。

▸ 오늘은 오전 중에 볼일을 보고 오후 8시경 돌아옵니다.
今日は午前中に用事に出かけて、午後8時ごろ帰ります。

cf) 볼일을 보다(용변을 보다) : 用(よう)を足(た)す, 大小便(だいしょうべん)をする

▸ 아이는 휴게소의 화장실에서 급히 용변을 보고 나왔다.
子供は、休憩所(きゅうけいじょ)のトイレで急いで用を足してから出てきた。

▸ 근처에 공중변소가 있음에도, 노상에 볼일을 보는 운전자나 페트병에 넣은 분뇨를 버리고 가는 사람도 볼 수 있다.[도로 애호, kr]
近くに公衆便所があるにもかかわらず、路上で大小便をするドライバーやペットボトルに入れた糞尿(ふんにょう)を捨てていく人も見られる。

일본어번역문 10-A

自転車とバイクが若い世代の大学生たちの校内交通手段で人気を集めている。K大図書館前の広場には2～3百台に及ぶ自転車とバイクがぎっしりと立ち入っている。学生たちは後にかばんを乗せたり友達を乗せてわくわくしながらペダルを踏む。最新型のマウンテンバイクもあって、片わきにはリヤカーみたいな格好がよくない自転車も目にとまる。125cc以上の中大型バイクから50ccの小型まで大きさも多様だ。

K大のキャンパスの広さは20余万坪。多い学生たちは校内交通や登校用で自転車-バイクを走らせる。自転車の場合、大部分は「校内用」で見れば良い。125ccバイクに乗って学校に通うJ君(23, K大農学科2年)は「学校までは大衆交通を利用して校内で歩き回るとか市内に仕事をしに出る時にはバイクに乗る」と言った。

일본어번역문 10-B

自転車とバイクが新世代の大学生の校内交通手段として人気を呼んでいる。K大図書館前の広場には2~3百台に達する自転車とバイクがすきまなく立ちならんでいる。学生たちは後にかばんをつんだり友達を乗せて得意になってペダルを踏む。最新型のマウンテンバイクもあって、片隅にはリヤカーのような不格好な自転車も目に留まる。125cc以上の大型のバイクから50cc小型までサイズも様々だ。

K大のキャンパスの広さは20余万坪、多くの学生達は、校内の交通手段や登校用として自転車-バイクを乗り回す。自転車の場合、大部分「校内用」と見ればよい。125ccのバイクに乗って通うJ君(23,K大農学科2年)は「学校までは大衆交通機関を利用して、校内でほっつき回ったり市内へ用事をすませる時にはバイクに乗る」と言った。

11장 수재민의 하소연

한국어문

「추석이 다 뭡니까. 추석이…」

둑 방 근처에서 천막을 치고 생활하고 있는 趙씨 부부. 오는 26일이면 수해로 집을 잃은 지 꼭 두 달이 된다.

趙씨는 지난 수해로 집과 밭이 모두 사라졌다. 완전히 부서진 무허가 집에 대해서는 3백만 원을 준다고 하지만 아직 받지는 못했다. 8천여 평에 심었던 작물은 물거품과 함께 없어졌다. 지금까지 趙씨가 받은 돈은 생활비 60여만 원. 수해복구비 180만원. 추석 특별지원금 90여만 원 등 3백30여만원이 전부다. 「전 국민이 성금을 많이 냈다고 하던데 그 돈이 다 어디 갔는지 모르겠어요. 수재민에게는 안 주고 다리나 길을 닦는데 쓴다고 하던데……. 그렇다고 누구를 원망할 수도 없고」[수재민의 하소연, 사회, 조선]

한자어휘

둑 : 土手(どて)

천막 : テント

부부 : 夫婦(ふうふ)

수해 : 水害(すいがい)

밭 : 畑(はたけ)

완전 : 完全(かんぜん)

무허가 : 無許可(むきょか)

평 : 坪(つぼ)

작물 : 作物(さくもつ)

물거품 : 水(みず)の泡(あわ)

없어지다 : 消(き)え失(う)せる

생활비 : 生活費(せいかつひ)

복구비 : 復旧費用(ふっきゅうひよう)

특별 : 特別(とくべつ)

지원금 : 支援金(しえんきん)

성금 : 義援金(ぎえんきん)

닦다(고르다) : 均(なら)す

수재민 : 水害民(すいがいみん)

원망하다 : 怨(うら)む

어휘 및 어구

1. ～이(가) 다 뭡니까 : (反語)～なんて…それどころじゃありませんよ, ～だって…

▸ 휴가가 다 뭡니까. 휴가가….
 休みだなんて…、それどころじゃありませんよ。

▸ 보너스가 다 뭡니까. 월급도 제대로 받지 못해요.
 ボーナスだって…。月給(けっきゅう)もろくにもらっていません。

cf) ～같은(～따위) : (접미) ～風情[ふぜい. 사람 뒤에 접속 '멸시 또는 겸양'의 뜻], ～のくせに, ～のような

▸ 딴따라 같은 주제에 네가 알 수 있어?
芸人(げいにん)風情のくせに、お前なんかにわかるもんか。

▸ 나 같은 것이 나설 자리가 아닙니다.
わたし風情の出(で)る幕(まく)ではありません。

▸ 월급쟁이 따위가 무슨 소리를 하는 거야?
サラリーマンのくせに何(なに)をいう。

▸ 나 같은 놈은 도저히 대답할 수 없지.
わたしのようなものはとうてい答えは出られません。

2. 둑 방(둑, 제방) : 堤防(ていぼう), 土手(どて), 堤(つつみ)

▸ 어제의 집중호우로 제방이 무너졌다.
昨日の集中豪雨(しゅうちゅうごうう)で堤防が決壊(けっかい)した。

▸ 해안에 제방을 쌓아 해일을 막는다.
海岸(かいがん)に堤防を築(きず)いて津波(つなみ)をせき止(と)める。

▸ 줄기차게 비가 내려 불어난 물 때문에 둑 방은 무너지고 말았다.
降(ふ)りしきる雨で増水(ぞうすい)したため、川の土手は崩(くず)れてしまった。

▸ 둑에 올라가 보니 강가 모래밭에는 억새 이삭이 바람에 흔들리고 있다.
土手に登(のぼ)ってみると、川原(かわら)ではすすきの穂(ほ)が風にゆれていた。

▸ 가족과 함께 봄바람이 산들산들 부는 둑 방을 거닐었다.
家族といっしょうに春風(はるかぜ)がそよそよ吹く堤を歩い

た。

▶ 천길 둑 방도 개미구멍으로 무너진다.(= 조그만 일도 소홀히 하면 큰 일을 그르친다)
千丈(せんじょう)の堤も、ありの穴(あな)より崩(くず)れる。[ことわざ]

3. **치다 :** 掛(か)ける, 張(は)る, 下(お)ろす, 立(た)てる

▶ 계절이나 기분에 따라 커튼을 바꾸어 친다.
季節や気分によってカーテンをかけ替(か)える。

▶ 발을 쳐 화장실 창문까지 모두 열고 풍경까지 걸어 보았다.
すだれを掛け、トイレの窓まで開(あ)け放(はな)して、風鈴(ふうりん)まで掛けてみた。

▶ 이 고기를 잡기 위해 어망을 치고 하루를 기다립니다.
この魚をとるには、網(あみ)を張って一日中を待ちます。

▶ 이 폭설 속에서도 텐트를 치고 1박2일을 보냈다.
この大雪(おおゆき)の中でも、テントを張って一泊二日(いっぱくふつか)をすごした。

▶ 역시 커튼을 쳐 두는 쪽이 난방 효율은 좋을 것 같다.
やはりカーテンをおろしておいた方が、暖房(だんぼう)の効率(こうりつ)はよさそうだ。

▶ 장미꽃 무늬가 있는 병풍을 쳐 분위기가 고조되었다.
バラの模様(もよう)の屏風(びょうぶ)を立てて、雰囲気(ふんいき)が盛(も)り上(あ)がった。

4. **(다가)오는 :** (連体) 来(きた)る

▸ 오는 5월 10일 길일에 약혼을 합니다.

きたる五月十日(とおか)の佳辰(かしん)に婚約(こんやく)をします。

▸ 오는 2014년 제20회 FIFA 월드컵은, 브라질에서 개최하게 되었다.[월드컵, 동아]

来る2014年の第20回FIFAワールドカップは、ブラジルで開催されることになった。

cf) 다가오다 : やってくる, 迫(せま)る, 迫(せま)ってくる, 近(ちか)づく, 向(む)かう, 忍(しの)び寄(よ)る, 擦(す)り寄(よ)る

▸ 시커멓고 짙은 구름이 온통 하늘을 뒤덮어, 당장이라도 태풍이 다가올 것 같다.

黒々(くろぐろ)と厚(あつ)い雲が空全体(そらぜんたい)を覆(おお)って、今にも、あらしがやってきそうだ。

▸ 형사는 경찰 수갑을 보여주고, 경찰서까지 함께 가 달라고 내게 다가왔다.

刑事(けいじ)は、警察手帳(てちょう)を見せ、警察まで同行(どうこう)願いたいとわたしに迫った。

▸ 그는 탁류가 발밑까지 다가오는 듯한 초조감을 느꼈다.

彼は、濁流(だくりゅう)が足元(あしもと)まで迫ってくるような焦燥感(しょうそうかん)をおぼえていた。

▸ 내 순서가 다가오자 심장이 두근거려 식은 땀이 흘러내렸다.

わたしの番(ばん)が近づくと、動悸(どうき)がして冷(ひ)や汗(あせ)が流れてきた。

▸ 이길 찬스를 잡으면 지체하지 말고 전원이 상대 골대

로 다가가(향해) 마구 공격하라.

勝機(しょうき)をつかんだら、間髪(かんばつ)をおかず、全員で敵(てき)のゴールへ向かって攻(せ)め捲(まく)れ。

▶ 8월도 중순이 지나면, 아침저녁의 시원한 바람으로 살며시 다가오는 가을 기운이 느껴집니다.

八月も半(なか)ばをすぎると、朝夕(あさゆう)の涼しい風に、忍び寄る秋の気配(けはい)が感じられます。

▶ 뒤에서 조용히 다가가 앗 하고 놀래 켜 줘야지.

後ろからそっと忍び寄って、わっと驚(おどろ)かしてやろう。

▶ 간난 아기가 기어서 어머니에게 다가오고 있다.

赤(あか)ん坊(ぼう)がはって母親のほうにすりよっている。

5. 잃다 : 失(うしな)う, 無(な)くす, 迷(まよ)う, 落(お)とす

▶ 그 왕은 백성을 괴롭혀 인심을 잃었다.

その王(おう)は、国民を苦(くる)しめて人心(じんしん)を失った。

▶ 그와 같은 위대한 학자를 잃은 것은, 국가적인 손실이라 해도 과언은 아니다.

彼のような偉大(いだい)な学者を失ったことは、国家的な損失(そんしつ)といっても過言(かごん)ではない。

▶ 너무 깊이 관여하여 모든 것을 잃게 되면 큰일이니까 이쯤에서 그만두자.

あまり深入(ふかい)りをして元(もと)も子(こ)もなくしては[9]

9) '元(もと)も子(こ)もなくす' 모든 것을 잃다.('원금도 이자도 모두 잃는다'는 뜻에서)

大変(たいへん)だから、このへんでやめておこう。

▶ 이 길은 한 번 들어가면, 길을 잃어 나올 수 없는 길이라 합니다.

この道(みち)は、いちど入(はい)ったら迷って出(で)られなくなる道だそうです。

▶ 조잡한 물건을 팔아 치웠던 일로, 이 가게는 완전히 신용을 잃어 버렸다.

粗悪(そあく)な品(しな)を売(う)りさばいたことで、この店はすっかり信用(しんよう)を落としてしまった。

6. 꼭(딱) : ちょうど, きっちり, ジャスト(=just), きっと, ぴったり, 必ず, まるで

▶ 여기에 딱 네 명이 있으니까 테니스 복식 경기를 하지.

ここにちょうど4人いるから、テニスのダブルスをしよう。

▶ 오늘 기념강연은 딱 2시간이나 걸렸다.

今日の記念講演(きねんこうえん)はきっちり2時間もかかった。

▶ 나는 건강을 위하여 꼭 12시에 점심을 먹는다.

私は健康のため、12時ジャストお昼をたべている。

▶ 이 하얀 약은, 꼭 피부병에 효력이 있을 겁니다.

この白い薬(くすり)はきっと皮膚病(ひふびょう)には利(き)くでしょう。

▶ 신고 있는 트레킹화는 발에 꼭 맞아 편해요.

履(は)いているトレッキングシューズは、足(あし)にぴったり合(あ)って楽(らく)です。

▶ 오후 6시까지는 꼭(반드시) 일을 마치도록 하겠습니다.

午後6時までには必ず仕事を終(お)えるようにします。

▶ 바람이 부니까 꼭 눈이 오는 것처럼 벚꽃이 떨어지고 있어.

風がふくとまるで雪がふるように、さくらの花がちっているね。

▶ 그들은 그녀에게는 절대 말대답을 하지 않았고, 옆에서 보면 꼭(마치) 순종하는 부하 같았다.

彼らは、彼女に対しては決して口答(くちごた)えをせず、はたから見ると、まるで従順(じゅうじゅん)な家来(けらい)のようだった。

7. 사라지다(없어지다) ： 無(な)くなる, 消(き)える, 去(さ)る, 消(き)え失(う)せる

▶ 작은 것이라서 사라지기(잃어버리기)쉽다.

小さい物(もの)だから無くなりやすい。

▶ 최신예 제트기는 눈 깜짝할 사이에 시야에서 사라졌다.

最新鋭(さいしんえい)のジェット機(き)は、あっという間(ま)に視界(しかい)から消えた。

▶ 낮에는 번화한 거리도, 밤이 되면 사람의 모습은 완전히 사라져 버린다.

昼間(ひるま)はにぎやかな町も、夜になると人影(ひとかげ)はすっかり消えてしまう。

▶ 바람과 함께 사라지다.

風(かぜ)とともに去る。

▶ 우리가 살아가는데 방해물이야. 어서 빨리 사라져!(없어져!)

わしらが生きて行くのに邪魔(じゃま)じゃ。とっとと消え失せろ。

▶ 전통 공예는, 이제 관심도 보이지 않아 사라지는 운명에 처해지겠지요.

伝統工芸(でんとうこうげい)は、もはや見向(みむ)きもされず、やがて消えうせる運命(うんめい)にあるのでしょうか。

8. 완전히 : すっかり, 完全(かんぜん)に, 全(まった)く

▸ 일본은 벌써 완전히 여름이 되어, 윗도리를 입고 있는 사람은 거의 볼 수 없게 되었다.
日本はもうすっかり夏になって、上着(うわぎ)を着ている人はほとんど見られなくなった。

▸ 먹을 것, 입을 것, 살 곳, 이 세 가지가 갖추어져야 생활도 완전히 되는 것이다.
食べ物(たべもの)、着物(きもの)、住(す)む所(ところ)の三つがそろって生活も完全になるのだ。

▸ 배달 도중 넘어져, 발은 아프고 손님에게는 혼나고, 완전히 엎친 데 덮친 격이다.
配達のとちゅう転(ころ)んで、足は痛いし、お客にはしかられるし、まったく泣(な)き面(つら)に蜂(はち)だ。[10)]

9. 부서지다(무너지다) : 壊(こわ)れる, 破(やぶ)れる, 外(はず)れる, 崩(くず)れる

▸ 그렇게 무거운 물건을 놓으면 의자가 부서지고 말거야.
そんなに重い物を載(の)せたら、いすが壊れてしまうよ。

▸ 꿈은 완전히 부서지고 말았다.
夢は完全に破れてしまった。

---

10) ▸ これじゃ泣(な)き面(つら)蜂(はち)だ。(이건 엎친 데 덮친 꼴이다.)

▶ 기다리고 기다린 만큼 기대가 무너졌을 때의 충격은 컸다.
待(ま)ちに待ったことだけに、期待が外れた時のショックは大きかった。

▶ 생물의 이상발생은, 자연의 조화가 무너지고 있는 증거라고 생각해야 한다.
生物(せいぶつ)の異常発生(いじょうはっせい)は、自然のバランスが崩れていることの証拠(しょうこ)だと考えるべきである。

10. 무허가 : 許可(きょか)を得(え)ていないこと, 許可なし, 無許可(むきょか), 潜(もぐ)り

▶ 무허가 건축물이 자꾸자꾸 늘어나고 있다.
許可を得ていない建築物(けんちくぶつ)がどんどん増えている。

▶ 누구든지 허가 없이 이 연구실을 사용할 수 없다.
だれでも許可なしで、この研究室は使用(しよう)できない。

▶ 이 도시에서는 '할론'을 사용한 소화기를 허가 없이 비치하면, 개인이라면 3만 달러가 부과된다.[消火器, yp]
この町では, 'ハロン'を使った消火器(しょうかき)を無許可で置(お)くと, 個人(こじん)なら三万ドルが課(か)せられる。

▶ 인가를 받지 않고 무허가 영업을 한 운수업자가 체포됐다.
認可(にんか)をうけずに、もぐりで営業(えいぎょう)していた運輸業者(うんゆぎょうしゃ)が逮捕(たいほ)された。

11. (나무, 정신 등을) 심다 : 植(う)える, 植(う)えつける

▶ 토마토의 모종을 화분에 심었으나 시들어 버렸다.

トマトの苗(なえ)を植木鉢(うえきばち)に植えたが、枯(か)れてしまった。

▶ 열대 식물을 한국에 가져 와 심더라도 자라지 않는다.

熱帯(ねったい)の植物(しょくぶつ)を韓国へもってきて植えても育(そだ)たない。

▶ 고난과 역경 속에 이룩한 기적의 역사를 잘 갈무리해 후세에게 자긍심을 심어주고 국가발전의 원동력으로 삼아야 한다.[광복절 연설, 동아]

苦難(くなん)と逆境(ぎゃっきょう)の中で成し遂げた奇跡(きせき)の歴史を保存し、後世(こうせい)に誇(ほこ)りを植えつけ、国家発展の原動力としなければならない。

cf) (씨 등을) 뿌리다 : 蒔(ま)く

▶ 여름 불볕더위에 먼지투성인 도로에 물을 뿌리면, 긴장이 풀리듯 시원함을 느낀다.

夏の日盛(ひざか)り、ほこりっぽい道路(どうろ)に水を蒔くと、ほっとするような涼(すず)しさを感じる。

▶ 뿌리지 않은 씨는, 나지 않는다. (= 원인이 없는 곳에 결과는 없다, 노력 없이는 아무 일도 이루어지지 않는다.)

蒔かぬ種(たね)は生(は)えぬ。[ことわざ](=種をまかなければ、めは出ない)

12. (물)거품 : 水(みず)の泡(あわ), 泡(あわ), 泡(あぶく), 泡沫(ほうまつ, うたかた), 水泡(すいほう), だま

▶ 어떻게 하나? 모처럼의 계획도 물거품이 됐으니.

どうしよう。せっかくの計画(けいかく)も水の泡だね。

▶ 물거품같이 덧없이 사라지기 쉬운 생명을 가진 인간.

水のあわのように、はかなく消(き)えやすい命(いのち)をもった人。

▶ 그 연사는 입가에 거품을 튀기며 열변을 토하고 있다.

その講演者(こうえんしゃ)は口角(こうかく)にあわを飛(と)ばして熱弁(ねつべん)をふるっている。

▶ 연못에 떠있는 부평초, 물거품처럼 모든 것은 변해간다.

池の上に浮(う)かぶ浮き草、あぶくのように、すべては移り変わる。

▶ 모든 것이 물거품처럼 사라져 없어진다.

すべてが泡沫のように消滅(しょうめつ)する。

▶ 평생을 건 그의 사업도 자금난으로 물거품(덧없는) 꿈으로 끝났다.

生涯(しょうがい)をかけた彼の事業(じぎょう)も資金難(しきんなん)でうたかたの夢と終わった

▶ 요즈음 내 노래의 18번은 '하룻밤 물거품(풋)사랑'이다.

この頃ぼくの十八番は、'一夜(ひとよ)のうたかたの恋(こい)'だよ。

▶ 지금까지의 노력은 모두 물거품으로 돌아갔다.

今までの努力(どりょく)は、すべて水泡に帰(き)した。

▶ 어린아이의 비누거품 놀이에는, 가능한 한 안전한 것을 사용하세요.[幼児, yp]

幼児(ようじ)のシャボンだま遊びには、できるだけ安全なものを使いなさい。

13. 성금(의연금, 기부) : 寄金(ききん), ぎえんきん(義援金, 義捐金), 寄付金(きふきん), 献金(けんきん)

▶ 그 할머니는 지방의 모 대학에 고액의 성금을 기탁했다.

あのおばあさんは、地方のある大学に多額(たがく)の寄金を寄

(よ)せた。

▸ 널리 여러분들의 성금을 부탁드립니다. 계좌번호는 아래와 같습니다.[寄金, yp]

広く皆様(みなさま)の寄金をお願い申し上げます。口座番号(こうざばんごう)は以下のとおりです。

▸ 전국 방방곡곡에서 재해 지역으로 성금을 내고 있다.

全国に至(いた)る所から災害地(さいがいち)に義援金をおくっている。

▸ 방송에서는 수해 지역에 보낼 의연금을 모으고 있다.

放送では、水害(すいがい)の被災地(ひさいち)に送(おく)る義捐金を集めている。

▸ 기부금이 5만원을 넘는 경우, 소득세가 일정비율로 경감됩니다.

寄付金が5万ウォンを超える場合、所得税(しょとくぜい)が一定(いってい)の割合(わりあい)で軽減(けいげん)されます。

▸ 엠 에스 회장인 빌 케이츠는 거액을 자선사업에 기부하고 있다.

MS会長のビル・ゲイツは、巨額(きょがく)を慈善事業(じぜんじぎょう)に献金している。

▸ 전 수상이 위법 정치 기부금(헌금)을 받았다고 여겨지는 의혹에 대해 수사하고 있다.

元首相が、違法(いほう)な政治献金を受け取っていたとされる疑惑(ぎわく)に対して、捜査(そうさ)している。

14. (성금 등을) 내다(기부하다) : 出(だ)す, 寄付(きふ)する

▸ 엄마는 아이가 장난감을 갖고 싶어 하지만 돈을 내기 싫어하는 눈치다.

母親は子供がおもちゃをほしがっているのに、お金を出し渋

(しぶ)っている様子だ。

▶ 자식이 없는 부부는, 재산을 남에게 양도하기보다 혜택 받지 못한 사람들을 위해 기부하려고 생각했다.

子供のいない夫婦(ふうふ)は、財産を他人に譲渡(じょうと)するより、恵(めぐ)まれない人々のために寄付しようと考えた。

▶ 어느 누구도 소득의 1%를 기부하는 사회 실현을 목표로 하고 있습니다.

誰(だれ)もが所得の1パーセントを寄付する社会の実現(じつげん)をめざしています。

15. ~(라)고 하는데 : ~と言(い)うのに, ~と言っているのに, ~そうだが

▶ 앞으로 2년 후에 60살이 된다고 하던데 아직도 젊어 보여요.

あと二年で60歳(さい)になるというのに、まだ若く見えますね。

▶ '의견을 말해보라'라고 하는데 말하지 못하는 이유란?

'意見(いけん)を言(い)え'と言っているのに、言わない理由は。

▶ 흡연이 건강에 나쁘다 나쁘다고 하는데, 나라는 왜 판매를 못하게 하지 않습니까? 담배세 때문입니까?[담배, ypl

喫煙(きつえん)が健康に悪い悪いと言っているのに、なぜ国は販売をやめさせようとしないのです? タバコ税がほしいからですか?

▶ 기상청의 장기예보에 따르면, 올해 겨울은 매우 따뜻하다고 하는데.

気象庁(きしょうちょう)の長期予報(ちょうきよほう)によると、今年の冬はとてもあたたかいそうだが。

16. 어디 갔는지 : どこに行ってしまったのか, どこに行っちゃったのか

▸ 우리 집 개는 어디 갔는지 … 빨리 왔으면 좋은데.
うちのワンちゃんは、どこに行っちゃったのかなぁ…。早く帰ってきてくれればいいのに。

▸ 10월 달인데 또 태풍이야. 금년에 10개째다. 청명한 가을 하늘은 어디 갔는지.
10月だってのに、また台風(たいふう)だよ。今年10個目の当り年だ。晴(は)れて澄(す)んでいる秋空(あきぞら)は、どこに行っちゃったのかなぁ。

17. (길을) 닦다(고르다) : 均(なら)す, 平(たい)らにする

▸ 지난주 태풍으로 망가진 테니스 코트를, 롤러로 깔끔하게 닦아 놓았다.
先週の台風で荒(あ)れてしまったテニスコートを、ローラーできれいにならした。

▸ 마지막 손질로 사포로 울퉁불퉁한 부분을 고르게 하고 니스를 칠하면, 책꽂이가 완성된다.
仕上(しあ)げに、サンドペーパーででこぼこをならし、ニスをぬれば、本立(ほんた)てのできあがりだ。

▸ 낡은 학교건물을 부수고 땅을 평평하게 골라, 새로운 건물을 짓는다.
古い校舎(こうしゃ)を壊(こわ)し、土地(とち)をたいらにして、新しい校舎を建てる。

18. 원망하다 : 怨(うら)む, 怨(えん)ずる

▶ 사람들은 회장의 냉혹한 처사를 원망하고 있다.
人々は、会長の冷酷(れいこく)な仕打(しう)ちを怨んでいる。

▶ 자기 자신이 잘못해서 회사로부터 해고당한 것이기에 누구도 원망할 수 없다.
自分(じぶん)が悪くて会社を首(くび)になったのだから、だれも怨むことはできない。

▶ 모두들 원망하는 듯한 눈빛으로 보고 있다.
みな怨ずるような眼差(まなざ)しで見ている。

▶ 매정하게 대하는 연인을 원망할 수는 없다.
すげない恋人を怨ずるわけにはいかない。

19. ~할 수도 없다 : ~こともできない, ~わけにもいかない

▶ 일이 바빠서 메일도 전화도 할 수 없고, 보고 싶을 때 만날 수도 없다.[편지, yp]
仕事で忙しくてメールも電話もできないし、会いたいときに会うこともできない。

▶ 안정된 수입이 없는 남자와 너를 결혼시킬 수도 없다.
定(さだ)まった収入(しゅうにゅう)のない男とおまえを結婚させるわけにもいかないよ。

▶ 도움을 신청한 생면부지 사람의 저의를 짐작하기 어려워, 흔쾌히 받아들일 수도 없었다.
援助(えんじょ)を申(もう)し出た見ず知らずの人の底意(そこい)をはかりかね、快(こころよ)く受け入れるわけにもいかなかった。

일본어번역문 11-A

「秋夕(チュソク)だって …。秋夕って……。」

土手道の近所で天幕をかけ、生活している趙さん夫妻。きたる26日になると水害で家を無くしてから丁度2ヶ月になる。

趙さんは今回の水害で自分の家と畑の全てが消えてしまった。すっかり崩れてしまった無許可の家については300万ウォンの補償を受けられると言われるが、まだ受けて貰えなかった。8千坪あまりに植えた農作物は泡になってしまった。今まで趙さんが受けて貰ったお金は生活費60万ウォンぐらい。水害復旧費用1百80万ウォン。秋夕特別支援金90万ウォンぐらい等、3百30万ウォンが全部である。「国民の皆さんが寄金を沢山出してくれたっていうのに、あのお金がどこに行ってしまったのですかね…。水害民に渡さなく、橋とか道を平らにしたりするのに使って言ってるのですね……。だからといってだれを怨むこともできなくて……。」

일본어번역문 11-B

「秋夕だなんて…、それどころじゃありませんよ。」川の土手の辺りにテントを張って暮している趙さん夫婦。きたる26日になると、水害で家を無くしてちょうど2ヶ月になる。

趙さんは今度の水害で家や畑がすべてなくなった。すっかり壊れてしまった無許可の家に対しては3百万ウォンをもらえると言うが、まだ受け取っていない。8千坪あまりの畑に植えた農作物は水の泡のごとく消えうせた。今まで趙さんが貰ったお金は生活費60余万ウォン、水害復旧費用180万ウォン、秋夕特別支援金90余万ウォン等、3百30余万ウォンがすべてである。「全国民が多額の義援金を出してくれたそうだけど、そのお金はすべてどこに行ってしまったのか。何に使われたのか分かりませんね。水害にあった人には与えられず、橋や道路を均すのに使われたといってたが…。かといって誰かを恕むわけにもいかないし…」

12장 정 회장의 꿈

한국어문

정 주영 현대그룹 명예회장이 오랜만에 언론에 모습을 드러냈다. 지난 92년 대선(大選)후 언론과의 인터뷰를 줄곧 사절해온 鄭명예회장은 최근 『월간조선』(10월호에 전문게재)과의 인터뷰에서 「시련은 있어도 실패는 없다」는 그의 자서전 제목처럼 최근의 심경을 밝히고 현대그룹 후계에 관해 언급했다.

그는 「92년 大選에서 떨어진 것은 실패가 아니라 하나의 시련에 불과할 뿐이며 결코 이를 후회한 적 없다」고 소감을 밝혔다. 鄭명예회장은 지난 10일 현대그룹의 서산농장에서 3시간동안 인터뷰에 응해, 「자신이 92년 당시 정치에 뛰어든 것은 무엇보다 남북통일을 실현해 보겠다는 마음에서 한 것」이며 「현재까지도 정치에 대한 꿈을 버리지 않고 있다」고 말했다.[정 회장의 꿈, 인터뷰, 조선]

한자어휘

명예회장 : 名誉会長(めいよかいちょう)
언론 : 言論(げんろん)
대선 : 大統領選挙(だいとうりょうせんきょ)
사절 : 謝絶(しゃぜつ)
월간 : 月刊(げっかん)
전문 : 全文(ぜんぶん)
게재 : 掲載(けいさい)
시련 : しれん(試練・試錬)
실패 : 失敗(しっぱい)
자서전 : 自叙伝(じじょでん)
심경 : 心境(しんきょう)
후계 : 後継(こうけい)
언급 : 言及(げんきゅう)
후회 : 後悔(こうかい)
소감 : 所感(しょかん)
농장 : 農場(のうじょう)
당시 : 当時(とうじ)
남북통일 : 南北統一(なんぼくとういつ)
실현 : 実現(じつげん)
현재 : 現在(げんざい)
정치 : 政治(せいじ)

어휘 및 어구

1. 오랜만에 : 久(ひさ)しぶりに, しばらく, ひさびさに, ひさかたぶりに, ご無沙汰(ぶさた)

▸ 오랜만에 대학동창회에 참석하여 얼굴을 내밀었다.
久しぶりに大学の同窓会(どうそうかい)に参加して顔を出(だ)した。

▸ 그렇게 매력이 있는 사람을 만나는 것은 오랜만이다
あんなに魅力(みりょく)のある人に会うのは久しぶりだ。

▸ 여러분 오래간만입니다. 사실은 2주간의 휴가를 얻어, 오랫동안의 소원이었던 유럽을 여행하고 왔습니다.[유럽, yp]
皆さま、しばらくでございます。実は2週間のお休みを頂戴(ちょうだい)して、長年の念願(ねんがん)であったヨーロッパの旅へ行ってまいりました。

▸ 오래간만에 멜로 영화를 봤는데 대단히 부끄러웠어요.
ひさびさにメロ映画を見たが大変はずかしかったです。

▸ 오래간만에 먹은 원조 '삿포로 라면' 너무나 맛있었습니다. 사실은 2년이나 먹지 않았습니다.[삿포로 라면, yp]
ひさかたぶりに食(く)った元祖(がんそ)'札幌ラーメン'は、とても美味しかったです。実は二年ぶりでした。

▸ 오래간만입니다. 그동안 별고 없으신지요?
長らくごぶさたしておりました。その後(ご)、お変(かわ)りございませんか。

▸ 평소 너무나 오래간만이어서(소식을 전하지 못해서) 죄송하기 이를 데가 없습니다. 덕분에 저는 무사히 잘 보내고 있으므로 안심해 주세요.[안부편지, yp]
平素(へいそ)はご無沙汰を重(かさ)ねまして、申(もう)し訳(わけ)ございません。おかげさまで私の方(ほう)は変わりなく過ごしておりますので、ご安心ください。

cf) 오랫동안 : 長(なが)い間(あいだ), 長(なが)らく

▸ 새와 같이 자유롭게 하늘을 날고 싶다는 것은, 인류의 오랫동안의 꿈이었습니다.
鳥のように自由(じゆう)に空を飛(と)びたいというのは、人類(じんるい)の長い間の夢でした。

▸ 오랫동안 사용하여 익숙해진 물건에는 왠지 애착이

간다.

長らく使(つか)い慣(な)れた物には、何となく愛着(あいちゃく)がわくものだ。

2. 언론(매스컴, 매스미디어, 대중매체) : マスコミ(= マスーコミュニケ-ション, mass communication), マスメディア(= mass media), 言論機関(げんろんきかん), 大衆媒体(たいしゅうばいたい)

▸ 매스컴이란, 신문・텔레비전・영화 등의 매스미디어를 통해, 불특정의 대중에게 대량의 정보를 전달하는 일, 또는 그 매스미디어를 말한다.[매스컴의 정의, 중앙]
マスコミとは、新聞・テレビ・映画などのマスーメディアを通(つう)じて, 不特定(ふとくてい)の大衆(たいしゅう)に大量(たいりょう)の情報(じょうほう)を伝達(でんたつ)すること、またそのマスーメディアをいう。

▸ 신문에는 원래 보도기관과 언론(언론기관) 2개의 기능이 있다.
新聞には、元来(がんらい)報道機関と言論機関としての2つの機能(きのう)がある。

▸ 작년에는 막걸리의 소비촉진과 이미지를 정착시키기 위해, 20억원을 들여 텔레비전 광고까지 추진했다. 대중매체에 의해 홍보함으로써, 일본에서의 막걸리 소비확대에 상당한 효과를 가져왔다.[막걸리 홍보, 동아]
昨年はマッコリの消費促進(しょうひそくしん)とイメージを定着(ていちゃく)させるため、20億ウォンをかけてテレビ広告(こうこく)まで推進(すいしん)した。大衆媒体により広報

(こうほう)することで、日本でのマッコリの消費拡大(かくだい)に相当な効果(こうか)をもたらした。

3. 모습 : 姿(すがた), 面影(おもかげ), 容貌(ようぼう)

▶ 일본의 좋은 모습도 나쁜 모습도 잘 보고 가세요.
日本のよい姿もわるい姿もちゃんと見て行ってください。

▶ 이 산은 후지산에도 비교할 수 있을 만큼 모습이 아름답기로 유명합니다.
この山は、富士山ともくらべられるほど、姿の美(うつく)しい山として有名です。

▶ 소년은 아직 보지 못한 엄마의 모습을 눈에 떠올렸다.
少年(しょうねん)は、まだ見ぬ母の面影をまぶたに描(えが)いていた。

▶ 신이치로는 학생 얼굴을 한번 보고, 그 고귀한 모습(용모)에 반하지 않을 수 없었다.[菊池, 真珠夫人]
信一郎は、学生の顔を一目見て、その高貴(こうき)な容貌に打(う)たれざるを得(え)なかった。

4. 드러내다(보이다) : あらわす(現わす, 表わす), さらけ出(だ)す, 示(しめ)す, 見(み)せる, 露(あらわ)にする

▶ 드디어 육상경기장이 웅장한 모습을 드러냈다.
ついに陸上競技場(りくじょうきょうぎじょう)が雄壮(ゆうそう)な姿を現わした。

▶ 그는 이윽고 자기의 실력을 세상에 드러냈다.
彼は、ようやく自分の実力を世(よ)に表わしてきた。

▶ 남북회담 대표는 각자 생각하고 있던 바를 모조리 드러냈다(터놓았다).[회담, kr]
南北会談代表は、各自(かくじ)思っていることをさらけ出した。

▶ 이 숫자는, 자선단체가 존재하는 의의를 말하고 있으며, 사회 각 방면에서 발굴해 낼 수 있는 잠재력을 나타내는 것이다.
この数字は、慈善(じぜん)団体の存在する意義を物語っており、社会各方面の掘り起こすことのできる潜在力(せんざいりょく)を示すものである。

▶ 90세 할머니는 가끔 종종 걸음으로 가게에 얼굴을 보이신다.
90才のおばあちゃんは、店にちょこちょこ顔を見せている。

▶ 그 북한의 축구감독은 불쾌하다는 표정을 (노골적으로) 드러내고 있다.[월드컵, 중앙]
その北朝鮮のサッカー監督は、不快(ふかい)な表情(ひょうじょう)を露にしている。

cf) 모습을 드러내다 : 陰(かげ)が差(さ)す

▶ 화제에 오른 사람에 대해 이야기들 하면, 그 자리에 모습을 드러낸다(= 호랑이도 제 말 하면 온다).
噂(うわさ)をすれば、陰が差す。[ことわざ]

5. 줄곧(쭉, 계속) : ずっと, ずうっと, 続(つづ)けて, 打(う)ち続(つづ)いて, 引(ひ)き続(つづ)き

▶ 겨울방학 동안 쭉 홋카이도에 스키하러 가 있었다.
冬の休みの間ずっと北海道にスキーに行っていた。

▸ 여기부터는 해안이 굽은 데가 없이, 약 1km 정도 쭉 일직선으로 뻗어 있다.

ここからは、海岸の彎曲(わんきょく)がなく、約1キロほとずうっと一直線(いっちょくせん)にのびている。

▸ 광복절은, 한국이 36년간 계속된 일본의 통치에서 국권을 회복한 기념일이다.

光復節(クワンボクチョル)は、韓国が36年間続けてきた日本の統治(とうち)から国権(こっけん)を回復(かいふく)した記念日である。

▸ 이상건조가 쭉 계속되고 있어서, 저수지의 수위가 내려가 저수용량의 반 가까이가 되고 있다.

異常乾燥(いじょうかんそう)が打ち続いていることで、貯水湖(ちょすいこ)の水位(すいい)が下がり、貯水容量(ようりょう)の半分近くとなっている。

▸ 오전 총회에 이어 오후에는 계속 분과회가 있었다.

午前の総会(そうかい)につづいて、午後は引き続き分科会(ぶんかかい)があった。

6. 사절하다(거절하다, 거부하다) : 断(ことわ)る, 拒絶(きょぜつ)する, 拒否(きょひ)する, 謝絶(しゃぜつ)する

▸ '타케토리 모노가타리'의 가구야 공주는, 그 중에서도 열렬한 다섯 명 귀공자의 구혼을 거절할 수 없어 각자에게 어려운 문제를 냈다.[竹取物語, 작자미상]

'竹取物語'(たけとりものがたり)のかぐや姫(ひめ)は、中でも熱心(ねっしん)な五人の貴公子(きこうし)の求婚(きゅうこん)を断りきれず、一人ずつ難題(なんだい)を出(だ)した。

▶ 가족이 면회를 거절할 경우, 강행해서 면회한다는 것도 매우 어려울 것 같습니다.[고령자의 생활, yp]
家族が面会を拒絶する場合、むりやりに面会するというのもなかなか難しそうです。

▶ 어제 치러진 학업성취도 평가를 놓고 학교현장이 혼란스럽다. 학생 수백 명이 평가를 거부하고 무단으로 체험학습을 강행했다.[체험학습, 중앙]
昨日行われた学業成就度(じょうじゅど)の評価をめぐり、学校現場が混乱している。数百人の生徒が評価を拒否して無断(むだん)で体験学習を強行した。

▶ 승객에게 폐를 끼칠 우려가 있는 사람이 승차하려 할 때는, 차장 그 외의 담당자는, 이것을 거절할 수 있다.[교통규정, yp]
乗客に迷惑(めいわく)を懸(か)けるおそれがある者が乗車(じょうしゃ)しようとするときは、車掌(しゃしょう)その他係員(かかりいん)は、これを謝絶することができる。

7. ～은 있어도 ～는 없다 : ～はあっても、～はない

▶ 눈은 있어도 눈동자는 없다.[11][속담]
目(め)はあっても、瞳(ひとみ)はない。

▶ 가뭄 끝은 있어도 장마 끝은 없다.[12][속담]

---

11) 있기는 있는데 가장 중요한 것이 빠져서 없다. 사물을 바로 분별하거나 꿰뚫어 볼 줄 모른다.(= 一番重要なことが抜けていること。事物をすぐ分別できないし突き通すこともできないこと。)

12) 가뭄은 아무리 심하여도 얼마간은 거둘 것이 있지만, 큰 장마가 진 뒤에는 아무것도 거둘 것이 없다. 가뭄에 의한 재난보다 장마로 인한 재난이 더 무서움.(= 가뭄 그루터기는 있어도 장마 그루터기는 없다, 日照りによる災難より、梅雨による災難がもっと恐ろしいこと。)

日照(ひで)りの終りはあっても、梅雨(つゆ)の終りはない。

8. 자서전 : 自叙伝(じじょでん, autobiography), 自伝(じでん), 回想録(かいそうろく, memoirs), 回顧録(かいころく), 自伝的エッセー[= essay, 随筆(ずいひつ)]

▸ 버트랜드 러셀(=Bertrand Russell) 자서전은, 너무나 유명하기 때문에 한번 읽어야 됩니다.
バートランド・ラッセルの自叙伝は、非常に有名なので一度読むべきです。

▸ 마이크로 소프트사의 회장인 빌・게이츠 씨가, 최근 자서전이라 할 수 있는 저서를 발간했다.[자서전, yp]
マイクロソフト社の会長であるビル・ゲイツ氏が、最近自叙伝とも言うべき著書(ちょしょ)を発刊した。

▸ 자서전은, 자기 자신이 직접 본 자신의 생애・인생을 기술한 것이다.
自伝は、自分自身の眼から見た自分の生涯(しょうがい)・人生を記述(きじゅつ)したものである。

▸ 이것은, 25년간의 미용사 인생을 210페이지로 정리한, 일본 미용계에 최초의 자서전이다.
これは、25年間の美容師(びようし)人生を210ページにまとめた、日本美容界(かい)での初(はつ)の自伝だ。

▸ 회상록은, 자신의 생애를 뒤돌아보며 이야기하는 것으로, 회상기・회고록이라는 명칭도 있다.
回想録は、自分の生涯を回顧的に語るもので、回想記・回顧録といった名称(めいしょう)もある。

▶ 탤런트이며 배우로서도 영화나 텔레비전에서 활약 중인 그가, 첫 자서전(자전적 에세이)을 출판했다.
タレントで俳優としても、映画やテレビに活躍している彼が、初の自伝的エッセイを出版した。

9. 심경(심정, 기분) : 心境(しんきょう), 心情(しんじょう), 心のあり方, 気持(きも)ち, 心の状態(じょうたい), 心持(こころきも)ち

▶ 심경은 담담하며 한사람의 남자로서 대한민국 국민으로서 의무를 완수하러 가는 것으로 생각한다.[국방의무, kr]
心境は淡々(たんたん)としており、ひとりの男として大韓民国の国民としての義務(ぎむ)を果(は)たしに行くことだと考える。

▶ 호시탐탐은, 호랑이가 눈을 부릅뜨고 먹이를 노려본다는 의미이며, 범띠에 열리는 월드컵을 준비하는 결연한 심경을 호랑이에 비유했다.[축구감독, 중앙]
'虎視眈眈'(こしたんたん)は、トラが目を大きく見開いてエサをにらみつけるという意味で、寅年(とらどし)に行われるW杯(はい)を準備する決然(けつぜん)とした心境をトラに喩(たと)えたものである。

▶ 사망한 군인유족의 심정은 알고도 남음이 있다.[천안함, 중앙]
亡くなった軍人遺族(ぐんじんいぞく)の心情は察(さっ)するに余(あま)りある。

▶ 고대인의 심정을 구체적으로 나타낸 예술품으로써, 세계적으로도 높은 평가를 받고 있다.[고미술, yp]

古代人(こだいじん)の心のあり方を具現化した芸術品(げいじゅつひん)として、世界的にも高い評価(ひょうか)を得(え)ている。

▶ 승차 중에는 에티켓을 지켜 상쾌한 기분으로 여행하고 싶네요.
乗車中(じょうしゃちゅう)は、エチケットを守り、すがすがしい気持ちで旅(たび)したいものですね。

▶ 기분이 좋을 때도 있다면, 나쁠 때도 있습니다. 적극적일 때도 있으면 무기력할 때도 있지요.
心の状態が良い時もあれば、悪い時もあります。強気(つよき)の時もあれば、弱気(よわき)の時もあります。

▶ 병은, '기'에서 라고 하듯이 심경이 중요하다. 특히 플러스적인 감정이 중요하다. 다른 사람을 원망하거나 미워하면 병에 걸리기 쉬운 것이다.[마음, yp]
病(やまい)は、気からと言われるように心持ちが大切だ。特にプラスの感情が大切だ。人を恨(うら)んだり、憎(にく)んだりすると病気になりやすいのだ。

10. (사실 등을) 밝히다 : 明(あ)かす, 明(あき)らかにする, 聞(き)き質(ただ)す, 実証(じっしょう)する

▶ 그는 재판에서 자신의 결백함을 밝혔다.
彼は、裁判(さいばん)で身(み)の潔白(けっぱく)を明かした。

▶ 사건의 재발을 방지하기 위해서, 원인을 밝히고 대책을 세울 필요가 있겠지요.
事件(じけん)の再発(さいはつ)を防止(ぼうし)するために、原因(げんいん)を明らかにし、対策(たいさく)を立てる必要があ

るでしょう。

▶ 그 사건에 대해 자신의 블로그에 소문의 진위를 (물어) 밝혔다.
その出来事に対して、自分のブログでうわさの真偽(しんぎ)をききただした。

▶ 실험의 결과, 박사가 주장한 학설이 맞다는 것이 밝혀졌다.
実験の結果、博士の唱(とな)えた説(せつ)が正(ただ)しいことが実証された。

cf) (밤을) 밝히다 : 明(あ)かす, 徹夜(てつや)する

▶ 오래간만에 만났기 때문에 밤새 이야기로 밤을 밝혔다(밤을 샜다).
久(ひさ)しぶりに会ったので、一晩じゅう語(かた)り明かした。

▶ 오늘밤은 밤을 밝히지 않으면 끝이 안 날 것이다.
今晩(こんばん)は徹夜しないと、仕事が片付(かたづ)かないだろう。

11. 후계(자) : 後継(こうけい), 後継者(こうけいしゃ), あとつぎ(後継ぎ, 跡継ぎ), 後釜(あとがま)

▶ 북한은 대남, 대미 관계 정상화를 통해 심각한 경제난을 해소하고 후계구도의 안착을 위한 대외환경 조성에 나설 필요가 있다.[북한의 출구전략, 중앙]
北朝鮮は、韓国、米国との関係正常化(せいじょうか)を通じて深刻な経済難を解消(かいしょう)し、後継構図の安着に向けた対外環境づくりに乗り出す必要がある。

▶ 그는, 나치당 정권하의 독일에 있어서 히틀러의 후계자로 지

명되는 등 높은 정치적 지위를 차지했다.

彼は、ナチ党政権下(せいけんか)のドイツにおいて、ヒトラーの後継者に指名されるなど高い政治的地位を占めた。

▸ 후계가 없기 때문에 그의 예능은, 일대에 한할 것이다.

跡継ぎがないので、彼の芸(げい)は、一代限(いちだいかぎ)りで消えてしまうだろう。

▸ 오늘 개각경질 발표에 의하면, 문화체육부장관 후임에 차관을 앉혔다.[개각, kr]

今日の内閣更迭(ないかくこうてつ)の発表によると、文化体育部長官(ちょうかん)の後釜に次官(じかん)を据(す)えた。

12. 언급하다 : 触(ふ)れる(自), 言及(げんきゅう)する, 言(い)い及(およ)ぶ, 説(と)き及ぶ, 論及(ろんきゅう)する

▸ 개인의 사생활에는 언급하지 않기로 한다.

個人(こじん)のプライバシーにはふれないことにする。

▸ 그의 강연은, 현실적인 해결책을 전혀 언급하지 않아, 도저히 경청할 만한 것이라 말하기 어렵다.

彼の講演は、現実的な解決策(かいけつさく)に全く触れておらず、とうてい傾聴(けいちょう)に値(あたい)するとは言いがたい。

▸ 여당 대표는 내년 헌법 개정에 관하여 언급했다.

与党代表は、来年憲法改正(けんぽうかいせい)に関して言及した。

▸ 이 연구 목차에는 세부까지 언급하고 있다.

この研究の目次(もくじ)には、細部(さいぶ)にわたるまで言及されている。

▸ 그는 강연 중에서 유네스코에 대하여 언급했다.

彼は講演の中でユネスコのことに<u>言い及ん</u>だ。

▶ 발표자는, 근대일본의 '사소설'이 가지는 윤리성과 종교성에 언급하고 있다.

発表者は、近代日本の`私小説`(ししょうせつ)が持つ倫理性(りんりせい)と宗教性(しゅうきょうせい)にまで<u>説き及ん</u>でいる。

▶ 이 병의 세부까지 <u>언급하</u>면 환자는 이해할 수 없다.

この病気の細部(さいぶ)まで<u>論及すれ</u>ば患者は理解できない。

13. (시험 · 선거 등에) 떨어지다 : 落(お)ちる, 落選(らくせん)する

▶ 선거에 <u>떨어진</u> 분들은, 다음 선거까지 무엇을 하면서 보내시는지요?

選挙に<u>落ち</u>た方たちは、次の選挙まで何をして過(すご)すんでしょうか。

▶ 이 영화의 주인공은, 사법고시에 <u>떨어졌</u>다는 이유만으로 결혼식 당일에 그녀에게 버림받는다.

この映画の主人公は、司法考試(しほうこうし)に<u>落ち</u>たという理由だけで結婚式当日(とうじつ)に彼女に捨(す)てられる。

▶ 콩쿠르에서 <u>떨어진</u> 형은 이번이야말로 걸작을 만들어 보이겠다며 열을 토하고 있다.

コンクールで<u>落選し</u>た兄は、今度こそ傑作(けっさく)をものにしてみせると熱(いき)り立(た)っている。

cf) 떨어지다 : 落下(らっか)する, 取(と)れる, 散(ち)る, 下(さ)がる, 離(はな)れる, 下(くだ)る, 切(き)れる, 劣(おと)る

▶ 핵폭발 방법은, 지상에 영향은 있겠지만, 운석이 떨어져 피해를 보는 것보다 나은 방법일 것이다.[核, yp]

核爆発(かくばくはつ)の方法は、地上に影響は出るだろうが、隕石(いんせき)が落下して被害を受けるよりはましな方法なんだろう。

▶ 가방에 달라붙은 껌이 아무리 해도 떨어지지 않는다.

かばんにくっついたガムが、どうしても取れない。

▶ 어젯밤 강풍으로 백일홍과 장미꽃이 모두 떨어졌다.

昨夜(さくや)の強風(きょうふう)で、サルスベリとバラの花がみんな散ってしまった。

▶ 물가가 떨어진다는 것은 좋지 않은 것인지.

物価が下がるってのは、悪いことなのか。

▶ 서울에서 학교를 다니고 있어 부모와 떨어져 산다.

ソウルで学校に通っているので、両親と離れて暮している。

▶ 전쟁터에서는 명령이 떨어지기가 무섭게 행동으로 옮겨야한다.

戦場(せんじょう)では、命令が下るや否(いな)や行動(こうどう)に移(うつ)すことだ。

▶ 축구시합이 있는 날에는, 붉은악마 티셔츠가 다 떨어진다(품절된다).

サッカーの試合がある日は、レッドデビルスのティーシャツは売り切れになる。

▶ 중국산 물건은 품질은 떨어지지만(좋지 않지만), 가격이 매우 싸다.

中国産の物は品質(ひんしつ)は劣るが、値段は非常に安い。

14. ~에 불과하다 : ~に過(す)ぎない, ~でしかない

▶ 달에 간다느니 하는 것은 40년 전까지는 그저 상상에 불과했던 것이다.
月(つき)に行くなんてことは四十年前までは、ただの想像(そうぞう)にすぎなかったことだ。

▶ 지금까지 말한 것은 개인적인 견해에 불과하다.
今まで言ったのは、私見(しけん)に過ぎないものである。

▶ 인간에게 있어서 자연이란 무엇일까? 결국 인간도 자연의 일부에 불과하다.[자연, yp]
人にとって自然とは何だろう。結局のところ、人も自然の一部でしかない。

▶ 프로 레슬링을 가족들이 같이 모여 볼 수 있었던 시절, 지금은 전설에 불과한 것인가?[레슬링, yp]
プロレスを家族揃(そろ)って観(み)ることができた時代、今では伝説(でんせつ)でしかないのか。

cf) 불과 : ほんの(연체), ものの(연체), わずか(부)

▶ 저 사람은 불과 100미터 정도인 곳에 가는 데도, 걷지 않고 차를 탄다.
あの人は、ほんの百メートルほどの所へ行くにも、歩かずに車に乗るのだ。

▶ 집에서 대학까지 걸어가면 불과 10분도 안 걸린다.
うちから大学まで歩いていくと、ものの十分もかからない。

▶ 내가 서울역에 도착했을 때, 불과 5분 차이로 기차는 떠나 버렸다.

私がソウル駅に着いた時、わずか五分まえに汽車は出てしまっていた。

▶ 그녀는, 피겨스케이트 대회에서 불과 2점차이로 우승했다.

彼女は、フィギュアスケーティング大会でわずか2点差で優勝(ゆうしょう)した。

15. 결코 : 決(けっ)して, 断(だん)じて, 絶対(ぜったい)

▶ 지진에 대해서는 언제 일어날지 결코 방심은 할 수 없다.

地震(じしん)にかんしては、いつ起こるか決して油断(ゆだん)はできない。

▶ 그 선생님은 남들로부터 좋은 평판은 듣지 않지만 결코 나쁜 사람은 아니다.

あの先生は、人に悪く言われるが、決して悪い人間ではない。

▶ 다수가 정의를 갖는다는 것은 결코 없다!

多数(たすう)が正義(せいぎ)を行なうことは断じてない!

▶ 오늘 시합에서 우루과이에게는 결코 질 수 없는 게임이잖아.

きょうの試合で、ウルグアイには絶対負(ま)けられないよね。

16. 소감(감상) : 所感(しょかん), 感想(かんそう)

▶ 박 시장은 당선 소감을 일목요연하게 알기 쉽게 말했다.

パク市長は、当選(とうせん)の所感を一目瞭然(いちもくりょうぜん)に分かりやすく述べた。

▸ 선생님은 숙제로 신년 소감을 800자로 써 오라고 말씀하셨습니다.

先生は、宿題で年頭(ねんとう)の所感を800字で書いて来いと言われました。

▸ 우승 소감을 부탁할까요? 특별히 없어요.

優勝のご感想はいかがですか。 とくにありません。

▸ 독서의 의의, 독서 감상문을 쓰는 요령 등이 구체적으로 설명되어 있다.

読書の意義、読書感想文を書くコツ等が具体的(ぐたいてき)に説明されている。

17. (대)응하다 : 応(おう)じる, 応(おう)ずる, 対応(たいおう)する, 答(こた)える

▸ 그 교수는, 세미나 직후 호텔 티룸에서, 바쁘신 가운데도 기분 좋게 인터뷰에 응해 주셨다.

その教授は、セミナーの直後(ちょくご)ホテルのティールームで、お忙しいなかにも快(こころよ)くインタビューに応じてくださった。

▸ 소방서 요원은, 항상 소집에 응할 수 있도록 다음 사항을 준수해야 한다.[규정, yp]

消防署員(しょうぼうしょいん)は、常(つね)に召集(しょうしゅう)に応ずることができるように、次の事項(じこう)を遵守(じゅんしゅ)しなければならない。

▸ 이 문제에 대해 어떻게 응해야 할지, 전문가 분들의 폭넓은 의견을 듣고 싶습니다.

この問題についてどう対応すべきか、専門家の方々(かたがた)

の幅広い意見をうかがいたいと思います。

▸ 질문이 있으면 그때마다 응할 테니, 사양하지 말고 손을 들어 주세요.

質問がありましたら、その都度(つど)答えますので、遠慮(えんりょ)なく手を挙(あ)げてください。

18. 뛰어들다 : 身(み)を投(とう)じる，飛(と)び込(こ)む，駆(か)け込む，乗(の)り込む，掛(か)かり合(あ)う，躍(おど)り込む

▸ 다음은, 세계 각국의 연예인이나 스포츠선수가, 정계에 뛰어든 '탤런트 정치가'에 관한 뉴스입니다.[정치가, yp]

次は、世界各国の芸能人(げいのうじん)やスポーツ選手が政界(せいかい)に身を投じた'タレント政治家'に関するニュースです。

▸ 그는 사건의 와중에 뛰어들어 굉장히 힘들어 한다.

彼は、事件の渦中(かちゅう)に飛びこんでひじょうにこまっている。

▸ 탈북자 7명이 하노이의 타이 대사관에 뛰어들었다.

脱北者(だっぽくしゃ)七人が、ハノイのタイ大使館に駆け込んだ。

▸ 도중에 비를 맞아 가게의 처마 밑으로 뛰어들었다.

途中で雨に降られたので、店の軒下(のきした)に駆け込んだ。

▸ 친구의 아버지는 6.25전쟁 때 적지에 뛰어들어 몸을 바쳤다.

友だちのお父さんは、六二五戦争(朝鮮戦争)のごろ、敵地(てきち)に乗り込んで身(み)をささげた。

▸ 주임 형사는 마약사건에 뛰어들어 범인을 잡았다.

主任刑事(しゅにんけいじ)は、麻薬事件(まやくじけん)に掛かり合って犯人を逮捕(たいほ)した。

▸ 자객이 질풍같이 뛰어들어 두 사람의 생명을 구해낸 것은, 최고의 장면이었다.[영화, yp]

刺客(しかく)が疾風(しっぷう)の如(ごと)く躍り込んで、二人の生命を奪(うば)い返(かえ)したのは、最高の場面だった。

19. 꿈 : 夢(ゆめ), ドリーム(= dream), 意志(いし), 熱望(ねつぼう)

▸ 꿈에도 생시에도 그 사람이 생각나서 견딜 수 없어요.

夢にも現(うつつ)にも、あの人のことが思われてなりません。

▸ 꿈이란, 수면 중에 일어나는 체감 현상의 일종을 말한다.[夢, yp]

夢とは、睡眠中(すいみんちゅう)に起こる体感(たいかん)現象(げんしょう)の一種(いっしゅ)である。

▸ 상품에 대한 매스컴 정보나 사내행사 등 꿈의(환상적인) 정보를 재빨리 전해드리겠습니다.[정보, yp]

商品のプレスリリース(press release)や社内行事(ぎょうじ)など、ドリームの情報をいち早くお届(とど)けします。

▸ 2002년 한일 월드컵 때, 거스・히딩크(= Guus Hiddink)감독이 '나는 아직도 배고프다'고 했듯이, 8강 이상의 성적을 거두고 싶다는 강렬한 꿈(의지)의 표현이다.[월드컵, 동아]

2002年韓日W杯(ダブリューはい)の時、フース・ヒディンク監督が、`私はまだまだお腹がすいている`と言ったのは、ベスト8以上の成績をあげたいという強い意志の現(あらわ)れだ。

▸ 8강에 가고 싶은 꿈(열망)이 있었지만 너무 아쉽다. 선수들이 최선을 다해줘 고맙게 생각한다.[감독, 동아]

ベスト8に勝ち進みたいという熱望があったが、残念でたまらない。しかし最善(さいぜん)を尽(つ)くしてくれた選手たちに感謝する。

20. 버리다 : すてる(捨てる, 棄てる), 見捨(みす)てる, 見放(みはな)す

▸ 그를 이해하고 싶으면, 우선 네가 가지고 있는 편견을 버려야 한다.
彼のことを理解したいのなら、まずきみの持っている偏見(へんけん)を捨てるべきだ。

▸ 버리는 신이 있으면 줍는 신도 있다.[13]
捨てる神あれば、拾(ひろ)う神あり。[ことわざ]

▸ 올바른 도리를 지켜 몸을 버리다(내던지다).
道義(どうぎ)を守(まも)って身(み)を棄てる。

▸ 그 시장은 대단해요! 완전히 자기 몸을 버리면서(내던져) 시민을 위하여 노력하는 사람입니다.[모범시장, yp]
その市長は凄い! 完全に身(み)を棄てて市民のために尽(つ)くす人です。

▸ 그는 신에게 버림받은 인간일지도 모른다.
彼は、神様に見捨てられた人間かも知れない。

▸ 힘들어하는 친구를 본체 만체 버리다니 야박한데.
こまっている友(とも)を見捨てるとは、薄情(はくじょう)だね。

▸ 의사에게 버림받은 중환자가 완치되었다.
医者から見放された重病人(じゅうびょうにん)が完治(かんち)した。

---

13) 세상은 넓으므로 한편에서 버림받더라도, 다른 한편에서는 도움을 받게 되는 경우도 있다는 말이다. (= 捨てる神あれば助ける神あり。自分に愛想をつかして相手にしてくれない人もいる反面、親切に助けてくれる人もいるものだ。困ったことがあっても、くよくよするなということ。[広])

일본어번역문 12-A

鄭周永(チョン・ジュヨン)現代グループ名誉会長が久しぶりにマスコミに姿を見せた。去る92年の大統領選挙後、言論機関とのインタビューをずっと拒絶してきた鄭名誉会長は最近、月刊朝鮮(10月号全文掲載)とのインタビューで『試練はあっても失敗はない』という彼の自叙伝の題目のように最近の心境を明きらかにして現代グループの後継に関して言及した。

彼は「92年の大統領選挙に落選したことは失敗ではなく一つの試錬にすぎないだけであり、絶対これを後悔したことはない」と感想を語った。鄭名誉会長は去る10日、現代グループのソサン農場で3時間のインタビューに答えて、「自分が92年の当時の政治に飛び込んだのは何より南北統一を実現させて見ようという思いからしたこと」と言いながら「いまでも政治への夢をすててはいない」と語った。

일본어번역문 12-B

鄭周永(チョン・ジュヨン)現代グループ名誉会長が久しぶりにマスコミの前に姿を現わした。去る92年の大統領選挙後、マスコミとのインタビューをずっと拒絶しつづけてきた鄭名誉会長は最近、月刊朝鮮(10月号に全文掲載)とのインタビューで『試練はあっても失敗はない』という彼の自伝の題目のように最近の心境を明かして現代グループの後継者に関して触れた。

彼は「92年の大統領選挙に落選したことは失敗ではなく一つの試練でしかなく、決してこれを後悔したことはない」と所感を明らかにした。鄭名誉会長は去る10日、現代グループのソサン農場で3時間のインタビューに応じて「自分が92年の当時、政治に身を投じたのは何より南北統一を実現させたいという信念からである」と述べながら「いまでも政治への熱望を捨てていない」と語った。

13장 교통질서를 지키자

한국어문

12일 저녁 방영된 MBC 프로그램에서 개그맨 이 경규 씨는, 건널목에서 횡단보도 앞 정지선에 차량들이 제대로 멈춰 서는지 몰래카메라로 조사했다. 이 프로는 한 방향 4 차선도로에서 4대의 차량이 동시에 정지선과 신호를 지키는 경우, 4개의 대형 냉장고를 선물하려고 준비하고 새벽 5시부터 지켜보기 시작했다. 그러나 불행히도 그날 오후 5시까지 12시간 동안 정지선을 동시에 제대로 지킨 경우는 끝내 발견되지 않았다. 〈중략〉

신호등과 차선은 우리끼리의 약속이다. 우리의 삶은 약속의 연속이다. 약속이 없이는, 약속을 지키지 않고서는 이 혼돈의 세상을 헤쳐 갈 도리가 없다. 새벽 빈 거리에 나다니는 행인이 없어도 빨간 불에 차를 멈추는 것은, 약속 때문이다. 약속을 지키지 않는 버릇이 계속되면 언젠가 대형 참사가 우리를 괴롭힐 수 있다.[교통질서를 지키자, 교통, 조선]

한자어휘

방영 : 放映(ほうえい)
프로그램 : 番組(ばんぐみ)
건널목 : 踏(ふ)み切(き)り
횡단보도 : 横断歩道(おうだんほどう)
정지선 : 停止線(ていしせん)
차량 : 車両(しゃりょう)
몰래카메라 : 隠(かく)しカメラ
조사 : 調査(ちょうさ)
방향 : 方向(ほうこう)
편도 : 片側(かたがわ)
4차선 : 四車線(よんしゃせん)
도로 : 道路(どうろ)
신호등 : 信号灯(しんごうとう)
삶 : 人生(じんせい), 生(せい)
연속 : 連続(れんぞく)
냉장고 : 冷蔵庫(れいぞうこ)
준비 : 用意(ようい)
불행 : 不幸(ふこう)
혼돈 : 混沌(こんとん)
세상 : 世間(せけん)
행인 : 行人(こうじん)
대형 참사 : 大惨事(だいさんじ)

어휘 및 어구

1. 방영하다 : 放映(ほうえい)する(= be televised), 映(うつ)す(他)

▸ 일본에서는 거의 매일 코미디 프로가 방영되고 있다.
日本ではほぼ毎日、お笑い番組(ばんぐみ)が放映されている。

▸ 우주왕복선인 '스페이스 셔틀'(= Space Shuttle) 발사 모습은 전 세계에 방영되었다.[우주, kr]
宇宙往復船(うちゅうおうふくせん)の'スペースシャトル'打上

(うちあ)げの模様(もよう)は、全世界に放映された。

▸ 스크린에 개구리의 성장 모습이 단계적으로 방영되었다.
스크リーンに、カエルの成長(せいちょう)の様子が段階を追(お)って映し出(だ)された。

▸ 영화관은, 단지 영화를 상영하는 것만의 건물이 아니고, 추억들이 가득 들어찬 공간입니다.[영화관, yp]
映画館は、ただ映画を映すだけの建物ではなく、想(おも)い出(で)がいっぱい詰(つ)まっている空間なのです。

2. 개그맨 : ギャグマン(= gagman), コメディアン(= comedian)

▸ 개그맨이라는 말은, 스스로를 개그맨이라고 칭한 전 유성이 만든 한국식 영어이다. 기존의 소란스러운 한국 코미디에서 탈피해, 순수하게 말로 웃기는 사람들을 개그맨이라 했다.[한국의 웃음, kr]
ギャグマンという言葉は、自(みずか)らをギャグマンであると称(しょう)したチョン・ユソンが作った、韓国式英語である。既存(きぞん)のドタバタした韓国コメディから脱却(だっきゃく)し、純粋(じゅんすい)に言葉で笑わせる人たちのことをギャグマンと言った。

▸ 코미디언이란, 코미디 즉 희극을 연기하는 배우를 가리킨다.
コメディアンとは、コメディ即(すなわ)ち、喜劇を演(えん)じる俳優を指(さ)す。

▸ 한국에서는 코미디언을 많이 배출하는 지역이 있다고 한다. 중부에 위치하는 충청도이다.[충청도, kr]
韓国では、コメディアンを多く輩出(はいしゅつ)する土地(とち)があるそうだ。中部に位置する忠清道(チュンチョンド)である。

cf) 희극배우 (어릿광대, 익살꾼, 피에로, 크라운) : 喜劇俳優(きげきはいゆう), 道化師(どうけし, 어릿광대), 道化者(どうけもの), ピエロ(= pierrot), クラウン(= crown)

▶ 오늘은 채플린 데이. 1889년 4월 16일, 20세기 최대의 영화감독이자 희극배우인 찰스 채플린(= Charles Chaplin)이 영국에서 태어났다.[채플린, yp]
今日はチャップリンデー。1889年4月16日、20世紀最大の映画監督であり、喜劇俳優であったチャールス・チャップリンがイギリスで生まれた。

▶ 어릿광대 혹은 익살꾼이라고 하면, 서양의 피에로나 크라운으로 대표되는 트릭스터(협작꾼)가 연상된다.
道化師、あるいは道化者というと、西洋のピエロやクラウンに代表されるトリックスター[14]が連想(れんそう)される。

▶ 어릿광대 또는 익살꾼이란, 우스꽝스러운 모습, 행동, 언동 등을 하여 타인을 즐겁게 하는 사람이라고 한다.[語源, yp]
道化師または道化とは、滑稽(こっけい)な格好、行動(こうどう)、言動(けんどう)などをして他人を楽しませる者という。

▶ 일본에서는 서커스 등에 나오고, 코믹 등을 담당하는 화려한 모습을 한 사람을 피에로라 하는데, 구미에서는 크라운으로 불린다고 합니다.

14) 'trikster'로 쓰며, 신화와 민화 등에 등장하여 모든 질서를 바로잡는 영웅과 같은 인물을 말한다.

日本ではサーカス等に出て、コミックなどを担当する派手(はで)な格好(かっこう)をした人をピエロといいますが、欧米(おうべい)ではクラウン[15]と呼ばれるそうです。

3. 건널목 : ふみきり(踏切・踏み切り), 交差点(こうさてん)

▸ 철도의 건널목을 건널 때는 항상 주의해야한다.
鉄道(てつどう)の踏切を渡(わ)たる時は、いつも注意しないといけない。

▸ 무인 건널목을 건널 때는, 반드시 열차가 오지 않는 것을 확인해 주세요.
無人(むじん)踏み切りを渡る時は、必ず列車が来ないことを確認してください。

▸ 학교에 등교할 때, 건널목을 건너야 되기 때문에 항상 위험합니다.
学校へ登校するとき、交差点を横切(よこぎ)らなくてはならないので、いつも危険です。

▸ 건널목에서의 대부분 사고는, 멀리까지 잘 보이지 않는 경우에 일어난다.
交差点での事故のほとんどは、見通(みとお)しのきかないケースに発生する。

---

15) 피에로의 모습이 왕관(= crown)과 닮은 것에서, 일본에서는 크라운을 피에로로 말하게 되었다고 한다.(ピエロの外見がクラウンと似ていたことから、日本ではクラウンをピエロというようになったそうだ。<語源, yp>)

4. **제대로 :** きちんと，ちゃんと，立派(りっぱ)に，よく，うまく，十分(じゅうぶん)に，ろくに，満足(まんぞく)に，まともに

▸ 스페인의 클래식 기타에 관해서 제대로 공부하고 싶습니다.
スペインのクラシックギターに関してきちんと勉強したいんです。

▸ 그는 자신의 결의를 이야기하려고 자리에서 일어섰지만, 흥분해서 제대로 이야기 할 수 없었다.
彼は、自分の決意(けつい)を話そうと席から立ったが、興奮(こうふん)してちゃんと話せなかった。

▸ 이 다리는, 약 100년에 걸쳐 제대로 그 역할을 했으며 내년에 다시 건설하게 된다.
この橋(はし)は、約百年にわたって立派にその役(やく)を果(は)たし、来年架(か)け替(か)えられる。

▸ 지금부터 내가 하는 말을 제대로 주의해서 들어요.
これから私の言うことをよく注意して聞きなさい。

▸ 그는 신중하게 생각하는 사람이라서, 아마 틀림없이 제대로 할 것입니다.
慎重(しんちょう)な彼(かれ)のことだから、おそらくうまくやるに違(ちが)いない。

▸ 아브라함・링컨은 제대로 교육도 받지 못했지만 나중에 위대한 대통령이 되었다.
エイブラハム・リンカーン(= Abraham Lincoln)は、十分に教育も受けられなかったがのちに偉大(いだい)な大統領になった。

▸ 누구라도 제대로 일도 하지 않고 흡족한 급료를 받을 리 없다.
だれでもろくに働(はたら)きもしないで、いい給料(きゅうりょ

う)をもらえるはずがない。

▶ 그 학생은 이렇게 쉬운 문제에도 제대로 대답하지 못했다.
あの学生は、こんな易しい問題にも満足に答えられなかった。

▶ 베란다에 있는 분재는 제대로 햇볕을 받아 아름답게 꽃이 피었다.
ベランダの盆栽(ぼんさい)は、まともに日光(にっこう)を浴(あ)びて花がきれいにさいた。

5. 멈추다 : 止(と)まる(自), 休(やす)む, 留(とど)める, 止(や)む, 上(あ)がる, 止(と)める(他)

▶ 차가 붐벼서 자주 멈추어 앞으로 나아가지 않는다.
車が込(こ)んで、たびたび止まって前に進(すす)まない。

▶ 엔진이 과열됐으니까, 잠깐 멈추게 하는 편이 좋겠다.
エンジンが過熱(かねつ)したから、少し休ませたほうがいい。

▶ 걸음을 멈추고 하늘을 올려다보니 말끔히 개어 있다.
足を留めて空を見上げると、すっきり晴れている。

▶ 큰 나무 밑에 잠시 비를 피하고서, 비가 멈추기를 기다렸다.
大きな木の下で雨宿(あまやど)りをして、雨がやむのを待った。

▶ 사람 발소리가 난 순간, 풀숲에 떼지어 모인 벌레 소리가 갑자기 멈췄다.
人の足音(あしおと)がした瞬間(しゅんかん)、草(くさ)むらにひそんだ虫の音がはたとやんだ。

▶ 비가 멈추자 그때까지 낮았던 기온이 쑥쑥 올랐습니다.
雨が上がると、それまで低かった気温もぐんぐん上がってきました。

▸ 딸꾹질을 하던 애기가 천둥소리에 놀라 딸꾹질을 뚝 멈쳤다.
しゃっくりをしていた赤(あか)ん坊(ぼう)が、雷(かみなり)の音に驚(おどろ)いてしゃっくりをピタッと止めた。

6. 조사하다 : 調(しら)べる, とり調(しら)べる, 調査(ちょうさ)する, 閲(けみ)する, 確(たし)かめる

▸ 일전의 지진 규모는, 관측사상 몇 번째 정도인지 기록을 조사해 보았다.
この間の地震の大きさは、観測史上(かんそくしじょう)何番目くらいだろうかと、記録を調べて見た。

▸ 사건을 조사하기 위해 경찰은 지나가던 남자에게 말을 걸었다.
事件をとり調べるために、警官(けいかん)は通(とお)りかかった男に声をかけた。

▸ 비행기가 추락했으므로 그 원인을 조사해야 한다.
飛行機が墜落(ついらく)したので、その原因(げんいん)を調査しなければならない。

▸ 20년 전의 대일관계의 문헌을 조사하려고 합니다.
20年前の対日(たいにち)関係の文献(ぶんけん)を閲しようとします。

▸ 재봉틀 구조를 조사하고 싶어서, 여러 개로 분해했더니 조립할 수 없게 되어 버렸다.
ミシンの構造(こうぞう)を確かめたくて、ばらばらに分解(ぶんかい)したら、組(く)み立(た)てられなくなってしまった。

7. 차선 : 車線(しゃせん), 車線道路(しゃせんどうろ)

▸ 무리한 추월을 하여 차가 중앙차선을 넘어서는 것은 매우 위험합니다.

無理な追い越しをかけて、車が対向(たいこう)車線に出るのは大変危険です。

▸ 차선이란, 차도 통행을 원활하게 이루어질 수 있도록 설치되는 선이다.

車線とは、車道(しゃどう)の通行(つうこう)を円滑(えんかつ)に行(おこな)えるように設置される線である。[차선, kr]

▸ 도로 개량공사로 인해 2차선에서 4차선으로 확장공사가 실시된다.[도로표시, yp]

道路改良(かいりょう)工事により、2車線道路から4車線道路に拡幅(かくふく)工事が行われる。

8. **(신호 · 약속 등을) 지키다 :** 守(まも)る, 従(したが)う, 遵守(じゅんしゅ)する

▸ 비록 약속은 지키지 못했지만, 역대 일본감독 중 이처럼 독기를 품고 명확한 목표를 정해 달려든 감독은 없었다.[일본감독, 중앙]

たとえ約束は守れなかったとしても、歴代(れきだい)の日本代表監督のうち、これほどの覚悟を抱(いだ)いて明確な目標に向かっていった監督はいなかった。

▸ 世종市 원안 고수를 주장해온 한나라당 박 전대표는, 이례적으로 직접 반대토론에 나서, 약속은 반드시 지킨다는 신뢰가 있어야 한다고 말했다.[세종市, 동아]

世宗市原案固守(げんあんこしゅ)を主張してきたハンナラ党

の朴(パク)元代表は、異例(いれい)にも反対討論に立ち、約束は必ず守るという信頼がなければならない、と主張した。

▸ 방송통신위원회는, 남아프리카공화국 월드컵을 단독 중계한 SBS에 대해 중계권 협상 관련 시정명령을 지키지 않은 이유로, 19억7000만원의 과징금을 부과했다.[중계권, 동아]
放送通信委員会は、サッカー・ワールドカップ(W杯)南アフリカ大会を単独で中継したSBSに対して、中継権交渉に関する是正(ぜせい)命令に従わなかったとして19億7000万ウォンの課徴金(かちょうきん)を課した。

▸ 한국은 평화헌법을 지키고 비핵 3원칙을 견지해야한다.
韓国は、平和憲法を遵守し、非核三原則(ひかくさんげんそく)を堅持(けんじ)すべきである。

9. 선물(을) 하다 : 贈(おく)り物(もの)をする, プレゼント(= present)する

▸ 친구의 결혼을 축하하여 뭔가 선물을 해야하는데 무엇이 좋을까?
友だちの結婚祝(いわ)いに何か贈り物をしなければならないのだが何がいいだろうか。

▸ 선물하는 초콜릿의 1인당 예산은, 5천원 이상 1만원 미만이 약 7할 전후를 차지하고 있다.[발렌타인데이, yp]
プレゼントするチョコレートの一人当たりの予算は、5千ウォン以上1万ウォン未満が約7割前後を占めている。

cf) 선물 : プレゼント, お土産(みやげ), 内祝(うちいわ)い, ギフト(= gift)

▸ 어제 약혼녀로부터 귀한 선물을 받았다.
昨日婚約者(こんやくしゃ)から大切なプレゼントをいただいた。

▸ 희소식이 부모님에게 무엇보다 좋은 선물이 된다.
吉報(きっぽう)が両親には何よりのおみやげになる。

▸ 딸의 입학선물로 스타벅스(= Starbucks) 커피 잔을 친척에게 나눠 주었다.
娘の入学の内祝いとしてスターバックスのコーヒーカップを親戚(しんせき)に配(くば)った。

▸ 선물카드는, 디씨 선물카드 · 비자 선물카드 등 어느 것이든 1만원 상당분을 보내드리겠습니다.[카드, yp]
ギフトカードは、DCギフトカード、VISAギフトカード等のいずれかの1万ウォン分をお送りいたします。

10. 지켜보다 : 見守(みまも)る, 監視(かんし)する, 見届(みとど)ける, 見張(みは)る

▸ 페널티 킥으로 승부를 가를 때, 모두들 숨을 죽이며 TV화면을 지켜보고 있다.
ペナルティーゴールで勝負を争(あらそ)う時、みんなかたずをのんでテレビの画面(がめん)を見守っている。

▸ 이 그림을 볼 때마다, 어린이를 따뜻하게 지켜보는 작가의 마음이 느껴져 기분이 편안해집니다.
この絵を見るたびに、子供をあたたかく見守る作者の心が感じられ、気持が和(なご)んできます。

▸ 공항 관리원은 사람과 물건의 출입을 엄하게 지켜본다.

空港の管理員は、人と物の出入(でい)りを厳(きび)しく監視する。

▶ 강물이 낮아진 후, 제방의 안전을 지켜보고 나서 집으로 돌아왔다.

川の水がひくくなった後、堤防(ていぼう)の安全を見届けてから家へ帰って来た。

▶ 한밤중에 세 사람이 밖으로 나가 유령의 정체를 지켜보자고 했다.

真夜中(まよなか)に三人で出掛けて行って、幽霊(ゆうれい)の正体(しょうたい)を見届けようと言うことになった。

▶ 선생님이 여기서 주위를 지켜보고 있으니까 편안히 작업을 해요.

先生がここで周囲(しゅうい)を見張っているから、安心して作業(さぎょう)を進めなさい。

▶ 우리들은, 언덕 위에 진을 치고 적의 동태를 지켜보기로 했다.

我々(われわれ)は、丘(おか)の上に陣(じん)を取って、敵(てき)の動(うご)きを見張ることにした。

11. 불행히도(운 나쁘게) ： 不幸(ふこう)に, 不幸にも, 運悪(うんわる)く

▶ 불행히도 그가 탄 배는 항해 중 바다에 가라앉아 버렸다.

不幸に、彼の乗った船は航海中(こうかいちゅう)、海に沈(しず)んでしまった。

▶ 불행하게도 부상으로 인해 선수생명을 잃은 사람 수는 적지 않았다.

不幸にも、怪我(けが)によって、選手生命を失(うしな)った者の数(かず)は少なくなかった。

- 교통사고의 원인은, 사람과 도로, 차, 세 가지 요인이 불행히도(운 나쁘게) 겹쳤을 때에 일어난다.
  交通事故(こうつうじこ)の原因(よういん)は、人と道路と車の三つの要因が、運悪く重(かさ)なった時に起きる。
- 아래층으로 내려오려고 엘리베이터가 움직이기 시작한 순간, 낌새가 좀 이상했는데… 불행히도(운 나쁘게) 이때 지진이 일어나 버렸어요!
  下におりようとして、エレベータが動き出したと思ったとたんに、様子が変(へん)…。なんと運悪くこんな時に地震(じしん)が起きてしまったのです！

12. 끝내 : とうとう, ついに, 結局(けっきょく), 飽(あ)くまでも

- 올해는 이제 괜찮다고 생각했는데, 끝내 남태평양에서 태풍이 발생했다.
  今年は、もう大丈夫(だいじょうぶ)だと思っていたのに、とうとう南太平洋(みなみたいへいよう)から台風(たいふう)が発生した。
- 한번 가 보려고 벼르기만 하다가 끝내 가질 못했다.
  いっぺん行って見ようと思うばかりでついに行けずじまいだった。[16)]

---

16) ~じまい : (접미, V+否定의 조동사 「ず」에 붙어) ~안하고 말다
  ▶ 彼の手紙には返事を出さ**ず**じまいだった。
  (그이의 편지에 답장을 하지 않고 말았다.)
  彼はとうとうその結果を聞か**ず**じまいだった。

▸ 바로 눈앞에서 몇 번이나 반복했지만, 그 마술의 속임수는 끝내 알 수 없었다.

目の前で何度(なんど)も繰(く)り返(かえ)してもらったが、その手品(てじな)のたねはついに分からなかった。

▸ 그는 그 말을 꺼낼까 말까 망설였지만 끝내 말하지 않고 돌아왔다.

彼は、その言葉(ことば)を言(い)い出(だ)そうかどうしようか迷(まよ)っていたが、結局言えずに帰って来てしまった。

▸ 모두 그 제안에 찬성했지만 그녀는 끝내 반대했다.

みんなはその提案(ていあん)に賛成したが、彼女は飽くまでも反対した。

13. 발견되다(自) ： 発見(はっけん)される, 見付(みつ)かる, 見出(みいだ)される

▸ 최근 태양보다 몇 배나 더 큰 새로운 별이 발견되었다.

最近太陽より何倍も大きい、新しい星が発見された。

▸ 고문서가 발견되었지만, 문자가 불명료한데다가 파손부분도 많아 판독불가능이다.

古文書(こぶんじょ)が発見されたが、文字(もじ)が不明瞭(ふめいりょう)なうえ、破損(はそん)部分も多く、判読不可能(はんどくふかのう)だ。

▸ 잃어버린 반지가 목욕탕에서 발견되어(찾게 되어), 부인은 기뻐하고 있습니다.

なくなった指輪(ゆびわ)がふろ場で見つかったので、おくさん

(그는 결국 그 결과를 듣지 않고 말았다.)

は喜(よろこ)んでいます。

▶ 아이가 잠든 후 어른들만 맛있는 것을 먹는데, 잠에서 깬 아이에게 발견됐다(들켰다).

子どもが寝たあとで大人(おとな)だけでおいしいものを食べていたら、起きてきた子どもに見つかった。

▶ 그녀는 많은 하급배우 중에서 발견되어(발탁되어) 주역이 되었다.

彼は、大勢(おおぜい)の大部屋(おおべや)俳優(はいゆう)の中からみいだされて主役(しゅやく)になった。

cf) 발견하다(他) : 発見(はっけん)する, 見付(みつ)ける, 見出(みいだ)す

▶ 그 아이의 음악 재능을 처음 발견한 사람은 아이 어머니입니다.

その子供の音楽の才能を最初に発見したのは、その子のお母さんです。

▶ 산길을 걸어가고 있는 도중 안내판에, 귀여운 꽃이 장식되어 있는 것을 발견했다.

山道を歩いていたら途中(とちゅう)の道しるべに、かわいい花が飾(かざ)られているのを見付けた。

▶ 누구라도 일찍 재능을 발견하는 것이 중요합니다.

だれでも早く才能(さいのう)をみいだすことが大事です。

14. ~끼리 : (접미) ~同士(どうし), ~だけで

▶ 아이스하키 장비는 선수끼리의 심한 충돌에도 끄떡도 하지 않게 만들어져 있다.

アイスホッケーの装備(そうび)は、選手同士の激(はげ)しい衝突(しょうとつ)にもびくともしないようにできている。

▶ 지금은 시험기간이니까 우리들끼리 산에 가는 게 좋아.
今頃は試験期間だから、わたしたちだけで山登りに行ったほうがいいね。

cf) 우리끼리(집안끼리) : 内々(ないない), 内輪(うちわ)

▶ 그들은 자기들끼리 한 달에 한번 만나고 있다.
彼らは内々で月に1回会っている。

▶ 이건, 우리끼리 이야긴데… 다른 사람에게는 비밀로 해요.
これは内々の話だから…ほかの人には内緒(ないしょ)にしてね。

▶ '우리끼리의 이야기방' — 우리끼리 잡담 하는 방입니다. 즐겨주세요.[동호인, yp]
'内輪話(うちわばなし)の部屋' — 内輪で世間話(せけんばなし)をする部屋です。楽しんでって下さいね。

▶ 집안끼리의 수치를 밖으로 드러내는 것은 부끄러운 일이야.
内輪の恥(はじ)を外にさらすことは、恥ずかしいことなんだよ。

15. ~없이(는) : ~なしには, ~なく

▶ 모든 사람의 협력 없이는 성공은 가망 없을 것 같다.
全員の協力なしには、成功はおぼつかない。

▶ 거대한 규모의 사업은, 오랜 기간의 노력 없이 완성되지 않

는다.

巨大(きょだい)な規模(きぼ)の事業(じぎょう)は、長年の努力なしには完成されない。

▶ 자갈치시장의 신선한 어패류를 걱정 없이 사계절마다 산해진미를 만끽해 보세요.[자갈치시장, yp]

チャガルチシジャンの新鮮(しんせん)な魚介類(ぎょかいるい)をご心配なく、四季折々(おりおり)の山海(さんかい)の美味(びみ)をご堪能(たんのう)下さい。

▶ 감을 따려하는데, 가지가 부러져 눈 깜짝할 사이도 없이(순식간에) 떨어져 버렸다.

柿(かき)の実(み)を取ろうとしたら、枝(えだ)が折(お)れて、アッという間(ま)もなく落ちてしまった。

16. 혼돈(카오스, 무질서) : 混沌(こんとん), カオス(= chaos), 無秩序(むちつじょ)

▶ 그 당시의 국정은 혼돈과 표류를 거듭했다.

その当時の国政(こくせい)は、混沌と漂流(ひょうりゅう)を繰(く)り返(か)えした。

▶ 그 나라는 정치정세가 혼돈하여 미래를 예측하기 어렵다.

その国は、政情(せいじょう)が混沌としていて未来の見通(みとお)しがきかない。

▶ 카오스의 의미는, 일상용어로써 수습이 되지 않는 상태 또는 손을 쓸 수 없는 상태라는 뜻으로 사용하기도 합니다.[카오스, yp]

カオスの意味は、日常用語としては、収拾(しゅうしゅう)が付かないありさま、また、手の付けようのない状態といった意味で用いたりします。

▸ 카오스, 혼돈은, 창세신화에 자주 등장하는 모티프이므로, 단순한 무질서가 아니고 그곳에서부터 새로운 무언가가 생길 가능성을 시사하는 뉘앙스도 깔려 있습니다.[창세신화, ypl]
カオス、混沌は、創世神話(そうせいしんわ)によく登場するモチーフなので、単なる無秩序ではなく、そこから新たな何かが生まれる可能性を示唆(しさ)するニュアンスも含んでいます。

17. 헤쳐(나)가다 : 切(き)り抜(ぬ)ける, 潜(くぐ)り抜(ぬ)ける, 乗(の)り切(き)る(自), 乗(の)り越(こ)える(自), 切(き)り開(ひら)く, 克服(こくふく)する

▸ 드디어 난국을 헤쳐 갔으니 조금만 더 버티자.
ようやく難局(なんきょく)を切り抜けたから、あと一(ひと)踏(ふ)ん張(ば)りしよう。

▸ 대학 입시의 난관을 그럭저럭 헤쳐 나갈 수 있었다.
大学入試(にゅうし)の難関(なんかん)をなんとか潜り抜けることができた。

▸ 노인은, 인생의 숱한 관문을 헤쳐 나온 기품이 느껴졌다.
老人(ろうじん)には、人生の幾多(いくた)の関門(かんもん)をくぐり抜けてきた風格(ふうかく)が感じられた。

▸ 가족 모두가 힘을 합쳐 고난을 헤쳐 나갔다.
家族全員が力を合わせて苦難(くなん)を乗り切った。(= 자동사이지만 자주 'を'를 동반)

▸ 나는 기력을 다해 이 어려운 시국을 헤쳐 가려고 한다.
わたしは、気力(きりょく)を奮(ふる)い起(お)こして、この難局

(なんきょく)を乗り切ろうとする。

▸ 창업자와 그의 동료들이, 고난을 헤쳐 나가 지금의 회사를 일으킨 것입니다.

創業者(そうぎょうしゃ)とその仲間(なかま)が、苦難(くなん)を乗り越えて今日(こんにち)の会社を築(きず)いたのです。

▸ 덩굴이 친친 얽힌 밀림을 헤쳐 나가자 나일강이 보였다.

つるのぐるぐるともつれ合(あ)った密林(みつりん)を切り開いていくと、ナイル川が見えた。

▸ 등산대는, 혹독한 추위와 식량 부족 등 숱한 어려움을 헤쳐 나가(극복하고) 23일 등정에 성공했다.

登山隊(とざんたい)は、厳しい寒さや食糧不足(しょくりょうぶそく)など幾多(いくた)の困難(こんなん)を克服して、二十三日、登頂(とうちょう)に成功した。

18. 도리가 없다(방법이 없다) : 道理(どうり)がない, すべがない, 仕方(しかた)がない, 仕様(しよう)がない, 手立(てだ)てがない, 方法(ほうほう)がない, どうしようもない, 打(う)つ手(て)がない

▸ 제국 자체가 멸망한 이상, 새로운 황제가 나올 도리는 없다.

帝国自体(ていこくじたい)が滅亡(めつぼう)した以上、新しい皇帝(こうてい)が出てくる道理はない。

▸ 환자의 병세는 이미 말기라서 의사도 손쓸 도리가 없었다(방법이 없었다).

患者(かんじゃ)の病状(びょうじょう)はすでに末期(まっき)で、医者もなすすべがなかった。

▸ 그녀에게 그 남자의 진상을 말할 수밖에 다른 도리가 없다.

彼女にあの男の本当の姿を言うしか仕方がない。

- 이 슬픈 영화를 보고서 눈물이 나와 어찌할 도리가 없었다(견딜 수가 없었다).
  この悲しい映画を見て涙(なみだ)が出て来て仕様がなかった。
- 현대의 의학을 가지고도 이 병을 고칠 도리가 없다니(방법이 없다니). 어떻게 하나?[불치병, kr]
  現代の医学(いがく)をもってしても、この病気(びょうき)を治(なお)す手立てがないとは。どうしようか。
- 이렇게 되면, 강하게 밀고나갈 수밖에 다른 도리가 없다(방법이 없다).
  こうなったら、強く押(お)し掛(か)けるよりほかに方法はない。
- 병이 그토록 악화되어서는 이제 어찌할 도리가 없다.
  病気があそこまで悪くなったのでは、もうどうしようもない。
- 병원을 바꾼다는 것은 마지막 수단으로 이제는 손쓸 도리가 없는 건가?
  病院を替(か)えるのは最終手段だとして、もはや打つ手がないのか。

19. 새벽 : 夜明(よあ)け, 明(あ)け方(がた), 曙(あけぼの), 暁(あかつき), 有明(ありあけ), 払暁(ふつぎょう, 文語)

- 밤늦게 한 축구시합으로 새벽녘에야 겨우 잠이 들었다.
  夜遅くおこなったサッカーの試合のため、夜明けごろになってやっと寝ついた。
- 농부는 새벽부터 해질녘까지 일을 한다.
  百姓(ひゃくしょう)は、明け方から日暮(ひぐ)れまで仕事をする。

▶ 새벽하늘에는 아직 별이 보인다.
明け方の空にはまだ星が見える。

▶ 아득히 저 멀리 보이는 새벽 햇살이 비치기 시작한다.
はるか遠(とお)くに見える曙の光がさし始める。

▶ 신문배달 소년 켄지는, 닭이 울어 새벽을 알릴 때 일을 시작합니다.[十九歳の地図, 中上健次]
新聞配達(はいたつ)の少年ケンジは、鶏(にわとり)が鳴(な)いて暁を知らせる時、仕事を始めます。

▶ 음력 9월 20일 쯤의 새벽달은 아름답다하여 옛 문장에 자주 등장합니다.
長月(ながつき)(陰暦九月)二十日ごろの有明の月は美しいとされて、古文によく出てきます。

▶ 오키나와 전투에서 구국의 영웅이라는 관을 받고, 수많은 젊은이가 이날 새벽 특별공격대로 날아올랐다.[특공대, yp]
沖縄の戦(たたか)いにおいて、救国(きゅうこく)の英雄(えいゆう)という冠(かん)を戴(いただ)き、数多くの若者がこの払暁の時に特別攻撃隊(こうげきたい)として飛び立った。

20. 비다 : 空(から)だ, がらがらだ, 空(から)になる, 空(あ)く, がら空(あ)きだ[17], 空(す)く, 空(から)っぽだ, 足(た)りない, 空(うつ)ろになる, 空(から)っぽになる

▶ 여행용 가방을 열었더니 안은 텅 비었다.
トランクを開けたところが、中は空だった。

---

17) 속이 비어 없는 것 또는 텅텅 빈 모습 (= 中がほとんど空なこと。がらがらにすいていることまた、そのさま)

▶ 오늘은 월요일이기 때문에 객석은 텅텅 비었다.

今日は月曜なので、客席(きゃくせき)はがらがらだった。

▶ 아침을 먹지 않아, 밥그릇이 비어 있어 우유를 부어 마셨다.

朝ごはんを食べずに、ちゃわんが空になっていてミルクをついで飲んだ。

▶ 가는 길에 자리가 비어서, 네 명이 서로 마주보고 앉아 갈 수 있었다.

向かっている途中で席が空いていたので、四人が向(む)かい合(あ)わせに座ることができた。

▶ 강가에 있는 빈 땅은, 시 소유지로 머지않아 정비하여 공원으로 할 예정인 것 같다.

川沿(かわぞ)いにある空(あ)き地(ち)は、市の所有地(しょゆうち)で近く整理(せいり)して公園にする予定らしい。

▶ 월요일 점심시간이라 영화관은 비어 있었습니다.

月曜日の昼(ひる)とあって、映画館はがら空きでした。

▶ 버스는 대개 이 시간대는 비어 있다.

バスは、たいていこの時間帯(じかんたい)はすいている。

▶ 오늘은 휴일인데 지갑이 비어(돈이 없어) 외출할 수 없다.

今日はやすみなのに、財布(さいふ)が空っぽで出かけられない。

▶ 오늘 매출액은 100만원에서 2만원이 빈다(부족하다).

今日の売(う)り上(あ)げは、百万ウォンに二万ウォン足りない。

▶ 날씨 때문인지 수박 속이 썩어서 텅 비어 있다.

天気のせいか、すいかの内部が腐(くさ)って空ろになっている。

▶ 오늘은 잡념이 전혀 없어 머리가 텅 빈 듯한 하루였습니다.

今日は、余計(よけい)な雑念(ざつねん)が全くわかず、頭が空っぽになったような一日でした。

21. 나다니다(돌아다니다) : 出歩(である)く, 歩(ある)き回(まわ)る, ほっつく, ほっつき歩(ある)く, ぶらつく, うろつき回(まわ)る

▸ 남아공은, 치안이 나쁘므로 되도록 돌아다니지 않는 편이 좋다.[월드컵, 중앙]
南アフリカ共和国(きょうわこく)は、治安(ちあん)が悪くてできるだけ出歩かないほうがよい。

▸ 이렇게 강한 햇살 속에 모자도 쓰지 않고 돌아다니면 일사병에 걸려.
この強い日ざしの中、帽子(ぼうし)もかぶらず歩き回っていたら、日射病(にっしゃびょう)になってしまうよ。

▸ 신년 인사도 하지 않고, 어디를 나다니고 있었던 거야?
新年の挨拶(あいさつ)もしないで、どこをほっついていたんだい?

▸ 미성년자가 한밤중 3시까지 번화가를 돌아다니고 있다니, 문제가 많다고 생각합니다.[청소년, ypl]
未成年者(みせいねんしゃ)が、夜中(よなか)の3時まで盛(さか)り場(ば)をほっつき歩いてるとは、問題だと思います。

▸ 벳푸 역에서 내려 온천거리를 돌아다녀 봅니다. 온천에 들어가지 않고 거리를 나다니(어슬렁 거리)는 것이 즐거워요.[벳푸 온천, ypl]
別府駅で下車(げしゃ)して温泉街(がい)を歩き回ります。温泉には入らなくても町(まち)をぶらつくのは楽しいことです。

▸ 날씨가 찜통 같이 더워 잠도 잘 수 없어, 밤새도록 거리를 어슬렁거리며 돌아다니고 있다.
蒸し暑くて眠れないので、夜(よ)がな夜(よ)っぴて[18]、町をう

ろつき回っている。

22. ～ 때문이다(탓이다) ： ～からだ, ～せいだ, ～ためだ, ～ゆえだ [= N・활용어의 연체형+ゆえに(がゆえに)형으로 다용]

▸ 그 사람이 결석한 것은 병 때문이 아니라, 볼일이 있었기 때문일 것입니다.
あの人が欠席したのは病気だからではなく、用事(ようじ)があったからだと思います。

▸ 건망증이 심해진 것은 아마 나이 때문일 거야.
物忘(ものわす)れがひどくなったのは、たぶん年齢(ねんれい)のせいだろう。

▸ 저 아이가 나쁜 짓을 하게 된 것은, 친구가 나쁜 탓입니다.
あの子が悪いことをするようになったのは、友だちが悪いせいです。

▸ 기적적으로 생존자 4명이 된 것은, 마지막 끝까지 최선을 다한 그의 '특공정신' 때문이라고 나는 생각합니다.[특공정신, kr]
奇跡的(きせきてき)に生存者(せいぞんしゃ)が4名となったのは、最後の最後まで最善(さいぜん)を尽くした彼の「特攻精神」ゆえだと私は考えます。

▸ 대통령의 부패는 26년의 '장기 정권' 때문이다.

---

18) よっぴて(夜っぴて) : (부) 夜通(よどお)し, 一晩中(ひとばんじゅう)[よひとよ(夜一夜) → よっぴとい → よっぴての音変化]
▸ 昨夜はよっぴて風が吹き荒れた。
(어제 밤에는 밤새도록 바람이 거세게 불어댔다.)
▸ 日(ひ)がな一日(いちにち)ぶらぶら過(す)ごす。(종일 빈둥빈둥 지내다.)
[がな(終조사, 文語) : 원망(願望)을 나타내는 終助詞「が」에, 영탄의 終助詞「な」가 붙은 꼴, 바라는 마음을 나타냄. ~싶구나, ~면 좋으련만.]

大統領の腐敗(ふはい)は、二十六年の'長期政権(ちょうきせいけん)'ゆえだ。

▸ 외국인이기 때문에 그런 취급을 받는 것은 유감입니다.
外国人であるがゆえにそんな扱(あつか)いを受(う)けるのは残念(ざんねん)です。

▸ 내가 섬사람들로 부터 무서움을 느끼는 것은, 이 전설 때문이다.[전설, yp]
わたしが島の人々から恐(おそ)れられるのは、この伝説(でんせつ)がゆえだ。

23. 버릇 : 癖(くせ), 習性(しゅうせい), 習癖(しゅうへき), お決(き)まり(= 흔히 「お~」의 꼴로)

▸ 그에게는, 아침에 눈을 뜨면 담배를 입에 무는 버릇이 있다.
彼には、朝、目が覚(さ)めたらタバコをくわえる癖がある。

▸ 제 버릇 개 못준다.[속담]
自分(じぶん)の癖は犬にやれない。[= 悪い癖は治(なお)せない。]

▸ 이 까마귀는 골프공을 모으는 버릇(습성)이 있다.
このカラスは、ゴルフボールを集める習性がある。

▸ 요즘 대학생들은 대체로 늦잠 자는 버릇을 갖고 있다.
このごろの大学生らは、たいてい朝寝坊(あさねぼう)の習癖がある。

▸ 오랜 기간의 버릇은 좀처럼 교정하기 어렵습니다.
長年の習癖はなかなか矯正(きょうせい)しにくいです。

▸ 그 할머니는 자식 자랑하는 것이 버릇이다.
あのおばあさんは、子供の自慢(じまん)をするのがお決まりだ。

▸ 매일아침 산행출근이 나의 버릇(습관)으로 되어 있다.

毎朝、山にのぼってから出勤(しゅっきん)するのが私のきまりとなっている。

cf) 버릇없다 : ぶさほうだ(無作法だ, 不作法だ)

▸ 엄마는 버릇없는 아이 때문에 매우 당황하고 있다.
お母さんは、不作法な子供のせいでとても困っている。

▸ 스프를 훌쩍거리며 먹는 것은 버릇없는 짓이다(좋은 습관이 아니다).
スープをすすって飲むのは不作法だ。

▸ 철학자인 에릭 · 호프는, '버릇이 없다고 하는 것은 약자의 허풍이다' 라고 쓰고 있다.[에릭호프, yp]
哲学者のエリック・ホフアーは、'無作法とは弱者(じゃくしゃ)の強(つよ)がりである'と書いている。

cf) 굳어버리다(길이 들다) : 癖(くせ)がつく

▸ 머리카락이 이상하게 굳어버려(길이 들어) 어떻게 해도 고쳐지지 않습니다.
髪の毛に、変(へん)なくせがついてしまって、どうにもなおりません。

▸ 이 종이는 말아 두었기 때문에, 굳어버려 쓰기 어려워 곤란합니다.
この紙は、丸(まる)めておいたので、くせがついてしまい、書きにくくしてしかたがありません。

24. 참사 : 惨事(さんじ), 惨死(ざんし)

▸ 그 테러 사건은, 115명의 생명을 빼앗아 간 대참사였다.

そのテロ事件は、115人の命(いのち)を奪(うば)い去(さ)った大(だい)惨事だった。

▶ 화약고로 불리는 도장공장의 대형 참사를 막기 위해, 비장한 각오로 마지막 노사교섭을 제안했다.[노사교섭, yp]

火薬庫(かやくこ)と呼ばれる塗装(とそう)工場の大型(おおがた)惨事を防(ふせ)ぐために、悲壮(ひそう)な覚悟(かくご)で最後の労使交渉(こうしょう)を提案(ていあん)した。

▶ 악천후로 여객기가 추락해 전원 참사했다.

悪天候(あくてんこう)で、旅客機(りょかくき)が墜落(ついらく)して全員惨死した。

25. 괴롭히다 : 苦(くる)しめる，悩(なや)ます，煩(わずら)わす，いじめる(苛める，虐める)，切(き)り苛(さいな)む，小突(こづ)き回(まわ)す，責(せ)め苛(さいな)む

▶ 비겁한 방법으로 이겼다고 생각하는 것이 내 마음을 괴롭혔다.

卑怯(ひきょう)な手(て)で勝(か)ったという思いが、僕(ぼく)の心を苦しめた。

▶ 너 같이 공부밖에 모르는 너를 괴롭히다니, 도대체 어떤 여자인가?

君(きみ)のように勉強一筋(ひとすじ)だった君を悩ますとは、一体どんな女性なんだい。

▶ 물론 하찮은 질문으로 선생님을 괴롭히는 학생도 있어요.

もちろん、くだらない質問で先生をわずらわす学生もいますよ。

▶ 자신보다 약한 사람을 괴롭히다니 정말 나쁘다.

自分(じぶん)より弱(よわ)い者(もの)を苛めるなんて最低(さ

いてい)だ。

▸ 동물을 괴롭히지 않도록 아이들에게 주의해 주세요.
 動物を虐めないように子供たちに注意してください。

▸ 부하들에 대한 죄의식에 괴롭힘을 당했다(내 마음이 괴로웠다).
部下(ぶか)らに対する罪(つみ)の意識(いしき)に心が切り苛まれた。

▸ 매스컴에서는 전혀 보도되지 않았지만, 많은 한국인이 괴롭힘을 당한 사건을 잊어서는 안 된다.[8·15해방, yp]
マスコミではまったく報道(ほうどう)されなかったが、多くの韓国人が小突き回された事件を忘れてはならない。

▸ 기억을 되찾은 순간, 그의 마음은 찢어지는 죄악감으로 괴로움에 시달렸다(몹시 시달리고 있었다).[기억, yp]
記憶(きおく)を取(と)り戻(もど)した瞬間、彼の心は、引(ひ)き裂(さ)かれるような罪悪感(ざいあくかん)に責め苛まれていた。

일본어번역문 13-A

12日の夜、放映されたMBCの番組でコメディアンのイギョンギュさんは、踏切で横断歩道の前の停止線に車両がきちんと止まるかどうかを隠しカメラで調査した。この番組は片道四車線の道路で四台の車両が同時に停止線と信号を守る場合、四台の大型の冷蔵庫を贈り物をしようと用意して午前5時から見届け始めた。しかし、不幸にもその日の5時まで、12時間停止線を同時にきちんと守った場合は、とうとう発見されなかった。

〈中略〉

信号灯や車線は私たちだけで約束である。私たちの人生というのは約束の連続である。約束なしに、約束を守らなくてはこの混沌とした世の中を切り抜ける道理がない。明け方、空いた道路を歩き回わっている行人がいなくても赤信号の時に車を止めるのは、約束だからである。約束を守らない癖が続けば、いつか、大型惨死が私たちを苛めることができる。

일본어번역문 13-B

12日の夜、放映されたMBCの番組でギャグマンのイギョンギュさんは、踏み切りで横断歩道の前の停止線で車両がちゃんととまるかどうかを隠しカメラで調査した。この番組は片側四車線の道路で四台の車両が同時に停止線と信号に従った場合、四台の大型の冷蔵庫をプレゼントしようと用意して午前5時から見張り始めた。しかし、不幸にその日の午後5時までの12時間の間停止線を同時にきちんと守った場合は、結局見られなかった。〈中略〉

信号や車線は私たち同士の約束である、私たちの生(せい)というのは約束の連続である。約束なしに、約束を守らなくてはこの混沌とした世の中を乗り切るすべがない。明け方に空ろになっている町を出歩いている行人がいなくても信号が赤の時に車を止めるのは、約束がゆえである。約束を守らない癖が続けば、いつかは大惨事が私たちを苦しめることになる。

14장 인간의 수명과 장수

한국어문

중국의 진시황이 오래 살기위해 들인 갖가지 노력은, 전설처럼 전해 온다. 불사약을 구하러 사신을 보내기까지 했던 그는 얼마나 살았을까. 백년쯤 될까. 그의 실제 수명은 49세였다. 조선왕조실록을 보면, 조선시대 왕들의 평균수명은 44세이다. 가장 오래 산 왕은 82세까지 산 영조였고, 그 다음으로 태조가 73세까지 살았고, 세종대왕은 53세에 돌아가셨다. 왕들의 평균수명이 요즘 일반인들의 평균수명만도 못한 이유는, 어디에 있을까. 첫째는 운동 부족, 둘째는 보약 중독이었다.

오늘날 우리 국민의 평균수명은 70세 안팎이다. 우리는 옛날 왕들보다 30~40년을 더 살고 있다. 사람 수명의 한계는 얼마일까. 1백20세라는 주장도 있고, 1백50세라는 학설도 있다. 그러나 절대적인 연령 그 자체보다 마지막 순간까지 어떻게 사는가가 더욱 중요한 문제다. 병석에 누워 40년, 50년을 더 살면 무슨 의미가 있겠는가. 생명의 신비를 탐험하면서, 건강하고 당당하게 늙어가는 법을 찾아보기로 하자.[인간의 수명과 장수, 건강, 조선]

한자어휘

진시황 : 秦始皇帝(しんしこうてい)
노력 : 努力(どりょく)
전설 : 伝説(でんせつ)
불사약 : 不死(ふし)の薬(くすり)
사신 : 使臣(ししん), 使者(ししゃ)
실제수명 : 実際(じっさい)の寿命(じゅみょう)
조선왕조실록 : 朝鮮王朝実録(ちょうせんおうちょうじつろく)
평균 : 平均(へいきん)
영조 : 英祖(ヨンゾ)
태조 : 太祖(テゾ)
세종대왕 : 世宗大王(セジョンだいおう)
일반인 : 一般人(いっぱんじん)
운동부족 : 運動不足(うんどうぶそく)
보약 : 補薬(ほやく), 強壮剤(きょうそうざい)
중독 : 中毒(ちゅうどく)
한계 : 限界(げんかい), 限(かぎ)り
주장 : 主張(しゅちょう)
학설 : 学説(がくせつ)
절대적 : 絶対的(ぜったいてき)
연령 : 年齢(ねんれい)
자체 : 自体(じたい)
순간 : 瞬間(しゅんかん)
병석 : 病床(びょうしょう)
생명 : 生命(せいめい)
신비 : 神秘(しんぴ)
탐험 : 探険(たんけん)
건강 : 健康(けんこう)
당당하게 : 堂々(どうどう)と

어휘 및 어구

1. 오래 살다(장수하다) : 長(なが)く生(い)きる, 長寿(ちょうじゅ)する, 長生(ながい)きする, 生き長(なが)らえる, 生き延(の)びる

▸ 인간보다 오래 사는 동물에는, 어떤 것이 있는 것입니까.[동물, yp]

人間より長く生きる動物には、どんなモノがあるのでしょうか。

▸ 건전하고 건강하게 장수하는 방법에는, 언제나 긍정적인 사고가 무엇보다 중요하다.[장수, yp]

健全で健康に長寿する方法には、いつも肯定的な思考をすることがもっとも重要である。

▸ 장수하기 위해서는, 체내의 노폐물이나 독소를 제거하고 축적되지 않도록 해야 됩니다. [죽염, yp]

長寿するためには、体内(たいない)の老廃物(ろうはいぶつ)や毒素(どくそ)を除去(じょきょ)して積(つ)もることのないようにしなければなりません。

▸ 넌 마음이 태평스러우니까 오래 살 거야.

お前は気立(きだ)てがのんきだから、長生きするよ。

▸ 건강하게 장수하기 위해서는 칼로리가 높지 않은 검소한 식사가 좋을 것 같다.

健康で長生きをするためには、カロリーの多くない質素(しっそ)な食事がいいらしい。

▸ 할머니는, 오래 살아 손자가 성인이 되는 것을 지켜보고 싶어합니다.

お祖母さんは、生き長らえて孫(まご)の成人(せいじん)を見届(みとど)けたがっています。

▸ 사람의 피를 빨아먹고 장수하는 전설의 흡혈귀, 그것을 생각하면 지금도 소름이 끼친다.[납량영화, yp]

人の生(い)き血(ち)を吸(す)って生き長らえる伝説の吸血鬼(きゅうけつき)、あれを思い出すと今でもぞっとする。

▸ 그녀는 암의 전이를 모면하고 수술 후 10년은 더 오래 살았다.

彼女は、癌(がん)の転移(てんい)を免(まぬが)れて手術後(しゅじゅつご)10年は生き延びた。

▸ 그 국회의원은 여당에서 주류로 오래 살아남아 있다.
その国会議員は、与党(よとう)で主流派(しゅりゅうは)として生き延びている。

2. (공, 노력 등을) 들이다 : 入(い)れる, 尽(つ)くす, かける, 注(そそ)ぐ, 傾(かたむ)ける, 費(つい)やす

▸ 미술 모델의 첫 체험에 포즈를 취하는 데에 공을 들인다(최선을 다하다).[모델, yp]
美術(びじゅつ)モデルの初体験(しょたいけん)ということで、ポーズづけに念(ねん)をいれる。

▸ 그 분은 이 학교의 발전에 공을 들인 공로자의 한 분입니다.
あのかたは、この学校の発展に尽くした功労者(こうろうしゃ)の一人です。

▸ 이것은 성남시가 막대한 돈을 들여 지은 시청입니다.[호화청사, kr]
これは、城南(ソンナム)市が莫大(ばくだい)な金をかけてたてた市役所です。

▸ 따라서 일본 자동차시장은, 대량생산보다도 다양한 모델 개발에 힘들였다(주력했다).[자동차, 동아]
したがって、日本の自動車市場は、大量(たいりょう)生産よりもさまざまなモデルの開発に力を注いだ。

▸ 이 작가는, 병상에서도 구술필기로 작품을 완성하기 위해 온 힘을 들였다(전력을 쏟아 부었다).[소설가, yp]
この作家は、病床(びょうしょう)にあっても口述筆記(こう

じゅつひっき)で作品を完成させるべく、全力を傾けた。

▶ 쓸데없이 힘들이지 않고 효과적으로 학습하며, 충분히 실력을 발휘할 수 있도록 편집되어 있습니다.[학습, yp]
むだな労力(ろうりょく)をついやすことなく効果的(こうかてき)に学習し、十分に実力を発揮(はっき)できるように編集(へんしゅう)されています。

3. 갖가지(여러 가지) : いろいろ, さまざま, とりどり, 諸々(もろもろ)(N), 種々(しゅじゅ), 各種(かくしゅ)

▶ 이 사건에 대한 의견은 사람에 따라 갖가지입니다.
この事件(じけん)についての考(かんが)え方(かた)は人(ひと)によっていろいろです。

▶ 저녁 무렵 태양빛은 여러 가지로 변한다.
夕方(ゆうがた)の太陽の光(ひかり)はさまざまに変(か)わる。

▶ 갖가지 종류의 꽃이 여러 가지 색으로 흐드러지게 피는 모습이 아름답습니다.
さまざまな種類の花が、色とりどりに咲(さ)き乱(みだ)れる様子がきれいだ。

▶ 여기에서는, 플라스마를 이해하는 데에 유용한 여러 가지의 물리적 개념을 해설하고 있다.
ここでは、プラズマを理解するのに有用なもろもろの物理的概念(がいねん)を解説している。

▶ 학생들이 실험실에서 갖가지의 방법으로 시험해 보고 있다.
学生たちが実験室(じっけんしつ)で種々の方法(ほうほう)で試(こころ)みている。

▸ TV에서, 여러 가지 문서작업을 비롯하여 MS오피스 프로그램, 게임, MP3 파일 재생 등 기존 컴퓨터와 똑같은 기능을 자유자재로 이용할 수 있다.[TV기능, 동아]

テレビで各種の文書作業をはじめ、MSオフィスプログラム、ゲーム、MP3ファイルの再生(さいせい)など、従来(じゅうらい)のコンピューターと同じ機能を自由自在に利用することができる。

4. 불사약 : 不死(ふし)の薬(くすり), 仙薬(せんやく), 不老不死(ふろうふし)の妙薬(みょうやく)

▸ 불사약이라 하여 유황이나 수은을 복용한다는 위험한 이야기도 있다.[불사약, yp]

不死の薬というと、硫黄(いおう)とか水銀(すいぎん)とかを服用(ふくよう)するというアブナイ話もある。

▸ 불사약은 젊음을 유지하는 한편 불로장생하는 약이다.

仙薬は、若さを保(たも)ちかつ不老長寿(ふろうちょうじゅ)する薬である。

▸ 이 식물은 불로불사 등의 효과를 가진다는 불사약이다.

この植物は、不老不死(ふろうふし)などの効果をもつとされる仙薬である。

▸ 진시황제가 평생 찾아다닌 불사약 '영지'는, 2000년 정도 전에 편찬된 세계 최고의 약물서인 '신농본초경'에 그 약효가 기록되어 있다.[霊芝, yp]

秦(しん)の始皇帝(しこうてい)が生涯にわたって探し続けた不老不死の妙薬'霊芝'(れいし)は、2000年ほど前に編さんされた世界最古の薬物書(やくぶつしょ)である`神農本草経`(しんのうほんぞうぎょう)にその薬効(やっこう)が記されている。

5. 구하다 : 求(もと)める, 手(て)に入(い)れる, 得(え)る, 買(か)う

- 집회의 일시를 변경하려면, 사전에 모두의 양해를 구해야만 한다.
  集会(しゅうかい)の日時(にちじ)を変更(へんこう)するなら、事前(じぜん)に皆(みな)の了承(りょうしょう)を求めるべきだ。
- 장난감 가게에 줄을 서서, 아이들은 인기 있는 봉제인형을 구했다(구입했다).
  おもちゃ屋(や)の店で立ち並んで、子供たちは人気(にんき)のぬいぐるみを手に入れた。
- 사용한지 5개월밖에 되지 않았지만 둘도 없는 친구를 구한(얻은)기분입니다. 작고 가벼워 부담 없이 들고 다닐 수 있는 게 가장 큰 매력이죠.[MP3, 동아]
  使って五ヶ月しかたっていなかったが、またとない友人を得たような気持ちです。コンパクトで軽いので持ち歩きやすいというのが一番のとりえです。
- 잉글랜드 축구협회 관계자는, '프리미어 리그 구단들이 자국 유망주를 육성하기보다는 외국의 비싼 선수를 구하는(사오는)데 급급하다'고 비판했다.[스포츠, 동아]
  イングランドサッカー協会(きょうかい)の関係者は、'プレミアリーグの球団(きゅうだん)が自国の有望株(ゆうぼうかぶ)を育成(いくせい)することよりは、外国の高い選手を買ってくることに汲々(きゅうきゅう)としている'と批判(ひはん)した。

6. **보내다(파견하다)** : 遣(つか)わす, 派遣(はけん)する, 差(さ)し向(む)ける, 差(さ)し立(た)てる, 送(おく)る

▸ 정부는 특사를 파견하여 리비아에 강력한 대처를 요구했다.
政府は、特使(とくし)を遣わしてリビアに強力な対処(たいしょ)を求めた。

▸ 정부는 앞으로 10년간 2차 전지(電池)분야 석박사급 인력을 1000명가량 육성하고, 이들 중 일부를 기술 혁신형 중소·중견기업에 파견한다는 계획을 세웠다.[電池, 중앙]
政府は、今後10年間、2次電池分野の修士・博士級人材(じんざい)を1,000人ほど育成し、その一部を、技術革新型(かくしんがた)中小・中堅(ちゅうけん)企業に派遣するという計画を立てている。

▸ 내일 심부름하는 사람을 보낼테니까 잘 부탁드립니다.
あした使いの者をさし向けますので、よろしくお願いいたします。

▸ 목적지인 홈에 가서 우편차가 오는 것을 기다립니다. 그리고 열차에 어제부터 준비했던 우편물을 보냅니다.[철도우편, yp]
お目当(めあ)てのホームに行って郵便車が来るのを待ちます。そして列車に昨日から用意していた郵便物を差し立てるのです。

▸ NHK와 5대 민영방송국은, 아침부터 특집 방송을 긴급히 편성해, 일본이 골을 넣는 장면을 반복해 보내면서(방송하면서) 찬사를 보냈다.[일본축구, 동아]
NHKと5大民営放送局は、朝から特集放送を緊急に組み、日本がゴールを決める場面を繰(く)り返(かえ)して流(なが)しながら、賛辞(さんじ)を送った。

7. 얼마나 : いかに，どれほど，どれだけ

▸ 이 책을 완성하기까지 얼마나 많은 시간이 소비되었던가?
この本を完成するまで、いかに多くの時間が費(つい)やされたことか。

▸ '사고만은 일으키지 않는다' '화재걱정 같은 거 필요 없다'라 합니다만…. 그렇지만 '보험 들어 다행이야(잘됐어)'라고 말씀해주시는 고객이 얼마나 많은지….[손해보험, yp]
'事故だけは起こさない''火事の心配なんていらない'そうだといいんですけれど…でも'保険(ほけん)入(はい)っていて良かった'とおっしゃってくださるお客様がどれほど多いことか…。

▸ 행복은, 경제적 부(富)뿐 아니라 개인의 심리 · 사회적 욕구가 얼마나 충족되는지도 살펴봐야 한다.[행복, 중앙]
幸せは、経済的富(とみ)のみならず個人の心理、社会的欲求がどれだけ充足(じゅうそく)されているのかもよく見なければならない。

▸ 한 장의 지도가 얼마나 많은 사람들의 꿈을 불러일으켰던 것일까? [왕회장, kr]
一枚(いちまい)の地図(ちず)がどれだけおおぜいの人々の夢をかきたてたことだろう。

8. 살다 : 生(い)きる，生存(せいぞん)する，暮(く)らす，生活(せいかつ)する

▸ 그는 지금 사느냐 죽느냐의 갈림길에 있다.

彼は今生きるか死ぬかの境目(さかいめ)にいる。

▸ 성모 마리아의 초상화는 마치 살아 있는 것 같다.

聖母(せいぼ)マリアの肖像画(しょうぞうが)は、まるで生きているようだ。

▸ 우리들은, 전 세계의 국민이 똑같이 공포와 결핍으로부터 벗어나, 평화 속에 살 권리를 갖는 것을 확인한다.[헌법, yp]

われらは、全世界の国民が、ひとしく恐怖(きょうふ)と欠乏(けつぼう)から免(まぬが)れ、平和のうちに生存する権利(けんり)を有(ゆう)することを確認する。

▸ 가난해도 좋아. 당신과 둘이서 이 작은 집에서 조용히 즐겁게 살고 싶어.

貧(まず)しくてもいいよ。あなたと二人で、この小さなうちで、静かに楽しく暮らしたい。

▸ 구석기시대의 인류는, 돌로 만든 도구를 사용해서 살았습니다.

旧石器時代(きゅうせっきじだい)の人類は、石で作った道具を使って生活していました。

9. ~을까(을지) : ~(の)だろうか, ~かしら

▸ 이런 태도를 바꾸지 않고, 6자회담을 열어 합의를 한다고 해도 그게 무슨 의미가 있을까.[외교, 동아]

このような態度を変えずに6者協議を開(ひら)いて合意(ごうい)をしたとしても、何の意味があるだろうか。

▸ 애플 쇼크 이후, 삼성전자 안에서는 무슨 일이 일어났던 걸까.[IT, 동아]

アップルショック以後、三星電子の内部ではどのようなことが起きたのだろうか。

▶ 커피는 약간 진한 것이 좋을지, 아니면 연한 것이 좋을지?
コーヒーは、濃(こ)いめがよろしいかしら、それとも薄(うす)いほうがよろしいかしら。

▶ 오늘은 아버지가 사주신 반지를 끼고 갈까.
今日は，父が買ってくれた指輪をして行こうかしら。

10. 돌아가시다(죽다, 숨을 거두다) : 亡(な)くなる，お隠(かく)れになる，死(し)ぬ，息(いき)が絶(た)える，息が引(ひ)き取(と)る，倒(たお)れる

▶ 나이든 부모도 돌아가시고, 고향에는 이제 아무도 없다.
年老(としお)いた両親も亡くなって、ふるさとにはもうだれもいなくなってしまった。

▶ 그 당시 황후와 공주가 갑자기 돌아가셨다.
その当時(とうじ)、皇后様(こうごうさま)と皇女様(こうじょさま)が突如(とつじょ)お隠れになった。

▶ 하지만 그는 '한국이 했으면 우리도 할 수 있다'고 말했다. '죽을 각오로 임한다'고 했다.[축구, 중앙]
しかし彼は'韓国がしたのなら、われわれにもできる'と語った。'死ぬ覚悟(かくご)で臨(のぞ)む'と言った。

▶ 할아버님께서는 오늘 새벽녘에 털썩 쓰러진 채로 돌아가셨다.
おじい様は、明(あ)け方(がた)、ばったりと倒(たお)れたまま息が絶えた。

▶ 그 음악가는 자식들이 지켜보는 가운데 조용히 숨을 거두었다.

その音楽家は、子どもたちに見守(みまも)られて静かに息を引き取った。

▶ 대통령은 결국 반대파의 총에 맞아 죽었다.

大統領は、ついに反対派(はんたいは)に撃(う)たれて倒れた。

11. ~만도 못하다 : ~にも劣(おと)る, ~より(も)劣る, ~に及(およ)ばない

▶ 초등학교 2학년 여자어린이를 유괴해 성폭행한 그 범인은, 짐승만도 못하다.[유괴, 중앙]

小学校2年生の女子児童(じどう)を誘拐(ゆうかい)し性的暴行(せいてきぼうこう)を加えた、その犯人は、禽獣(きんじゅう)にも劣る。

▶ 준마도 늙으면, 느린 말만도 못하다.[19]

騏驎(きりん)も老(おい)ては、駑馬(どば)に劣る。[ことわざ]

▶ 날씬한 몸매로 보면, 언니가 동생만 못하다.

ほっそりとした体付(からだつ)きをみると、姉が妹よりも劣る。

▶ 노력해 보아도 기존사업만 못하다고 한다면, 신규사업을 시작할 수 없다.[사업계획, yp]

努力しても既存(きぞん)事業に及ばないとなれば、新規(しんき)事業を立ち上げられない。

12. 보약(강장제) : 補薬(ほやく), 強壮剤(きょうそうざい)

19) (속담) 뛰어난 사람도 늙으면, 그 활약이 凡人에도 미치지 못함을 비유. (=名馬も年をとると駄馬にも負ける。すぐれた人も年をとると、凡人にも及ばなくなるたとえ。'戦国策'斉策から)

▸ 한방에서는 고려인삼이 보약으로써 소량 사용되고 있다.[補薬, yp]

漢方(かんぽう)では、高麗人参(こうらいにんじん)が補薬として少量(しょうりょう)使われている。

▸ 보약을 잘못 먹어 속이 메스꺼워지거나 고통이 일어나는 일이 간혹 있습니다.

補薬を間違って飲んで気持ちが悪くなったり、苦痛(くつう)を生じる事がたまにあります。

▸ '레이오우산'은, 강장생약 '우황'을 1일 100㎎, 인삼을 1500㎎, 배합한 자양 강장제입니다.[霊黄参, yp]

'霊黄参'(レイオウサン)は、強壮生薬(きょうそうしょうやく)'牛黄(ごおう)'を1日100ミリグラム、人参を1500ミリグラム、配合した滋養(じよう)強壮剤です。

▸ 고려인삼은 강장제로써의 효과가 있으며, 뿌리부분을 `인삼`이라고 부릅니다.[인삼, yp]

高麗人参は、強壮剤の効果があって、根(ね)の部分を'人参'と呼びます。

13. ~안팎 : ~前後(ぜんご), ~ほど, ~ぐらい, ~そこそこ(접미)

▸ 나이 40세 안팎의 낯선 남자가, 우리 집 앞을 어슬렁어슬렁거리고 있다.

40才前後の見知(みし)らぬ男が、ぼくの家の前をうろついている。

▸ 1,000엔 안팎으로 살 수 있는 싸고 맛있는 와인이 있습니다.

千円前後で買える、安くておいしいワインがあります。

▸ 김 선수는, 경험이 풍부한 게 장점이지만, 이번 대회에선 아

르헨티나전(戰) 후반에 교체 투입돼 1분 안팎 뛴 것이 전부이다.[스포츠, 동아]

金選手は、豊富(ほうふ)な経験が強(つよ)みだが、今大会ではアルゼンチン戦の後半戦(こうはんせん)に1分ほど出場(しゅつじょう)したのがすべてだ。

▶ 디지털카메라, 캠코더, MP3플레이어 등 다양한 기기의 메모리카드를 TV에 끼워, 디지털TV의 고화질 및 고음질 기능도 활용할 수 있다. 가격은 42인치 기준으로 470만원 안팎이 될 것으로 예상된다.[신제품, 동아]

デジタルカメラ、キャムコーダ、MP3プレーヤーなど多様な器機(きき)のメモリーカードをテレビに差(さ)し込(こ)んで、デジタルテレビの高画質(こうがしつ)、高音質機能も活用できる。価格は42インチ基準で470万ウォンぐらいになるものと予想される。

▶ 이 고급요리의 재료는 얼마 들지 않는다. 그저 만원 안팎일 것이다.

この高級料理の材料は、いくらもかからない。まあ1万ウォンそこそこだろう。

▶ 어렸을 때부터 컴퓨터 프로그램을 만드는 것을 좋아했던 빌・게이츠는, 20안팎의 젊은 나이에 마이크로 소프트회사를 설립했다.[빌게이츠, 중앙]

幼い頃からコンピューータープログラムを作るのが好きだったビル・ゲイツは、20そこそこの若さでマイクロソフト会社を設立した。

14. 한계(한정, 한계점) : 限界(げんかい), 限(かぎ)り, 頭打(あたまう)ち[20)]

▸ 한국은행이 기준금리를 올려도 중국 투자가들이 계속 채권을 사들이면 통화정책의 약발은 한계가 있다.[통화정책, 동아]
韓国銀行が基準金利を引き上げても、中国投資家らが債権(さいけん)を買い続ければ、通貨(つうか)政策の効(き)き目には限界がある。

▸ 자원에는 한계가 있음으로 유효하게 사용하는 것을 궁리하지 않으면 안 됩니다.
資源(しげん)には、限りがあるのだから、有効な利用法を考えなければなりません。

▸ 부모는 아이에게 한계(한)없는 사랑을 쏟지만, 아이가 그것을 아는 것은 자신이 부모가 됐을 때일 것이다.
親は、子に限りない愛を注(そそ)ぐが、子にそれがわかるのは自分が親になった時だろう。

▸ 원자재의 부족으로 인해 생산량이 한계에 이르렀다.
原資材(げんしざい)の不足(ふそく)によって、生産量があたまうちになった。

15. 마지막(임종, 끝장) : 最後(さいご), 最期(さいご)[21], (お)仕舞(しま)い, 終(おわ)り

▸ 대학생활의 마지막 여름방학을 뜻깊게 보내고 싶다.
大学生活最後の夏休みを有意義(ゆういぎ)に過ごしたい。

▸ 한국은, 23일 남아공 더반에서 열린 B조 조별 예선리그 마

20) 더 진전할 가망이 없는 한계(=物事が限界に達して、これ以上には向上しえない状態になること。)
21) 임종, (생의) 최후[=命の終わるとき, 死にぎわ, 臨終(りんじゅう), 末期(まつご)]

지막 경기에서 나이지리아에 2-2로 비겨, 1승 1무 1패로 16강 티켓을 따냈다.[월드컵, 동아]

韓国は23日、南アのダーバン競技場で行われたB組予選リーグの最後の試合で、ナイジェリアに2-2で引(ひ)き分(わ)け、1勝1無1敗(いっしょういちむいっぱい)でベスト16入(い)りを決めた。

▸ 안타깝게도 그의 마지막(임종)을 지켜볼 수 없었다.

残念なことに彼の最期を見届(みとど)けることができなかった。

▸ 옛날의 무사는, 스스로 할복하여 마지막(최후)을 맞는 일이 있었다고 한다.

昔の侍(さむらい)は、自分の腹(はら)を切って最期を遂(と)げるということがあったそうだ。

▸ 마지막 희망도 사라져 버렸어. 이제 모두 마지막(끝장)이야.

最後の望(のぞ)みも消(き)えてしまった。もう何もかもおしまいだ。

▸ 만약 이 비밀을 말한다면 그걸로 우리 사이는 마지막(끝)이야.

もしこの秘密(ひみつ)を言ったら、それでわたしたちの間(あいだ)はおしまいよ。

▸ 마지막 종소리가 울리면 답안지를 제출해 주세요.

終りのベルが鳴(な)ったら、答案(とうあん)を提出(ていしゅつ)してください。

cf) 막판 : 土壇場(どたんば)[22)]

▸ 막판의 대역전은, 매우 어렵지 않을까 생각하는데….

どたんばの大逆転(だいぎゃくてん)は、かなりむずかしいんじゃないかと思いますが…。

---

22) 마지막 결단을 해야 할 장면, 사형수의 마지막 형장. (=物事のせっぱつまった場合。江戸時代の首切り場の意から最後の場面をいう。)

▶ 죽느냐 사느냐의 막판에 다다르면 사람은 생각지도 않은 힘을 발휘하게 되는 법입니다.
生きるか死ぬかの土壇場に立たされると、人は思わぬ力を出(だ)せるものです。

16. 병석(병상)에 눕다(앓아눕다) : 横(よこ)たわる, 患(わずら)う, 病床(びょうしょう)に伏(ふ)す

▶ 그는 심한 상처로 한 달 정도 병상에 누워 있다.
彼は、ひどい傷でひと月(つき)ばかり横たわっている。

▶ 우연한 일로 앓아누운지 벌써 1년째입니다.
ふとした事でわずらい、もう1年目です。

▶ 그는, 한창 활동할 인생의 청춘기를 거의 병상에 누워 대부분 보내고 있는 것 같다.
彼は、盛んに活動すべき人生の春をほとんど病床に伏しているようだ。

17. 탐험(탐색, 탐구, 탐사)하다 : 探険(たんけん)する, 探究(たんきゅう)する, 探索(たんさく)する, 探査(たんさ)する

▶ 아마존을 탐험하는 것은 저승 가는 여행길이 될 수도 있다.
[아마존, ypl
アマゾンを探険することは、死(し)の旅路(たびじ)にもなりうるのだ。

▶ 어렸을 때부터 모든 것에 흥미를 갖고 탐구하는 마음을 키우고 싶다.

子供のときからあらゆるものに興味(きょうみ)をもち、探究する心を育(そだ)てたい。

▶ 범인의 행적을 탐색하여 결국 잡았다.

犯人の足取(あしど)りを探索して、ついに逮捕した。

▶ 달의 표면을 탐사하여 물의 존재여부를 확인했다.

月面(げつめん)を探査して、水の存在可否(そんざいかひ)を確認した。

18. 당당하게 : 堂堂(どうどう)と, 立派(りっぱ)に

▶ 재판장에서는 자기의 의견을 당당히 진술해야 한다.

裁判所(さいばんしょ)では、自分の意見を堂堂と述(の)べなければいけない。

▶ 이 학생들은, 학교수업 대신 부모와 함께 여행을 하거나 제사·결혼식 같은 가족 행사에 참여했다. 방학 때가 아니면 엄두도 못냈을 일을, 학기 중에 당당하게(버젓이) 한 것이다. [체험학습, 중앙]

この児童(じどう)たちは、学校の授業の代わりに親と一緒に旅行をしたり、祭事(さいじ)・結婚式などの家族行事に参加した。休み期間中でなければ考えられなかったことを、学期中に堂々としたのだ。

▶ 그 난폭했던 아이가, 지금은 당당하게 학교 선생님으로 자리를 잡았다.

あの暴(あば)れん坊(ぼう)だった子が、今では立派に学校の先生になった。

▶ 강호가 북적거리는 그룹G와 만나, 일본은 상대팀 브라질과 당당하게(훌륭하게) 싸웠다.[월드컵, yp]

強豪(きょうごう)がひしめくグループGにあって、日本はブラジル相手に立派に戦った。

19. 늙다 : 老(ふ)ける, 老(ふ)け込(こ)む(늙어빠지다), 老(お)いる[23], 老(お)いぼれる(늙어빠지다, 경멸적 · 자조적인 말)

▸ 젊었을 때 고생을 해서, 어머니는 나이보다 늙어 보입니다.
若(わか)いときに苦労(くろう)したので、母は年よりも老けて見えます。

▸ 자네, 갑자기 늙었네 그려. 무슨 일이라도?
君、急に老け込んだね。どうしたんだい。

▸ 미용크림은, 피부가 젊을 때 사용하게 되면, 피부기능이 떨어져버려, 앞으로 갑자기 늙어지거나(쭈글쭈글하게 되거나) 피부트러블이 생기기도 합니다.[미용크림, ypl
美容クリームは、肌(はだ)が若いうちに使ってしまうと、肌の機能(きのう)が怠(なま)けてしまうので、将来急に老け込んでしまったり、トラブル肌になったりします。

▸ 늙어서 배우면, 죽어서 썩지 않는다.
老いて学(まな)べば死んで朽(く)ちず。[24]

▸ 우리집 개는, 늙어 빠져(노쇠하여) 마루 밑에서 졸고만 있다.

---

23) '老(お)いる'는 다음의 예와 같이 그 명사형 '老(お)い'로도 자주 사용된다.
▸ 마을 운동회는 날씨가 좋아 노인들도 젊은이들도 동심으로 돌아가 즐겁게 보냈습니다.
町内(まちない)運動会は天候(てんこう)に恵まれ、老いも若(わか)きも、童心(どうしん)に返って楽しく過ごしました。

24) 정신은 영원히 남는다는 말(= 年をとって学べば、死んでもくさらない。その精神は永遠に残るをいう意味。)

うちの犬は、老いぼれて縁側(えんがわ)の下で居眠(いねむ)りばかりしている。

20. 법(방법) : 方法(ほうほう), 仕方(しかた), V의 연용형+方(かた)

▸ 과감한 방법을 선택하지 않는 한 환경보전은 불가능이다.
思い切った方法を取らない限り、環境保全(かんきょうほぜん)は不可能だ。

▸ 북한은, 이 경우 조만간 미국・한국과의 직접 대화 등 적극적인 방법을 동원해 관계회복에 나설 수도 있다.[6자회담, 중앙]
北朝鮮はこの場合、近く米国・韓国との直接対話など積極的な方法を使って、関係修復に乗り出す可能性もある。

▸ 후반 동점골에 역전골까지 허용하자, 브라질 선수들은 공격하는 법을 잊은 듯 허둥대다 결국 무릎을 꿇었다.[월드컵, 중앙]
後半同点ゴールに逆転ゴールまで許すと、ブラジル選手らは、攻撃の仕方まで忘れたように右往左往(うおうさおう)した末(すえ)、結局負(ま)けてしまった。

▸ 전임자의 일이니 모르겠다고 하는 방법(식)은, 악덕 채무자의 배짱과 다름없다.[사설, 중앙]
前任者(ぜんにんしゃ)の仕事だから分からないというやり方は、悪徳債務者(あくとくさいむしゃ)の肝(きも)っ玉(たま)と変わらない。

일본어번역문 14-A

中国の始皇帝が長生きするために入れたいろいろの努力は、伝説のように伝わる。仙薬を求めに使臣を差し向けた彼はいかに生存したかしら。百年頃なるか。彼の実際寿命は49歳であった。李朝実録を見れば、朝鮮時代の王たちの平均寿命は44歳である。一番生き長られた王は82歳まで生きた英祖であったし、その次に太祖が73歳まで生きたし、世宗大王は53歳に亡くなった。王たちの平均寿命がこのごろ一般人たちの平均寿命にも劣らなかった理由は、どちらにあるか。第一は運動不足、二番目は補薬中毒であった。

今日の国民の平均寿命は70歳そこそこである。私たちは昔の王たちより30～40年をもっと生き延びている。人の寿命の限界はいくらだろう。1百20歳という主張もあって、1百50歳という学説もある。しかし確か年齢そのものより最後の瞬間までどうやって暮すのかがもっと重要な問題である。わずらいついて40年、50年をもっと生きれば何の意味があるか。生命の神秘を探索しながら、元気で立派に年を取り方を捜してみることにしよう。

일본어번역문 14-B

中国(秦)の始皇帝が生き長らえるために注ぎこんださまざまな努力は、伝説のように伝えられている。不死の薬を手に入れようと使臣まで遣わした彼はどれほど生きたのだろうか。百年ぐらいだろうか。彼の実際の寿命は四十九歳であった。朝鮮王朝実録を見ると朝鮮時代の王の平均寿命は四十四歳である。最も長生きした王は、八十二歳まで生きた英祖であり、そのつぎに太祖が七十三歳まで生きた。また世宗大王は五十三歳でお隠れになった。王たちの平均寿命が近頃の一般人の平均寿命に及ばない理由は、どこにあるのか。まずは運動不足であり、そのつぎは補薬中毒であった。

今日、我が国民の平均寿命は七十歳そこそこである。私たちは昔の王様たちより三十~四十年もっと長く生きている。人の寿命の頭打ちは何歳ぐらいであろうか。百二十歳だという主張もあり、百五十歳だという学説もある。しかし、絶対的な年齢それ自体より最期の瞬間までどのように生きていくのかがもっと重要な問題である。病床に伏して四十、五十年を余計に生きても、どんな意味があろうか。生命の神秘を探究しながら健康で堂々と老いていく方法を探していこう。

15장 무장간첩과 우리군의 방어력

한국어문

군의 해안방어에 구멍이 크게 뚫렸다. 무장간첩을 태운 잠수함이, 기관고장을 일으키면서 수면위로 떠올라 최소한 1시간여를 해안선 부근에서 표류하고 있었는데도, 불과 1㎞ 거리 옆에 설치되어 있는 레이더는 이를 체크하지 못했다. 또 시민의 신고를 받은 군부대 「5분대기조」는 40여분이 지나서야 출동했고, 그나마 즉각 조명탄을 띄우며 수색할 생각은 하지 못한 채 한동안 잠수함에 접근조차 하지 못했다.

군에 따르면, 북한 잠수함이 발견된 곳에서 남쪽으로 7백m지점과 북쪽 2백m지점에는 해안초소가 있었으나, 이날은 해안선 1㎞마다 경계를 서는 B급 근무상태라는 이유로 이들 초소에는 경계 병력을 배치하지 않았던 것으로 밝혀졌다. 또 잠수함이 발견된 곳에서 북쪽 인근에 해군의 레이더 기지가 있었음에도 잠수함을 발견하지 못했다.[무장간첩과 우리군의 방어력, 국방, 조선]

한자어휘

해안방어 : 海岸防御(かいがんぼうぎょ)
무장 : 武装(ぶそう)
간첩 : 間諜(かんちょう), スパイ
잠수함 : 潜水艦(せんすいかん)
기관고장 : 機関故障(きかんこしょう)
수면 : 水面(すいめん)
최소한 : 最小限(さいしょうげん)
해안선 : 海岸線(かいがんせん)
부근 : 辺(あた)り
표류하다 : 漂流(ひょうりゅう)する
거리 : 距離(きょり)
설치하다 : 設置(せっち)する
신고 : 届(とど)け出(で)
군부대 : 軍部隊(ぐんぶたい)
5분대기조 : 5分待機組(ごふんたいきぐみ)
출동하다 : 出動(しゅつどう)する
즉각 : 即時(そくじ)
조명탄 : 照明弾(しょうめいだん)
수색하다 : 捜索(そうさく)する
접근 : 接近(せっきん)
발견하다 : 発見(はっけん)する
북한 : 北朝鮮(きたちょうせん)
남쪽 : 南方(なんぽう)
지점 : 地点(ちてん)
북쪽 : 北方(ほっぽう)
초소 : 哨所(しょうしょ)
근무상태 : 勤務状態(きんむじょうたい)
경계 : 警戒(けいかい)
병력 : 兵力(へいりょく)
배치하다 : 配置(はいち)する
해군 : 海軍(かいぐん)
기지 : 基地(きち)

어휘 및 어구

1. **뚫리다** : 開(あ)く, 貫(つらぬ)かれる, 打(ぶ)ち抜(ぬ)かれる, 通(とお)る, 開(あ)けられる, 貫通(かんつう)する

▸ 전차의 대포 한 방에 성벽으로 구멍이 뚫렸다.
戦車(せんしゃ)の大砲(たいほう)1発(いっぱつ)で、城壁(じょうへき)に穴(あな)があいた。

▸ 새로운 고속도로가 마을의 중심으로 뚫려 있다.
新しい高速道路が町のまんなかにつらぬかれている。

▸ 권총 탄알에 두꺼운 벽이 뚫렸다.
ピストルのたまに、厚い壁がぶち抜かれた。

▸ 두 개 방이 뚫려 연회장으로 만들어졌다.
二つの部屋がぶち抜かれて宴会場(えんかいじょう)につくられた。

▸ 감기약을 먹고 막힌 코가 뚫렸다.
風邪薬(かぜぐすり)を飲んでつまった鼻が通った。(= 鼻のつまりがとれた)

▸ 이 터널 트리(= tunnel-tree)는, 19세기에 구멍이 뚫렸으며, 당시 역마차 등이 다니고 있었다고 한다.[칼리포니아의 나무, ypl
このトンネルツリーは、19世紀に穴が開けられ、当時、駅馬車(えきばしゃ)などが通っていたそうだ。

▸ 케이 티 엑스 공사로 많은 산의 터널이 뚫렸다.
KTXの工事で、多くの山にトンネルが貫通した。

2. 일으키다 : 起(お)こす, 引(ひ)き起こす, 巻(ま)き起こす

- 장난꾸러기 아들이 또 무언가 소동을 일으킨 것 같다.
  いたずら息子がまた何か騒動(そうどう)を起こしたらしい。
- 화학적 거세란, 성적 충동을 일으키는 남성호르몬을 제거하는 방식으로 이루어진다.[화학적 거세, 동아]
  化学的去勢(きょせい)とは、性的衝動(せいてきしょうどう)を引き起こす男性ホルモンを除去(じょきょ)する方式でおこなわれる。
- 그는, 대학 재학 중인 76년, 이 소설로 군죠 신인문학상, 아쿠다가와 상을 수상, 밀리언 셀러가 되어 일대 센세이션을 (불러)일으켰다.[村上竜(ムラカミリュウ), yp]
  彼は、大学在学中の76年、この小説で群像(ぐんぞう)新人文学賞、芥川賞を受賞、ミリオンセラーになり一大センセーションを巻き起こした。

3. 떠오르다(自) : 浮(う)かぶ, 浮(う)かび上(あ)がる, 浮(う)き上がる, 昇(のぼ)る, 思(おも)い浮(う)かぶ, 浮上(ふじょう)する

- 묘안이 떠오른 듯, 그는 탁 무릎을 쳤습니다.
  妙案(みょうあん)が浮かんだらしく、彼はぽんと膝(ひざ)をたたきました。
- 긴 인생에서, 어려움에 빠질 때가 있는가 하면, 떠오를(번영할) 때도 있다.[ことわざ]
  沈(しず)む瀬(せ)有(あ)れば、浮かぶ瀬(せ)有(あ)り。[25)]
- 올림픽에서 갑자기 그의 이름이 떠올랐다.

オリンピツクで急にかれの名が浮かび上がった。

▶ 비온 후, 저녁 하늘에 문수산의 모습이 뚜렷하게 떠올랐다.
雨の後、夕空(ゆうぞら)に文殊山(ムンスサン)の姿(すがた)がくっきりとうきあがった。

▶ 한밤중 지나 하현달이 떠오르는 것을 보고 싶다.
夜半(やはん)過ぎに、下弦(かげん)の月が昇るのが観望(かんぼう)したい。

▶ 사이가 좋았던 두 사람의 모습이 떠올랐다.
仲(なか)の良(よ)かった二人の姿(すがた)が思い浮かんだ。

▶ 최근 북한 최고 실세로 떠오른 장 성택 노동당 행정부장이, 지난달 7일 최고인민회의에서 국방위원회 부위원장으로 승진했다.[북한, 중앙]
最近、北朝鮮の実力者(じつりょくしゃ)として浮上していた張成沢(チャン・ソンテク)労働党(ろうどうとう)行政(ぎょうせい)部長が先月7日、最高人民会議で国防委員会副委員長に昇進(しょうしん)した。

cf) 떠올리다(他) : 思(おも)う, 思い浮(う)かべる, 考(かんが)え付(つ)く

▶ 감독을 은인으로 여기는 박 선수를 비롯 23명의 태극전사들은, 저마다 가슴속에 누군가 고마움의 대상을 떠올릴 것이다.[월드컵, 동아]
監督を恩人(おんじん)だと思う朴選手をはじめ、23人の太極戦士(たいきょくせんし)らは、それぞれ心の中で誰かを感謝の対象として思うはずだ。

---

25) 長い人生のうちには悪いときもあれば、よいときもある。悪いことばかりが続くものではないというたとえ。

▸ 햄버거 하면 맥도날드, 치킨 하면 KFC를 떠올리는 것처럼, 비빔밥 전문 브랜드, 불고기 전문 브랜드를 육성한다면, 세계인들은 한식(韓食)에 더욱 쉽게 친숙해질 것이다.[한식, 중앙]
ハンバーガーといえばマクドナルド、チキンといえばKFCを思い浮かべるように、ビビンパ専門ブランド、焼肉専門ブランドを育成すれば、世界の人たちは韓食にもっと容易(ようい)に親しめるだろう。

▸ 감독은, 또 어느 정도 목표를 달성했다고 방심하거나 나태해지는 것을 막고, 선수들에게 더 높은 동기부여를 하기 위해서 떠올린 말이라고 덧붙였다.[월드컵, 동아]
監督は、さらに、'ある程度目標を達成したとして油断(ゆだん)したり怠惰(たいだ)になることを防(ふせ)ぎ、選手らにさらに高い動機を与えるために考え付いた言葉だ'と付け加えた。

4. 최소한 : 最小限(さいしょうげん), 最小限度(さいしょうげんど), 少(す)なくとも, せめて[26], ミニマム(= minimum)

▸ 그 눈 덮인 산까지 가는 데는 최소한 나흘은 걸릴 것이다.
あの雪山(せつざん)まで行くには、最小限四日(よっか)はかかるだろう。

▸ 최소한의 지식량으로 단기 합격할 수 있는 이 교재의 특징은, 뭐라 해도 출제범위를 정확히 압축되어 있다는 것입니

26) (副, 文語) '責(せ)む'의 연용형+「て」, 최소한의 소망, 하다못해.

다.[광고, yp]

最小限度の知識量(ちしきりょう)で短期合格できるこのテキストの特徴(とくちょう)は、なんと言っても出題範囲(はんい)を的確(てきかく)に絞(しぼ)っているということです。

▶ 엊저녁 도둑이 들어서 옷이랑 시계랑 돈 등 적어도 100만 엔은 도둑맞았다.

ゆうべ、どろぼうがはいって、着物や時計やお金など少なくとも100万円分は盗(ぬす)まれた。

▶ 최소한 만분지일이라도 선생님의 은혜에 보답하고 싶습니다.

せめて万分(まんぶん)のいちでも先生に御恩返(ごおんがえ)しがしたいです。

▶ 최소한(하다못해) 메시지라도 보내 주면 안심할 텐데. 전연 소식도 없다.

せめてメッセージでもくれれば、安心するのに…。なんの音(おと)さたもない。

▶ 작업에 필요한 최소한의 날짜는, 단지 일주일 될 것 같다.

作業に必要なミニマムの日数(にっすう)は、たったの一週間になりそうだ。

5. 표류하다 : 漂流(ひょうりゅう)する, 漂(ただよ)う

▶ 그는 도중에 폭풍우를 만나 선원 3명과 함께 루손 섬(= Luzon-Isand)으로 표류했다.[루손 섬, yp]

彼は、途中嵐(あらし)に遭って、船員3名とともにルソン島へ漂流した。

▶ 유빙(= pack ice)이란, 동결・밀집되어 있고, 물가로 부터 멀어

져 표류하는 해빙, 혹은 그것들이 물가에 표착한 것을 말한다.[流氷, yp]

流氷(りゅうひょう)とは、凍結(とうけつ)・密集(みっしゅう)し、岸(きし)から離れて漂流する海氷(かいひょう)、もしくは、それらが岸へ漂着(ひょうちゃく)したものを言う。

▶ 구명보트는, 큰 바다 한가운데를 나뭇잎과 같이 표류하고 있었다.

救命(きゅうめい)ボートは、大海(たいかい)のまっただ中を、木(こ)の葉(は)のように漂っていた。

cf) 헤매다(방랑하다) : さ迷(まよ)う, さすらう, 放浪(ほうろう)する

▶ 꿈이 있다면 쫓는 게 좋아. 마치 집시처럼 자유롭게 헤매다가 우리들이 만나게 되었던 거니까.[B'z의 노래 one]

夢があるなら追(お)い掛(か)ければいい。まるでジプシーみたいに自由にさまよいながら僕(ぼく)らがであったんだから。

▶ 마치 나는, 끝없는 황야를 영원히 방랑하는 여행자 같습니다.

まるで、私は、果(は)てしない荒れ野を、永遠にさすらう旅人のようです。

▶ 이 애니메이션 작품은, 샐러리맨 생활에 진저리가 난 '떠돌이 군'이, 일본 각지를 방랑하는 어른용 개그 만화이다.[만화, yp]

このアニメ作品は、サラリーマン生活に嫌気(いやけ)がさした'さすらいくん'が、日本各地を放浪する大人向(おとなむ)けギャグの漫画だ。

6. 불과 : ほんの(本の), わずか(僅か), ものの(物の)

▶ 불과 500미터 떨어진 곳에 가는데도 걷지 않고 차를 타고 갑니다.
ほんの500メートルはなれた所へ行くのにも歩かずに車に乗るんです。

▶ 국산 막걸리의 원료에서 우리 쌀 비중은 불과 13.6%라고 한다. 나머지는 값싼 수입쌀이나 밀이다.[막걸리, 중앙]
国産マッコリの原料のうち、国産米の比率はわずか13.6%という。残りは価格が安い輸入米や小麦だ。

▶ 초조나 긴장으로, 의식이 흥분되어 잠들 수 없고 쉴 수 없었던 사람이, 글라스 하프(= glass harp)의 소리를 듣고서, 불과 5분도 안되어 잠들어 버리기도 합니다.[하프, yp]
あせりや緊張(きんちょう)から意識(いしき)が高ぶり、眠れずまた休めなかった人が、グラスハープの音を聴(き)いて、ものの5分もたたないうちに眠ってしまったりもします。

7. 설치하다 : 置(お)く, 設(もう)ける, 設置(せっち)する, 拵(こしら)える, 仕掛(しか)ける

▶ 차량이 고장으로 도로에 멈춰 섰을 때는, 낮에는 후방 100m, 밤에는 후방 200m 지점에 안전 삼각대를 설치해야 한다.[삼각대, 중앙]
故障のために車を道路に停車(ていしゃ)する時は、昼間は後方(こうほう)100メートル、夜は後方200メートルの地点に安全三脚台(さんきゃくだい)を置かなければならない。

▸ 기초코스의 종료 후, 더욱 높은 기술을 익히고 싶어 하는 사람을 위해 전문코스도 설치(마련)되어 있습니다.
基礎コースを終了(しゅうりょう)後、さらに高等な技術を身につけたい人のために、専門コースも設けられています。

▸ 1986년 종합개발 때 수중보를 설치한 한강은, 당시 24종이었던 어류가 현재 71종으로 늘었다.[수중보, 중앙]
1986年の総合開発の際、水中堰(すいちゅうせき)を設置した漢江は、当時、4種(しゅ)だった魚類(ぎょるい)が、現在は71種にまで増えた。

▸ 장시간 프라모델(= plastic model)을 설치하면(만들면) 접착제 냄새에 취해 버린다고 한다.
長時間(ちょうじかん)プラモデルをこしらえていると、接着剤(せっちゃくざい)のにおいに酔(よ)ってしまうそうだ。

▸ 북한이 노리는 바일 것이다. 한 목사는 북한이 설치한(꾸민) 선전연극에서 배우 역할을 톡톡히 한 셈이다.[북한, 중앙]
北朝鮮の狙(ねら)い通りのはずだ。韓牧師は、北朝鮮が仕掛けた宣伝(せんでん)演劇で俳優の役割を充実に行ったわけだ。

8. 신고 : 通報(つうほう), 申告(しんこく), 申請(しんせい), とどけで(届け出, 届出)

▸ 누군가 경찰에 용의자가 있는 곳을 신고한 사람이 있다.
だれか警察に容疑者(ようぎしゃ)の居場所(いばしょ)を通報した者がいる

▸ 세금 신고를 소홀히 했더니 세무서에서 호출통지가 왔다.
税金(ぜいきん)の申告を怠(おこた)ったら、税務署(ぜいむしょ)から呼び出しの通知(つうち)が来た。

▶ 주소・전화번호 등의 변경은 '신고 내용의 변경'에서 신청해 주세요.
ご住所・電話番号などの変更は、'申請内容の変更'から、お申込(もうしこ)みください。

▶ 호적에 대한 신고는 이 창구에서 신청해 주세요.
戸籍(こせき)についての届出は、この窓口でお申込みください。

cf) 신고하다 : 申告(しんこく)する, 届(とど)ける, 届け出(で)る

▶ 가수들이 신고한 수입액은 1인당 평균 2600만원이었고, 모델은 1100만원에 불과했다.[신고액, 중앙]
歌手が申告した年収は1人当たり平均2600万ウォンで、モデルは1100万ウォンにすぎなかった。

▶ 범인이 어디에 있는지 알고 있는 사람은, 신고하지 않으면 안 된다.
犯人がどこにいるかを知っている者は、届け出なければならない。

9. 지나다 : 経(た)つ, 過(す)ぎる

▶ 쇼핑하러 간 엄마가 한참이 지나도 돌아오지 않아서 걱정됐다.
買い物に出かけた母がいつまで経っても帰ってこないので、心配になってきた。

▶ 금연개시 후 5일을 지나면 안정이 된다고 한다.[금연, yp]
禁煙開始後(きんえんかいしご)5日を過ぎると、楽になるということだ。

▶ 8월도 중순이 지나면, 아침저녁 시원한 바람으로 살며시 다

가오는 가을 기운이 느껴집니다.
八月も半(なか)ばをすぎると、朝夕(あさゆう)の涼しい風に、忍(しの)び寄(よ)る秋の気配(けはい)が感じられます。

10. **출동하다** : 出動(しゅつどう)する, 出向(でむ)く

▸ 국왕은, 반란군의 평정을 위해 정규군을 출동시켰다.
国王(こくおう)は、反乱軍(はんらんぐん)の平定(へいてい)のために正規軍(せいきぐん)を出動させた。

▸ 삿포로市에서는, 제설차의 출동은 10cm이상의 강설을 기준으로 하고 있습니다만, 노면 상황이나 기온 등을 종합적으로 판단하여 '출동할지 출동하지 않을지'를 결정합니다.[제설차, yp]
札幌市では、除雪車(じょせつしゃ)の出動は10cm以上の降雪(こうせつ)を目安(めやす)としていますが、路面状況や気温などを総合的に判断して'出動するか出動しないか'を決定します。

▸ 정말로 무기가 필요한 사건은, 어느 쪽인가 하면 기동대가 함께 출동할 때이다.[기동대, yp]
本当に武器(ぶき)が必要な事件は、どちらかというと、機動隊(きどうたい)が共に出向く時だ。

11. **그나마** : それさえも, それだけでも, わずかながら, その上(うえ), せめて

▶ 할아버지 집은, 판잣집인데 그나마 이번 홍수에 떠내려 갔다.
おじいさんの家は、バラックだったがそれさえも今度の洪水(こうずい)で流されてしまった。

▶ 그나마 주(週)급료가 많기나 했으면 좋겠는데….
それだけでも週給(しゅうきゅう)がたくさんもらえればまだいいんだが…。

▶ 신나게 놀아도 모자랄 텐데 몸져 누워 금쪽같은 휴가를 보내자니 억울해 미칠 판이다. 그나마 위안이 되는 건 당신 혼자 그런 게 아니라 서다.[휴가병, 중앙]
楽しく遊んでも足りないというのに、病気で寝込んで貴重な休暇を過ごすことになると、くやしくてたまらないことだろう。わずかながら慰(なぐさ)めになるのは、あなた一人だけがそうではないということだ。

▶ 길은 멀고 해는 지고, 그나마(게다가) 먹을 것은 떨어지고….
道は遠いし、日は暮(く)れたし、その上食べ物は切(き)れたし…。

▶ 그와 만날 수 있었던 것이 그나마 위안이 되었다.
彼に会えたのが、せめてものなぐさめだ。

12. 즉각(즉시) : 即刻(そっこく), 即時(そくじ), すぐに, 早速(さっそく), 次第(しだい), 直(ただ)ちに, 折(お)り返(かえ)し(= したらすぐに)

▶ 일본에 즉각 반환을 재촉하는 결의안을 발의했다.
日本に即刻返還(へんかん)を促(うなが)す決議案(けつぎあん)を発議(はつぎ)した。

▶ 본사는 급한 배달이 발생했을 경우 즉시 배달에 응합니다.[배

달, ypl

本社は、急配(きゅうはい)が発生した場合、即時配達に対応(たいおう)いたします。

▶ 일본은 날씨가 덥고 습해 즉시(빨리) 취한다. 그래서 '사케'를 홀짝홀짝 마신다.[酒, 중앙]

日本は暑くて湿気が多く、すぐに酔う。このため'酒(さけ)'を少しずつ飲む。

▶ 즉각 이 안을 실행에 옮기고 싶다고 생각합니다.

さっそくこの案(あん)を実行(じっこう)に移したいと思います。

▶ 보내신 포도와 배가 도착하는 즉시 송금하겠습니다.

お送りになったブドウとナシがとどき次第、ご送金(そうきん)いたします。

▶ 미국과 영국은 아프간 군사공격을 즉각 중지하라.

米と英は、アフガン軍事攻撃(こうげき)をただちに中止(ちゅうし)せよ。

▶ 119에 전화하자 즉각 구급차가 달려왔다.

119番に電話すると、直ちに救急車(きゅうきゅうしゃ)がかけつけた。

▶ 돌아오면 즉시 전화하게 하겠습니다.

戻(もど)りましたら折り返しお電話させます。

▶ 즉시 답장을 기다리겠습니다.(= 편지문의 맺는말)

折り返しお返事(へんじ)のほどをお待(ま)ち申(もう)しあげております。

13. (조명탄을) 띄우다 : 打(う)ち上(あ)げる, 浮(う)かべる, 浮(う)かす, 漂(ただよ)わす

▸ 밤하늘에 아름다운 불꽃을 띄웠다.
夜空にきれいな花火(はなび)をうちあげた。

▸ 매실 엑기스를 물로 희석시켜 얼음을 띄워 마십니다.[매실, yp]
梅エキスを水で割(わ)り、氷を浮かべていただきます。

▸ 흰 구름을 하나 띄우고 가을 하늘은 끝없이 푸르다.
白い雲をひとつ浮かべて、秋の空はどこまでも青い。

▸ 화난 말투였습니다만 얼굴에 웃음을 띄우고 있었습니다.
口では怒(おこ)っていましたが、ほおに笑い浮かしていました。

▸ 애드벌룬을 하늘에 띄워 축하를 해 주었다.
アドバルーンを空にうかして祝ってくれた。

▸ 그는 은근한 미소를 입가에 띄우고서, 조용히 눈을 감았다.
彼は、秘(ひ)めやかな微笑(びしょう)をその唇(くちびる)の端(はし)に漂わすと、静かにその目を閉(と)じたのである。

cf) (누룩 · 納豆 등을) 띄우다 : 寝(ね)かす

▸ 술을 빚기 전에 메주를 띄우는 기간이 필요하다.
酒をつくる前にこうじをねかす期間が必要だ。

▸ 원재료를 띄움(재움)으로써 보다 숙성되며 맛이 순해집니다.[요리, yp]
生地(きじ)をねかすことによって、より熟成(じゅくせい)し、味がまろやかになるのです。

14. 수색하다(찾다) : 捜索(そうさく)する, 捜(さが)す

▸ 스키장에서 조난한 7명을 수색하는데 얼마 정도 걸렸을까?
スキー場で遭難(そうなん)した7人を捜索するのに、どれぐらいかかっただろうか。

▸ 해외에서 행방불명이 된 사람을 수색하고 있다.
海外で行方不明(ゆくえふめい)になった人を捜索している。

▸ 뺑소니 사고의 목격자를 찾고 있다고 한다.
ひき逃(に)げ事故の目撃者(もくげきしゃ)を捜しているそうだ。

▸ 안내자는 그 번지를 찾는데 매우 고생했습니다.
ガイドはその番地をさがすのに、一苦労(ひとくろう)しました。

15. 한동안(한때) ： しばらくのあいだ，一時(いちじ，ひととき，いっとき)

▸ 이달 초에 조금 비가 내렸을 뿐 한동안 비가 내리지 않는다.
今月の初めにちょっと降っただけで、しばらくのあいだ雨がふらない。

▸ 대표 팀에는 한동안(한때) 박지성 따라하기 열풍이 불었다. 박지성이 인터뷰 때 '때문에'라는 말을 많이 하자 선수들도 이를 따라했다.[축구, 동아]
代表チームでは一時(いちじ)、朴智星(パクジソン)の物真似(ものまね)が流行った。朴智星がインタビューの時、'～ために'という言葉をよく口にすると、選手らもこの口癖(くちくせ)を真似(まね)した。

▸ 나도 한동안 우표수집에 열중한 적이 있었습니다. 매우 재미있었습니다.
私もひととき切手あつめにむちゅうになったことがありました。とても面白かったんです。

▸ 저 녀석도 한때는 불량스러웠던 것 같았지만 지금은 성실하게 가업을 잇고 있는 것 같다.

あいつも、いっときはぐれていたようだが、今は家業(かぎょう)を継(つ)いでまじめになっているらしい。

16. ~조차 ~지 못하다(할 수 없다) : ~さえ~ない, ~すら~ない, ~だに~ない

- 올해 목표에 접근조차 할 수 없었습니다.
  今年の目標(もくひょう)に接近(せっきん)さえできませんでした。
- 잉글랜드로서는 대표 팀에 뽑힌 선수들이 이름값조차(이름값만) 해줘도 걱정할 게 없었다.[축구, kr]
  イギリスとしては、代表チームに選ばれた選手たちが、その名に相応(ふさわ)しいプレーさえしてくれたら心配することはなかった。
- 건물 안으로는 들어갈 수 없어서 그의 얼굴조차 볼 수 없다.
  建物の中には入れないから、彼の顔すら見れない。
- 이의를 제기할 여유조차도 없이 다수에게 밀려버렸다.
  異義(いぎ)をさしはさむ余裕(よゆう)すらなく、多数(たすう)に押(お)し切(き)られてしまった。
- 몹시 지쳐 돌아온 그는, 방에 놀랄만한 광경이 기다리고 있는 것을 예상조차 하지 못했다.
  疲れ切って帰ってきた彼は、部屋に驚くべき光景が待ち受けているなど予想だにしなかった。

17. 발견되다 : 発見(はっけん)される, 見出(みいだ)される, 見付(みつ)けられる

▸ 태양보다 80억배 밝은 새로운 별이, 일본연구진에 의해 세계 최초로 발견되었다.[超新星, yp]

太陽より80億倍(おくばい)明るい新しい星(ほし)が、日本の研究陣(じん)によって世界最初に発見された。

▸ 시대의 풍조로써 오래된 건축물에 역사적 가치가 발견되고 있습니다.[기념관, yp]

世(よ)の中の風潮(ふうちょう)として旧(ふる)い建築物に歴史的な価値が、見出されるようになってきています。

▸ 가사에 육아에 평범한 매일, 사소한 일거리에도 즐거움이 발견되는 것은, 세심하면서도 긍정적인 하루하루의 관점이 있기 때문이다.[나와 빵, yp]

家事に育児に平凡な毎日、ささやかな出来事にも楽しみが見付けられるのは、めんみつで前向(まえむ)きな日々(ひび)の視点(してん)があるからこそ。

18. ~마다 : ~毎(ごと)に, ~度(たび)に, ~都度(つど)

▸ 우체부 아저씨는, 편지를 집집마다 돌리며 걸어 다니고 있습니다.

郵便屋さんは、手紙を家ごとに配(くば)って歩いています。

▸ 쇼핑을 반복할 때마다 얻는 포인트 제도를 실시하고 있습니다.[포인트, yp]

お買い物を重(かさ)ねるごとに得するポイント制度を実施(じっし)しています。

▸ 당신을 만날 때마다 고동소리가 높아지네. 마치 바람이 피아노를 치는 것처럼.[笠原弘子, そよ風のソナチネ]

あなたに会うたび鼓動(こどう)が高鳴(たかな)るの。まるで、風がピアノ弾(ひ)くみたいに。

▶ 이가 좋지 않는 사람은 닦을 때마다 피가 납니다.
歯が良くない人は、磨(みが)くたびに血(ち)が出(で)ます。

▶ 그때마다 승차권을 사는 것보다, 회수권을 구입하는 편이 편리하고 득이 됩니다.
そのつど乗車券(じょうしゃけん)を買うより、回数券(かいすうけん)を購入(こうにゅう)したほうが便利でお得(とく)です。

19. (경계 등)을 서다 : ～に当(あた)る

▶ 천안문 앞에서도 무장경관이 경계를 서고 있다.[천안문, yp]
天安門(てんあんもん)前でも武装警官(ぶそうけいかん)が警戒にあたっている。

cf) (토론 등)에 나서다 : ～に立(た)つ

▶ 세종市 원안 고수를 주장해온 한나라당 박 전대표는, 이례적으로 직접 반대 토론에 나서 약속은 반드시 지킨다는 신뢰가 있어야 한다고 말했다.
世宗市原案固守(げんあんこしゅ)を主張してきたハンナラ党の朴元代表は、異例(いれい)にも反対討論に立ち、約束は、必ず守るという信頼がなければならないと主張した。

20. 밝혀지다 : 明(あ)かされる, 明(あき)らかにされる, 証明(しょうめい)される

▶ 재판에서 자신의 결백함이 밝혀졌다.

裁判で、身(み)の潔白(けっぱく)が明かされた。

▶ 알코올을 전혀 마시지 않는 사람도 사망률이 높으며, 적당량의 음주자는 가장 사망률이 낮은 것이 밝혀졌다.[음주문화, yp]

アルコールをまったく飲まない人も死亡率(しぼうりつ)は高く、適度の飲酒者はもっとも死亡率が低いことがあきらかにされた。

▶ 그 돈은 그가 훔친 것이 아니라는 것이 증명되었다.

そのお金は、彼が盗んだのではないということが証明された。

21. 인근 : 近(ちか)くの, 近所(きんじょ), 辺(あた)り, 周辺(しゅうへん)

▶ 힐러리·클린턴 미국 국무장관과 로버트·게이츠 국방장관이 21일 오전 비무장지대(DMZ) 인근의 올렛 초소를 방문해, 쌍안경으로 북한 쪽을 살펴보았다.[DMZ, 동아]

ヒラリー・クリントン米国務長官とロバート・ゲーツ国防長官が21日午前、非武装地帯近くのオウレット哨戒所(しょうかいしょ)を訪問し、双眼鏡(そうがんきょう)で北朝鮮側を眺(なが)めた。

▶ 엊저녁에 우리 집 인근에 화재가 났다.

ゆうべうちの近所で火事(かじ)があった。

▶ 도쿄의 긴자 인근에는 미츠코시 등 유명한 백화점이 많이 모여 있다.

東京の銀座あたりは、三越など有名なデパートが多く集まっている。

▶ 더운 여름밤이면, 한강 둔치는 인근 주민이 피서를 하며, 레포츠를 즐기는 공간이 됐다.[한강둔치, 동아]

暑い夏の夜なら、漢江のほとりは、周辺の住民が涼(りょう)を求め、レジャースポーツを楽しむ空間となっている。

22. ～임에도(불구하고) : ～にも拘(かかわ)らず, それなのに

▶ 태풍에도 불구하고, 결혼식 피로연을 대성황 속에 무사히 종료했다.
台風にもかかわらず、結婚式の披露宴(ひろうえん)を大盛況(だいせいきょう)のうち無事に終了(しゅうりょう)した。

▶ 최소한의 수치심이라도 있다면, 반성과 사과부터 하는 것이 도리다. 그럼에도(그런데도) 사과는커녕 상황 모면에만 급급하니 공직자로서의 자질이 의심스러울 뿐이다.[공직자, 동아]
最小限の羞恥心(しゅうちしん)でもあれば、反省(はんせい)と謝罪(しゃざい)からすることが道理(どうり)だ。それなのに謝罪どころか、状況回避(じょうきょうかいひ)にばかり汲々(きゅうきゅう)としていたら、公職者(こうしょくしゃ)としての資質(ししつ)が疑(うたが)われるだけだ。

cf) ～에 구애받지 않고(～를 개의치 않고) : ～に拘(こだわ)らず, ～を顧(かえり)みず

▶ 옛날 구호에, 아들딸에 구애받지 않고(구별 말고) 하나 낳아 잘 기르자 라는 말이 있다.
昔のスローガンには、男女(だんじょ)にこだわらず一人だけ産(う)んで立派に育てようということばがある。

▶ 예상했던 대로 그는, 주위의 불쾌함도 개의치 않고, 제멋대로 생각나는 대로 말하기를 꺼려하지 않는다.
例のごとく、彼は、周囲(しゅうい)の迷惑(めいわく)もかえりみず、自分勝手(じぶんかって)な思いつきを放言(ほうげん)してはばからない。

일본어번역문 15-A

軍の海岸防御に大きな穴が開けられた。武装スパイを乗せた潜水艦が機関の故障を起こして水面上に浮び、最小限一時間余海岸線附近で漂っていたが、ほんの一キロメートル横に設置されているレーダーはこれがをチェックできなかった。また、市民の申告を受けた軍の部隊「五分待期組」は四十分余り過ぎてからやっと出動したが、それも即刻照明弾を浮かべて捜すとは考えず、しばらく潜水艦に接近すらも出来なかった。

軍によると、北朝鮮の潜水艦が発見された所から南へ七百メートルの地点と北へ二百メートルの地点には海岸哨所があったのにこの日は海岸線一メートルごとに警戒に当たるB級の勤務状態という理由で、これらの哨所には警戒兵力を配置しなかったことで明かされた。また潜水艦か発見された所から北方辺りの海軍のレーダー基地があったにもかかわらず、潜水艦が発見できなかった。

일본어번역문 15-B

軍の海岸防御に大きな穴が打ち抜かれた。武装スパイを乗せた潜水艦が、機関の故障を引き起こして水面上に浮かび上がり、すくなくとも一時間余り海岸線辺りで漂流していたが、わずか一キロメートル先に設けられているレーダーはこれがチェックできなかった。また、市民の通報を受けた軍の部隊「五分待機組」は四十分余り経ってからやっと出向いたが、それさえも直ちに照明弾を打ち上げて捜索することすらせず、しばらくのあいだ潜水艦に接近することさえしなかった。

軍によると、北朝鮮の潜水艦が発見された所から南方へ七百メートルの地点と北方二百メートルの地点には海岸哨所があったが、この日は海岸線一キロメートルごとに警戒に当っているB級の勤務状態という理由で、これらの哨所には警戒兵力を配置しなかったことが明らかにされた。また潜水艦が発見された地点から北方の付近に海軍のレーダー基地があったにもかかわらず、潜水艦が発見できなかった。

16장 우주비행사의 기호식품

한국어문

우주비행사들은 마늘 같은 자극적인 음식을 좋아한다. 러시아의 우주정거장 '미르'와 도킹하기 위해, 지난 16일 아침(미국 동부시각) 美 플로리다州 케이프·커내버럴 공군기지에서 발사된 우주왕복선 애틀랜티스 호에는, 마늘과 양파 맛이 나는 사탕 '서츠(Certs)'가 가득 실려 있다.

1백88일간의 우주체류 신기록을 세운 미국의 여성우주인 샤논·루시드 박사(53)와 함께 미르에 거주하고 있는 두 명의 러시아 우주인이, 마늘과 양파를 보내줄 것을 요청해 왔기 때문이다. 이유는 불확실하지만, 우주비행사들은 무중력 상태에서의 음식 맛은 싱겁기 짝이 없다고 불평하고 있다.

지난 82년 미르에서 2백11일간을 체류했던 러시아 우주인 발렌틴·레베데프와 아나톨리·베레조보이는, 실험용 양파를 모두 게걸스럽게 먹어치운 적이 있다. 핫소스를 가지고 올라가 우주식에 마구 뿌려 먹는 우주인들도 있다.[우주비행사의 기호식품, 과학, 조선]

한자어휘

우주 : 宇宙(うちゅう)
비행사 : 飛行士(ひこうし)
자극적 : 刺激的(しげきてき)
우주정거장 : 宇宙ステーション
동부시각 : 東部時刻(とうぶじこく)
공군 : 空軍(くうぐん)
발사 : 発射(はっしゃ)
왕복선 : 往復船(おうふくせん)
~호 : ~号(ごう)
체류 : 滞留(たいりゅう)
신기록 : 新記録(しんきろく)
우주인 : 宇宙人(うちゅうじん)
박사 : 博士(はかせ)
거주하다 : 居住(きょじゅう)する
요청하다 : 要請(ようせい)する
이유 : 理由(りゆう)
불확실하다 : 不明(ふめい)だ
무중력 : 無重力(むじゅうりょく)
상태 : 状態(じょうたい)
불평하다 : 不平(ふへい)を言う
실험용 : 実験用(じっけんよう)
우주식 : 宇宙食(うちゅうしょく)

어휘 및 어구

1. 자극적이다 : 刺激的(しげきてき)だ, 派手(はで)だ, 艶(あで)やかだ, どくどくしい(毒毒しい)

▸ 그 강사의 연설은, 늘 같은 내용이지만 재미있으며 또한 자극적이었습니다.
あの講師の演説(えんぜつ)は、いつも同じ含(ふく)みですが、面白くかつ刺激的でした。

▸ 귀가 길, 전철에 매달려있는 광고를 자주 본다. 주간지의 자극적인 광고는 없고, 무언가 여행과 관련된 것이 많다.[전철 내 광고, yp]

帰りの電車で、吊(つ)り広告(こうこく)をよく見る。週刊誌のようなはでな広告は無く、何だか旅行関係のものが多い。

▸ 남쪽나라의 나비는, 모양도 크고 색도 자극적인 것이 많은 것 같다.

南の国のちょうは、形(かたち)も大きく、色もあでやかなものが多いようだ。

▸ 이것은 자극적인(짙은) 컬러의 양말이지만, 뭐, 크리스마스답게 화려하게 만들어 보았습니다. 여러분, 금년 크리스마스는 어떻게 보내시는지요?[X-mas, yp]

これは、どくどくしいくつしたの色ですが、まあ、クリスマスっぽくにぎやかにしてみました。今年のクリスマスは皆様、いかがお過ごしになるのでしょうか。

2. 도킹하다 : ドッキング(= docking)する, 結合(けつごう)する

▸ 미국의 아폴로・소유즈 테스트 계획은, 아폴로의 사령・기계선이, 지구 선회 궤도상에서 소련의 소유즈 우주선과 도킹한다는 것이었다.[아폴로계획, yp]

アメリカのアポロ・ソユーズテスト計画は、アポロの司令・機械船が、地球周回(しゅうかい)軌道上(きどうじょう)で、ソ連のソユーズ宇宙船とドッキングするというものであった。

▸ 이 물질은 두 개의 원소가 결합해서 생긴 것이다.

これは、二つの元素(げんそ)が結合して出来たものである。

3. 발사하다 : 発射(はっしゃ)する, 打(ぶ)っ放(ぱな)す, 放(はな)つ, 打(う)ち上(あ)げる

▶ 미국이 미사일을 발사하려 해도, 일본의 반도체 없인 안 된다.[반도체, 중앙]
米国がミサイルを発射しようとしても、日本の半導体(はんどうたい)がなければできない。

▶ 차이콥스키의 서곡 '1812년'은, 마지막 부근에서 마치 대포를 발사하는 것 같았다.[클래식, yp]
チャイコフスキーの序曲(じょきょく)'1812年'は、ラストのあたりで大砲(たいほう)をぶっ放すのではなかったかな。

▶ 시인의 말은, 발사되는(날아가는) 화살처럼 진실과 미의 최고 경지를 향해 나아간다.
詩人の言葉は、放たれた矢(や)のように真実(しんじつ)と美の至高(しこう)の極(きわ)みへと向かう。

▶ 일본은, 독자적으로 개발한 소행성 탐사우주선 '하야부사'가 7년 만에 지구에 성공적으로 귀환한 데 힘입어, 2014년 후속 탐사선을 발사하기로 했다.[일본의 우주선, 중앙]
日本は、独自に開発した小惑星探査機(しょうわくせいたんさき)'はやぶさ'が7年ぶりに地球に成功裏(り)に帰還(きかん)したことを受け、2014年に後続(こうぞく)の探査機を打ち上げることにした。

4. 맛이 나다 : 味(あじ)がする

▶ 이 약은, 초콜릿 같은 맛이 나 먹기 좋은데.

この薬は，チョコレートみたいな味がして飲みやすいね。

▶ 아버지의 요리치고는 잘된 것으로써 꽤 괜찮은 맛이 납니다.
父の料理にしては、上出来(じょうでき)で、なかなかいい味がします。

cf) 맛을 내다 : 味(あじ)をつける

▶ 이 생선요리는 소금과 후추만으로 맛을 냈습니까?
この魚料理は、塩とこしょうだけで味をつけましたか。

▶ 아이에게도 먹기 쉽게 약간 설탕으로 맛을 냈습니다.
子供にも食べやすいように、ちょっと砂糖(さとう)で味を付けてあります。

5. 가득 : ぎっしり(と)，なみなみ(と)，いっぱい，たっぷり

▶ 나의 낙서는 언제나 이렇게 여백 없이 가득 그려 버립니다.
私の落書(らくが)きは、いつもこのようにスペースなしでぎっしりと描いてしまいます。

▶ 그 케냐 소년은, 양동이에 더러운 물을 가득 담아 가지고 왔다.
そのケニアの少年は、バケツに汚い水をなみなみ(と)入れて持って来た。

▶ 불쌍한 아이에 대한 이야기를 듣자, 소녀의 두 눈에 눈물이 가득 차올랐다.
かわいそうな子どもの話を聞くと、少女の両(りょう)の目に涙がいっぱいあふれてきた。

▶ 그 사람은, 장난기가 가득해 항상 주위를 웃기게 합니다.
あの人は、茶目(ちゃめ)っけたっぷりでいつもまわりを笑わせています。

6. **실리다(게재되다) :** 載(の)る(自), 載(の)せられる, 積(つ)まれる

▸ 이렇게 많은 짐이 내 여행가방에 실릴까?

こんなにたくさんの荷物が、おれのトランクに載るかなぁ。

▸ EBS 인터넷 방송강의 도중에 군대를 비하하는 발언을 했다는 고교 여교사의 이야기가 신문에 크게 실려 있었다.[군대비하, 동아]

EBSインターネット放送での講義の途中で、軍隊を卑下(ひげ)する発言(はつげん)をしたという高校女教師の話が、新聞に大きく載っていた。

▸ 불법 방북 중인 한목사가, 판문점 북측 지역에서 북한 군인의 도움을 받아 망원경으로 남쪽을 살펴보는 사진이, 어제 한 신문에 실렸다.[불법방북, 동아]

不法(ふほう)に北朝鮮を訪問中の韓牧師が、板門店の北側地域で北朝鮮軍人の助けを受け、望遠鏡で南側をながめる写真が、昨日ある新聞に載せられた。

▸ 하루에 한번 많은 짐이 화물차에 실려 종착역까지 보내진다.

一日一度多くの荷物が貨車(かしゃ)に積まれて終着駅にまで送られる。

7. **(신기록을) 세우다 :** 打(う)ち立(た)てる, マーク(= mark)する, 樹立(じゅりつ)する, 作(つく)る

▸ 자마이카의 볼트 선수는, 육상 100m에서 9.58秒로 세계신기록을 세웠다.

ジャマイカのボルト選手は、陸上(りくじょう)100mで9.58秒

の世界新記録をうち立てた。

▶ 이번에 신기록을 세운 문고판은, 개업 10년 발매의 문고로 첫 밀리언셀러가 되었다.

今回新記録を打ち立てた文庫版は、開業10年目発売の文庫で初めてのミリオンセラーとなった。

▶ 그 야구 선수는, 작년에 삼루타 대회 신기록을 세웠다(마크했다). その野球選手は、去年三塁打(さんるいだ)の大会新記録をマークした。

▶ 2009년에 릴리스한 대표곡 'sorry, sorry'가 한일 차트 30주 연속 1위라고 하는 대기록을 수립한 'super junior'.[아이돌 가수, yp]

2009年にリリースした代表曲'sorry,sorry'が韓日チャート30週連続1位という大記録を樹立した'super junior'。

▶ 윔블던의 역사에서, 새로운 기록을 세운 3명의 위대한 선수들의 수많은 멋진 경기를 재현한다.[스포츠 비디오, yp]

ウィンブルドンの歴史の中で新しい記録を作った3人の偉大な選手達の素晴らしい数々(かずかず)のプレーを再現します。

cf) (기록을) 깨다 : 破(やぶ)る, 更新(こうしん)する

▶ 그녀는 멀리뛰기 세계신기록을 수립하였으나, 반년 후에 그 기록이 깨졌다.[신기록, yp]

彼女は、走り幅跳(はばと)びの世界新記録を作ったが、半年後(はんとしご)にその記録を破られた。

▶ 코스가 뚜렷한 게임이니까 한계를 느끼기 십상이지만, 기록을 깰 수 있는(갱신할 수 있는) 스테이지는 많이 있다고 생각합니다.[任天堂 기록, yp]

コースがはっきりしているゲームだから、限界を意識しがちだけど、記録更新できるステージはたくさんあ

ると思います。

8. 거주하다(살다) : 居住(きょじゅう)する, すむ(住む, 棲む), 住(す)まう

▸ 강남구청은, 당초 코엑스 반경 600m 이내에 <u>거주하</u>는 주민 8만6000여명에게 전자 태그(= RFID)칩이 내장된 임시 신분증을 제공할 계획이었다.[G-20회의 경비, 동아]
江南区役所は当初、COEX半径600メートル以内に<u>居住する</u>住民約8万6000人に対し、電子タグチップが組み込まれた臨時の身分(みぶん)証明書を提供する計画だった。

▸ 옛날 사람들은 바위 굴이나 나무 위에 <u>거주했</u>다.
昔の人は、岩穴(いわあな)や木の上に<u>住ん</u>でいた。

▸ 여기는 정부관계자와 일본기업의 주재인들 20명이 <u>거주하</u>고 있다.
ここは、政府関係者や日本企業の駐在員ら20人が<u>住ん</u>でいる。

▸ 물에 <u>사</u>는 동물은 촬영하기 어렵지만 영상자료로써 가치가 있다.
水に<u>棲む</u>動物は、撮りにくいが映像資料として値打(ねうち)がある。

▸ 그 유명한 영화스타는 전등도 없는 산골에 조용히 <u>거주하</u>고 (살고) 있다.
その有名なムービースターは、電灯(でんとう)もない山奥(やまおく)に<u>すまっ</u>ている。

9. 보내주다(보내다) : 送(おく)る, 送ってくれる, 出(だ)す, 出してくれる, 届(とど)ける

▸ 이 정도 크기의 물건이라면, 소포가 아니라도 편지 봉투로 보낼 수 있을 것이다.

これくらいの大きさの物なら、小包(こづつみ)でなくとも封書(ふうしょ)で送れるだろう。

▸ 해준 것도 없는데 항상 가족부터 먼저 생각하는 너를 보며, 하늘이 우리 집에 천사를 보내주신(내려준) 게 아닌가 하는 생각까지 했었어.[여자축구선수 지소연 엄마의 편지, 동아]

何かとくにしてあげたわけでもないのに、いつも家族のことを先に考えるあなたを見て、天(てん)が我(わ)が家(や)に天使(てんし)を送ってくださったのではないかとまで思ったりしたの。

▸ 선수에게 사인을 보내는 것은, 프로야구의 경우 대부분이 삼루 코치의 역할입니다.

選手にサインを出すのは、プロ野球の場合、多くが三塁(さんるい)コーチの役目(やくめ)です。

▸ 이 서류는 지금 즉시 제출하고 싶은데, 미안하지만 속달로 보내주지 않겠니?

この書類(しょるい)は、すぐに提出(ていしゅつ)したいんだが、すまないけど速達(そくたつ)で出してくれないか。

▸ 생일 축하선물로 백화점에서 선물을 보내게 했다.

誕生日のお祝(いわ)いにと、デパートからプレゼントを届けさせた。

10. 요청하다(요구하다) ： 求(もと)める, 要求(ようきゅう)する, 要請(ようせい)する

▸ 교육 과학기술부는, 이러한 수속상의 결점을 듣고 정관개정

을 요구했다.[학자금대출, 동아]

教育科学技術部は、このような手続き上の欠点を聞き、定款改正(ていかんかいせい)を求めた。

▸ 따라서 중장기적으론 보다 전략적인 외교 전략이 요구되는 것이다.[한·미동맹, 중앙]

したがって中長期的(ちゅうちょうきてき)にはより戦略的(せんりゃくてき)な外交戦略が要求される。

▸ 주한 중국대사관이, 대만총통 취임식에 참석하려던 우리 국회의원들에게 전화를 걸어, 불참을 요청하는 오만함을 보인 적도 있다.[중국은 '전략적 협력 동반자' 맞나, 중앙]

駐韓中国大使館が、台湾総統(そうとう)の就任式に出席しようとしていた韓国の国会議員らに電話をかけ、欠席を要請する傲慢(ごうまん)さを見せたこともある。

11. 싱겁다 : 薄(うす)い, 水(みず)っぽい, 甘(あま)い(= からくない)

▸ 싱거운 된장국 쪽이 고혈압환자에게는 상당히 도움이 된다.

うすい味噌汁(みそしる)の方が、高血圧患者(こうけつあつかんじゃ)にはかなり打(う)って付(つ)けだ。

▸ 이 막걸리는 물이 들어 있는지, 너무 싱거워 마실 수 없는데.

このマッコリは、水が入れてあるのか、とても薄くて飲めないな。

▸ 고기나 야채도 매우 부드러워졌는데, 먹어 보니 조금 싱거운 맛이었습니다.[요리, yp]

お肉も野菜もとっても柔らかくなったんですが、食べてみたら少し水っぽいかんじでした。

▸ 나는 괜찮은데 이 메밀국수의 맛이 싱거우면(짜지 않으면), 좀 더 소금을 넣어보세요.

わたしはだいじょうぶですが、この蕎麦(そば)の味が、甘ければもう少し塩を入れてみてください。

12. ~(하기) 짝이 없다(너무~하다) : ~すぎる, ~極(きわ)まる, ~極(きわ)まりない

▸ 그는 너무 성실해서 농담이 전혀 통하지 않아, 같이 있으면 피곤합니다.

彼は、きまじめすぎて冗談(じょうだん)が全然通じないので、つきあっていて疲れます。

▸ 캠퍼스를 걷다보면 불쾌하기 짝이 없는 모습도 많이 본다.

キャンパスを歩いていくと、不愉快(ふゆかい)きわまる態度(たいど)もよく見る。

▸ 운전을 하고 있으면 무례하기 짝이 없는 행동으로 곤란한 경우도 많아요.

運転をやっていると、無礼(ぶれい)きわまりない行動で困ってしまう場合も多くありますね。

▸ 그 노인은 너무나 애절한 목소리로 혼잣말을 반복했다.

その老人は、哀切(あいせつ)極まりない声で独(ひと)り言(ごと)を繰り返した。

13. 불평(을) 하다 : 不平(ふへい)を言う, 文句(もんく)を言(い)う, 苦情(くじょう)を言う, 不平を鳴(な)らす, こぼす(零す), ぼやく

▸ 신데렐라는 불평도 하지 않고 열심히 일했다.

シンデレラは不平も言わず、いっしょうけんめい働いた。

▸ 주문한 배달이 늦다고 전화로 불평(불만)을 얘기했더니 황급히 가지고 왔다.

出前(でまえ)が遅いと電話で文句を言ったら、あわてて持ってきた。

▸ 내가 나중에 입주해서, 뻔뻔스럽지 않나 해서 불평을 할까 말까 망설이고 있어요.[아파트 소음, yp]

私自身、後から入居(にゅうきょ)したので、あつかましいかと思い、苦情を言うか言わないかで迷っています。

▸ 반대 의견이 있으면, 뒤에서 불평을 하는 것이 아니라 당당하게 말해야만 한다.

反対意見があれば、陰(かげ)で不平を鳴らすのではなく、公然(こうぜん)と言うべきである。

▸ 그 선생님은, 대학 업무에 대하여 언제나 이러쿵저러쿵 불평하고 있다.

あの先生は、大学の仕事についていつも何のかんのとこぼしている。

▸ 급료가 낮다고 불평하는 것이 샐러리맨의 숙명 같은데, 내가 봐서는 이렇게 우스운 이야기는 없지요.[맨션 투자, yp]

給料が安いとぼやくのがサラリーマンの宿命(しゅくめい)のようですが、私などから見たらこんな滑稽(こっけい)な話はありません。

cf) 푸념하다(푸념을 늘어놓다) : 愚痴(ぐち)をこぼす, 愚痴を言う

▸ 뭘 해도 제대로 안 되는 아버지는 항상 푸념을 늘어놓는다.

何をやってもうまくいかない父は、いつも愚痴をこぼし

ている。

▸ 나는 그다지 타인에게 푸념을 하지 않는다.
僕はあまり人に愚痴を言わない。

14. 체류하다(머물다) : 滞在(たいざい)する, 滞留(たいりゅう)する, とどまる(止まる, 留まる), 逗留(とうりゅう)する

▸ 도쿄에는 일 관계로 1개월 정도 머문 적이 있다.
東京には仕事の関係で一か月ほど滞在したことがある。

▸ 금강산 관광 지구에 단기 또는 장기로 체류할 수 있다.[거주 규정, yp]
金剛山(クムガンサン)の観光地区に、短期または長期間滞留することができる。

▸ 짝짓기를 한 암놈은, 수천~수만 개의 알을 낳은 뒤 새끼가 부화할 때까지 그 자리에 머물며, 알을 노리는 적들을 물리치다 힘을 잃고 숨을 거둔다.[문어의 새끼사랑, yp]
番(つが)いのメスは、数千~数万個の卵を生んだ後、子が孵化(ふか)するまでそこにとどまりながら、卵を狙(ねら)う敵方(てきがた)を退(の)けて力を失って死ぬ。

▸ 친구의 집은 시골에 있어서 휴가 동안에 그곳에서 장기 체류하기로 했다.
友人(ゆうじん)の家は田舎に位置しているので、休みの間、そこで長(なが)逗留することにした。

15. 게걸스럽게 : 意地汚(いじきたな)く, がつがつ(부, 걸근걸근), むさぼる(貪る)ように, むしゃむしゃ(부, 우적우적)

▶ 후일 술과 음식에 게걸스러워진 것은, 그 사람이 가르쳐준 결과일지도 몰라.
後日(ごじつ)、酒と食べ物に意地汚くなったのは、彼の教育の賜物(たまもの)かもしれない。

▶ 그렇게 게걸스레 먹는 것은 보기에 좋지 않다.
そんなにがつがつ食べるのは、みっともないよ。

▶ 적의 포로들은 밥을 먹을 때면 승냥이마냥 게걸스레 먹었다.
敵の捕虜(ほりょ)たちは、飯(めし)を食べるときになると、山犬(やまいぬ)のようにがつがつむさぼり食った。

▶ 점심을 게걸스럽게 먹는 소년의 사진 한 장은, 기자에게는 충격적인 것이었다.
昼食(ちゅうしょく)をむさぼるように食べる少年の写真一枚は、記者にはショッキングなことだった。

▶ 무제한 제공하는 빵을 게걸스럽게(우적우적) 먹었기 때문에 배가 꽉 차 버렸다.[빵, yp]
食べ放題(ほうだい)のパンをむしゃむしゃ食べたので、おなかいっぱいになってしまった。

16. ~해 치우다 : ~てのける, ~てしまう, ~尽(つ)くす, ~果(は)たす

▶ 그 똑똑한 과장은 어려운 일을 쉽사리 해치웠다.
その賢(かしこ)い課長は、難しい仕事をやすやすとやってのけた。

▶ 밥 한 그릇을 눈 깜짝할 사이에 먹어치우고 더 달라 한다.
ごはん一杯を、あっという間に食べてしまって(= たいらげてしまって)もっとくれという。

▸ 벌써 다 먹어 치워 버렸으므로, 이제 새로운 메뉴라도 내 놓지 않을까 생각하는데.[레스트랑, yp]
もう食べつくしてしまったので、そろそろ新メニューでも出してくれないかなぁと思うのですが。

▸ 그 아들은 부모한테 물려받은 재산을 모두 다 해치웠다(써버렸다).
その息子は、親から受け継(うけつ)いだ財産をみんな使い果たした。

17. 마구 ~하다 : ~まくる, めちゃくちゃに~, むやみに~

▸ 도사견한테 쫓겨 정신없이 마구 도망쳤습니다.
土佐犬(とさいぬ)に追い掛けられて、夢中(むちゅう)で逃げまくりました。

▸ 잘못한 것은 내가 아닌데도, 상대가 큰소리로 마구 떠들어대서 지고 말았다.
悪いのは私ではないのに、相手に大声(おおごえ)で言いまくられて、負(ま)けてしまった。

▸ 그 동영상에는 초등학생을 마구 때리는 장면이 보였다.
その動画(どうが)には、小学生をめちゃくちゃに殴(なぐ)りつける場面が見えた。

▸ '마구 울어버리고 싶어'[재즈 곡명, 工藤静香(くどうしずか)]
'めちゃくちゃに泣いてしまいたい'

▸ 마구(함부로) 약을 먹기보다 빨리 의사에게 진단받는 편이 좋아요.
むやみに薬を飲むより、早く医者に診(み)てもらったほうがいいですよ。

18. 뿌리다 : 振(ふ)り掛(か)ける, 撒(ま)く(他), ぱらつく(비 등이 조금씩 뿌리다), 振(ふ)りまく

- 올리브유를 따뜻한 밥에 섞어 접시에 담아, 잘게 썬 파슬리, 검정 생후추가루를 뿌린다.[요리, yp]
  オリーブ油を温かいご飯に混ぜ、皿に盛り、みじん切りにしたパセリ、粗(あら)びき黒こしょうを振り掛ける。
- 더위를 누그러뜨리는 아이디어 중 하나로, 길바닥이나 뜰에 물을 뿌리는 것이 있습니다.[살수, yp]
  暑さを和(やわ)らげる工夫(くふう)の一つで、道や庭に水を撒く事(打ち水)があります。
- 아침에 오는 비가 얄미웠지만, 대회 중에는 이슬비가 조금 뿌리는 정도였습니다.[날씨, yp]
  朝の雨が憎(にく)らしいと思いましたが、大会中には少し小雨がぱらつく程度でした。[27)]
- 그 이후로 나는, 누구에게라도 애교를 뿌리는(부리는) 것이 이득이라고 생각했습니다.[대인관계, yp]
  それ以来、私は、誰にでも愛嬌(あいきょう)を振りまくのが得だと思うようになりました。

---

27) 「ぱらつく」는 「ばらつく」보다 가벼운 느낌의 단어

일본어번역문 16-A

宇宙飛行士たちはにんにくのような刺激的な食べ物が好きだ。ロシアの宇宙ステーション「ミール」とドッキングするために、去る16日朝(米東部時刻)米フロリダ州のケープカナベラル空軍基地から発射された宇宙往復船アトランティス号には、にんにくと玉葱の味がするキャンディー「サーツ」がたっぷり載っていた。

188日間の宇宙滞在新記録を立てたアメリカの女性宇宙飛行士シャノン・ルシード博士(53)とともにミールに住んでいる二人のロシアの宇宙飛行士が、にんにくと玉葱を送ることを要請してきたからだ。理由は不確実だが、宇宙飛行士たちは無重力状態での食べ物の味はうすすぎると不平を言っている。

去る82年、ミールに211日間滞在したロシアの宇宙飛行士バレンティン・レベデフとアナトリ・ベレゾボィは、実験用の玉葱を全部むしゃむしゃ食ってしまったことがある。ホットソースを(宇宙に)持って上がって、それを宇宙食にかけまくって食べる宇宙飛行士たちもいる。

일본어번역문 16-B

宇宙飛行士たちはにんにくのような刺激的な食べ物が好きだ。ロシアの宇宙ステーション'ミール'とドッキングするために、去る16日朝(米東部時刻)米フロリダ州のケープ・カナベラル空軍基地から打ち上げられた宇宙往復船アトランティス号には、にんにくと玉葱の味がするキャンディー'サーツ'がたっぷりつまれていた。

188日間の宇宙滞在新記録を打ち立てたアメリカの女性宇宙飛行士シャノン・ルシード博士(53)とともにミールに居住している二人のロシアの宇宙人が、にんにくと玉葱を送ってくれるようと要請してきたからだ。理由は不明だが、宇宙飛行士たちは無重力状態での食べ物の味がうすすぎると苦情を言っている。

去る82年、ミールに211日間滞留したロシアの宇宙飛行士バレンティン・レベデフとアナトリ・ベレゾボイは、実験用の玉葱を全部がつがつと食べつくしてしまったことがある。ホットソースを持って行き、宇宙食にめちゃくちゃにふりかけて食べる宇宙飛行士たちもいる。

17장 문민정부의 상징 「멸치」

한국어문

문민정부의 상징적인 상품으로 자리 잡은 멸치값이, 또 뛰고 있다. 작년 가을 한우(韓牛)를 누르고 한껏 치솟았던 멸치값이, 정부규제로 가라앉았다가 요즘 추석을 앞두고 다시 뛰어오르고 있다.

3kg들이 1포 상품(죽방)기준으로 작년 이맘때 15만원까지 기록했던 멸치값은, 지난 여름 10만원까지 떨어졌다가, 8월말부터 서서히 오르기 시작해, 현재 12만원을 웃돌고 있다. 특히 하루에 경매물건이 10포정도 나오는 「반짝이」라 불리는 죽방 최상품은, 가락시장 경매가격이 13만~14만원에 이르고, 백화점 판매가격은 24만원을 호가하고 있다.

반짝반짝하는 비늘이 은백색을 띠는 「반짝이」는, 삼천포-여수-거제 앞 바다에서 나오며, 그물을 뿌려서 잡는 보통멸치와 달리, 바닷길에 그물을 설치해 놓고 잡은 뒤, 비늘이 다치지 않게끔 한 마리씩 떼내서, 배나 인근 섬에서 즉시 가공하는 아주 희귀한 최상품이다.[문민정부의 상징 「멸치」, 문화, 조선]

한자어휘

문민정부 : 文民政府(ぶんみんせいふ)
상징적 : 象徴的(しょうちょうてき)
상품 : 商品(しょうひん)
멸치 값 : カタクチイワシの値段(ねだん)
한우 : 韓牛(ハンウ), 韓国在来種(ざいらいしゅ)の牛(うし)
정부규제 : 政府規制(せいふきせい)
~들이 : ~入(い)り
~포 : (助数詞)~袋(たい)
죽방 : ズックバング(高級カタクチイワシ)
기준 : 基準(きじゅん)
이맘때 : 今頃(いまごろ)
하루 : 一日(いちにち)
경매물건 : 競売物件(きょうばいぶっけん)
최상품 : 最上品(さいじょうひん)
가락시장 : カラク市場(いちば)
판매 : 販売(はんばい)
호가하다 : 値(ね)をつける
비늘 : 鱗(うろこ)
은백색 : 銀白色(ぎんはくしょく)
그물 : 網(あみ)
가공하다 : 加工(かこう)する
희귀하다 : 稀少(きしょう)だ

어휘 및 어구

1. 상징적이다 : 象徴的(しょうちょうてき)だ, シンボル(= symbol)だ

▶ 발랜타인(= Ballantine's)의 라벨 문장(무늬)은, 위스키 제조를 상징적으로 나타내고 있다.[라벨, yp]

バランタインのラベルの紋章(もんしょう)は、ウイスキー製造(せいぞう)を象徴的に表している。

▸ 시대가 바뀔 때에는 상징적인 사건이 일어나는데, 정말 서브프라임(= Subprime) 쇼크는 그 상징적인 사건으로 후세에 남게 되지 아닐까요? [서브 프라임, yp]

時代の変(か)わり目(め)には象徴的な出来事(できごと)が起こりますが、まさにサブプライムショックはその象徴的な出来事として後世(こうせい)に残るのではないでしょうか?

▸ 평화를 나타내는 상징적인 동물은 비둘기입니다.

平和を表すシンボルな動物は鳩(はと)です。

▸ 파리의 센강(= Seine River)과 에펠탑(= Eiffel Tower)은 프랑스의 상징적인 존재입니다.

パリのセーヌ川(がわ)とエッフェル塔(とう)は、フランスのシンボルなものです。

2. 자리 잡다 : 定着(ていちゃく)する, 落(お)ち着(つ)く, 納(おさ)まる

▸ 다문화 가족은, 이제 우리 사회에서 흔히 볼 수 있는 가족형태로 자리 잡고 있다. [다문화가정, 동아]

多文化(たぶんか)家族は、もう我が社会では珍しくない家族の形として定着している。

▸ 전쟁이 나쁘다는 생각이 사람들 사이에 자리 잡기까지는 많은 사람들의 희생이 있었다.

戦争は悪いという考えが人々の間に定着するまでには、多くの人々の犠牲(ぎせい)があった。

▶ 직장을 그만두고 시골에 자리 잡고서(눌러 살면서) 시를 쓰고 있다.
勤(つと)めをやめて、田舎(いなか)に落ち着いて詩を作っている。

▶ 호텔에 당분간 자리 잡고(머물면서) 미래를 설계하기로 했다.
ホテルにしばらくおちついて未来(みらい)を設計(せっけい)することにした。

▶ 그 후배는 현재 서울의 국회의원으로 자리를 잡고 있다.
その後輩(こうはい)は、いまソウルの国会議員(こっかいぎいん)におさまっている。

3. **누르다 :** 圧倒(あっとう)する, 圧(あっ)する, 凌(しの)ぐ

▶ 패스 속도에서 네덜란드를 눌렀던(압도했던) 스페인이 우승컵을 안았다.[월드컵, 중앙]
パスの速度でオランダを圧倒したスペインが優勝カップをつかんだ。

▶ 그는 인기와 조직력에서 다른 후보자를 압도했다.
彼は、人気と組織力(そしきりょく)で他の候補者(こうほしゃ)を圧倒した。

▶ 미국 공군의 랩터 F-22 스텔스 전투기의 위용이 주위를 눌렀다(압도했다).[연합훈련, 동아]
米空軍(べいくうぐん)のF22ラプターステルス戦闘機(せんとうき)の偉容(いよう)が周囲(しゅうい)をあっした。

▶ 금년의 새해 일출은, 작년을 훨씬 누르는(능가하는) 인파가 될 것 같다.
今年の日(ひ)の出(で)では、去年をはるかにしのぐ人出(ひとで)になりそうだ。

cf) (벨 등을) 누르다 : 押(お)す, 押(お)さえる

▸ 이 테이블의 벨 단추를 누르면, 소리가 나 바로 종업원이 와요.

このテーブルのボタンを押すと、ベルが鳴(な)ってすぐウエーターがきますよ。

▸ 문을 눌러(밀어) 봤지만 자물쇠가 잠겨 있는지 열리지 않는다.

扉(とびら)を押してみたが、錠(じょう)が下(お)りているのか開(あ)かない。

▸ 판자를 자르는데 움직이면 잘 잘라지지 않으니까, 동생한테 끝 쪽을 누르도록 했습니다.

板(いた)を切るのに動くとよく切れないので、弟に端(はし)のほうを押さえてもらいました。

4. 한껏 : 思(おも)い切(き)り, 思う存分(ぞんぶん), 思うさま, 精一杯(せいいっぱい)

▸ 때로는 크게 소리 질러 한껏 외쳐보고 싶어진다.

時には大声(おおごえ)を上げて、思い切り叫(さけ)んでみたくなる。

▸ 이 컴퓨터는, 접속 시간에 신경 쓰지 않고 한껏(실컷) 인터넷을 하고 싶은 사람에게 최적입니다.

このコンピューターは、接続(せつぞく)時間を気にせず、思う存分にインターネットをしたい人に最適です。

▸ 어렸을 적, 하늘을 한껏(마음껏) 날아가는 꿈을 꾸지 않았던 사람은 없을 것이다.[飛翔, yp]

子供のころ、空を思うさま飛びまわることに夢を馳(は)せな

かった人は、いないであろう。

▶ 모교의 긍지와 명예를 걸고 우리들은 한껏(온힘을 다해) 싸웠습니다.

母校(ぼこう)の誇(ほこ)りと名誉(めいよ)にかけて、ぼくたちは精いっぱい戦(たたか)いました。

5. 치솟다(오르다) : 跳(は)ね上(あ)がる, 上(あ)がる, 上昇(じょうしょう)する, 急騰(きゅうとう)する

▶ 올여름 가뭄으로 채소랑 과일 가격이 엄청나게 치솟았다.

今年の夏、日でりで、野菜や果物の値段がとてつもなく跳ね上がった。

▶ 월급이 올라도 물가도 함께 오르니까 생활은 별로 편해지지 않는다.

月給(げっきゅう)が上がっても、物価(ぶっか)も同時に上がるから、生活はあまり楽にならない。

▶ 이날 경기 생중계 평균 시청률은, 경기가 거의 끝나갈 무렵인 오전 5시경 도쿄 등 간토 지구가 41.3%, 오사카 등 간사이 지역이 35.9%까지 치솟았다.[일본의 축구, 동아]

同日(どうじつ)の試合の生中継の平均視聴率は、試合がほとんど終わりかけた午前5時ごろ、東京など関東地域が41.3%、大阪など関西地域が35.9%まで上昇した。

▶ 원 약세가 진행되고 있기 때문에, 원으로 환산한 수입 물가가 치솟았다(급등했다).[해외정보, kr]

ウォン安(やす)が進んでいるため、ウォンに換算(かんさん)した輸入物価(ゆにゅうぶっか)が急騰した。

6. (가격 등이) 가라앉다(떨어지다) : 下(さ)がる, 下(くだ)る

▸ 물가가 떨어지면 화폐의 가치는 오른다.
物価が下がれば、貨幣(かへい)の価値(かち)は上がる。

▸ 우리 집 아이는 중학교에 들어가 축구에 빠지더니 성적이 떨어져버렸다.
うちの子は、中学に入るとサッカーに夢中(むちゅう)になり、成績が下がってしまった。

▸ 엊저녁에는 대구의 온도가 마이너스 10도까지 떨어졌습니다.
ゆうべは、大邱(テグ)の温度がマイナス10度まで下りました。

▸ 호주 항공사 칸타스(= Qantas airliner)는, 폭발이후 브랜드 가치가 몇 단계 떨어졌다고 합니다.[브랜드, yp]
オーストラリアのカンタス航空のブランド・イメージは、爆発以後、数段(すうだん)下ってしまったそうです。

cf) 가라앉다(잠기다) : 沈(しず)む, 没(ぼっ)する, 治(おさ)まる

▸ 저 사람은 어머니가 돌아가셔서 슬픔에 잠겨 있다.
あの人は、おかあさんに死なれて悲しみに沈んでいる。

▸ 돌이 흐르고 나뭇잎이 가라앉는(= 사물이 모두 뒤집혀 어긋나 있는) 뭔가 이치에 맞지 않는 세상이다.
石が流れて木(こ)の葉(は)が沈む、何と筋(すじ)の通らぬ世の中だ。

▸ 지진에 의해 해일이 발생하고, 해일에 의해 차가 바다 속에 가라앉았다고 상정하여 그들은 수몰된 차를 수색하는 훈련을 했습니다.[방재훈련, yp]
地震により津波(つなみ)が発生し、津波により車が海中(かいちゅう)に没したという想定(そうてい)で、彼ら

は水没した車を捜索する訓練をしました。

▶ 조금 전에 진통제를 먹었더니 통증도 조금 가라앉은 것 같다.
先ほど鎮痛剤(ちんつうざい)を飲んだら、すこしは痛みも治まったようだ。

7. 앞두다(눈앞에 두다) ： 控(ひか)える，目前(もくぜん)に迫(せま)る

▶ JLPT시험을 다음 주로 앞두고 마지막 공부를 하고 있다.
日本語能力試験を来週に控えて最後の勉強をしている。

▶ 결전을 앞둔 장수의 입에서 다시 사자성어가 나왔다. 이번에는 '결초보은'이다.[월드컵, 동아]
決戦を控えた大将(たいしょう)の口からまた四字成語(よじせいご)が出た。今度は'結草報恩'(けっそうほうおん)だ。

▶ 눈앞에 두고 있는 고령화 사회에의 대응, 지구 온난화를 방지하기 위한 저탄소사회 만들기 등, 사람과 지구에 친화적인 도시로 만들기 위해, 마이카 이동에 의지한 생활스타일에서 공공교통을 이용하는 생활스타일로 전환해 나갈 필요가 있습니다.[저탄소 사회, yp]
目前に迫っている高齢化社会への対応、地球温暖化を防ぐための低炭素(ていたんそ)社会づくりなど、人と地球にやさしいまちにしていくには、マイカー移動に頼(たよ)った生活スタイルから公共交通手段を利用する生活スタイルに転換していく必要があります。

8. ～들이 : (접미) ～入(い)り, ～詰(づ)め [= 器(うつわ)の容量(ようりょう)を表わすことば]

- 다이아몬드들이(박은) 반지. ダイヤ入りの指輪。
- 에펠탑 무늬들이 선물. エッフェル塔(とう)の模様入りのお土産。
- 한 되들이의 술병. 一升(いっしょう)入りのとくり。
- 상자들이. 箱詰(はこづめ)。
- 열 개들이. 10個(じっこづめ)。
- 200자 원고용지. 200字づめの原稿用紙(げんこうようし)。

cf) ～들기 : ～入(い)り

- 한 동아리에 들어감. 仲間(なかま)入り。
- 사인이 들어간 폴라로이드 사진. サイン入りポラロイド写真。
- U-20 여자 월드컵축구 4강. W杯 4 強入りのU－20女子代表。
- 월드컵 축구 56년 만에, 처음으로 원정대회 16강 진출을 이룩했다.
  ワールドカップ(W杯)サッカー56年ぶりに、海外大会で初のベスト16入りを決めた。

9. 이맘때 : 今頃(いまごろ), 今時分(いまじぶん), この時刻(じこく)

- 매일 점심 식사 후 이맘때가 되면 졸음이 와 죽겠어요.
  毎日お昼のあと、いまごろになると眠(ねむ)くなってたまりません。

▶ 이맘때가 되면, 제비는 남쪽 나라로 날아가는데, 봄이 되면 또 한국으로 건너와 새끼를 키우고 있지요.[강남제비, kr]
いまごろになると、ツバメは南の国に飛んでいくんだけど、春になるとまた韓国にわたってきて、子そだてをしています。

▶ 이맘때가 되면 앞산에는 꼭 뻐꾸기가 찾아와 울곤 했다.
今時分になると、前の山には必ず郭公(カッコウ)がやって来て鳴(な)いたものだ。

▶ 이맘때가 되면, 이 근처는 이제 밤의 장막이 내리고 어둠속으로 싸여 버린다.[파리의 카페, yp]
この時刻になれば、この辺りはもう夜の帳(とばり)が降りて闇(やみ)に包(つつ)まれてしまう。

10. 서서히 : じわじわと, ゆったりと, 徐々(じょじょ)に, 徐(おもむろ)に, やおら

▶ 이 수목 드라마는 서서히 인기가 올라가고 있다.
この水・木ドラマは、じわじわと人気が高まっている。

▶ 작년에 발매된 아이폰(= iPhone)은, 향후 계속 서서히 팔릴 것은 틀림없을 것이다.[아이폰, yp]
昨年発売されたアイホンは、今後じわじわと売れ続けることは間違いないだろう。

▶ 산의 빗물은, 서서히 지면에 빨려 들어 산은 질퍽대지 않는다.
山の雨水(あまみず)は、ゆったりと地面(じめん)に吸(す)い込まれて山はぬかっていない。

▶ 원화 값이 서서히 오른다면 주식시장엔 긍정적인 영향을 미

칠 수 있다.[원화 강세, 중앙]

ウォン高が徐々に進む場合、株式市場にはプラスの影響(えいきょう)が予想される。

▶ 무더운 여름이 오면, 매서운 겨울이 되면, 갈비를 먹고 난 후 우리네가 꼭 먹어야 하는 냉면처럼, 그들도 모르는 사이에 한국인의 냉면 사랑에 서서히 중독되고야 말 것이다.[냉면 세계화, 중앙]

暑い夏が来れば、寒い冬になれば、カルビを食べた後に私たちが必ず食べる冷麺(れいめん)のように、世界の人々も知らないうちに韓国人の冷麺愛(あい)に徐々に中毒(ちゅうどく)になっていくだろう。

▶ 한국의 온돌은 바닥이 서서히 따뜻해지는 원리를 최대한 이용했다.

韓国のオンドルは、床(ゆか)がおもむろに温(あたた)かくなる原理を最大限(さいだいげん)に利用した。

▶ 기자의 질문이 끝난 뒤에, 축구선수들은 서서히 일어섰다.

記者の質問が済(す)んだのち、サッカー選手たちはやおらに立ち上がった。

cf) やおら : 천천히(= ゆっくりと), 갑자기(= 急に, いきなり)[28)]

▶ 彼はやおら立ち上がった。(그는 천천히 일어났다, 그는 갑자기 일어났다)

11. 웃돌다 : 上回(うわまわ)る[↔ 下回(したまわ)る], 越(こ)える

28) 이 문장에서, 본래의 의미인 「ゆっくりと」로 사용하는 사람이 40.5%, 반대의 뜻을 가진 「急に」로 사용하는 사람이 43.7%로 사용된다고 한다. 언어 현상이 엇갈린 통계조사라 할 수 있다.[日本文化庁, 2008, 国語に関する世論調査]

▸ 올해 벼농사는 예상을 웃도는 풍작이다.

今年の稲作(いなさく)は予想を上回る豊作(ほうさく)だ。

▸ 실제로 본 오로라는, 나의 상상을 훨씬 웃돌아(뛰어 넘어) 아름다웠다.

実際に見るオーロラは、わたしの想像(そうぞう)をはるかに上回って美しかった。

▸ 홀로 외롭게 살아가는 독거노인이 처음으로 100만명을 웃돌았다(넘어섰다).[독거노인, 동아]

一人暮(ひとりぐ)らしの独居老人(どっきょろうじん)が、はじめて100万人を超えている。

▸ 한·중·일 3국의 문화가 비슷하면서도 다른 게 술이다. 삭풍이 부는 추운 중국은, 돼지고기를 곁들여 40도가 웃도는(넘는) '배갈'이 제격이다.[酒, 중앙]

韓日中3カ国の文化は似ているが、異(こと)なるのが酒だ。北風(きたかぜ)が吹く寒い中国では、豚肉(ぶたにく)を添(そ)えて40度を超える'高粱酒'(コーリャンしゅ)が最適だ。

12. 경매 : 競売(きょうばい)[29], 競(せ)り, 競(せ)り売(う)り, オークション(= auction)

▸ 경매인 競売人(きょうばいにん), 경매물 競売物(きょうばいぶつ)。

▸ 경매시장 競(せ)り市(いち)。

▸ 기념 메달의 경매 記念メダルのオークション。

▸ 뉴욕 사교계의 스타 마가렛·하워드(= Margaret Howard)는 파

29) 물건을 사려는 사람이 여럿일 때, 값을 가장 높이 부르는 사람에게 파는 일을 말한다.(複数の買い手に値をつけさせて、最高価格を申し出た者に売る方法。法律では、'けいばい'とよびならわされている。)

산하고, 가재는 경매에 붙여졌다.

ニューヨーク社交界(しゃこうかい)の花形(はながた)マーガレット・ハワードが破産(はさん)して、家財(かざい)が競売に出された。

▶ 6월에 사망한 디자이너 입생・로랑(= Yves Saint Laurent)씨의 미술 콜렉션 약 700점이, 내년 2월 23일부터 25일에 걸쳐, 파리에서 경매로 출품된다.

6月に死去したデザイナーのイヴ・サンローラン氏の美術コレクション約700点が、来年2月23日から25日にかけて、パリで競売に出品(しゅっぴん)される。

▶ 그 재벌의 골동품은 장서와 함께 경매되었다.

その財閥(ざいばつ)の骨董品(こっとうひん)は、蔵書(ぞうしょ)といっしょにせりうりされた。

▶ 저희 회사에서는, 모든 장르의 미술품・골동품의 매매(국제적 경매의 출품이나 입찰의 업무를 포함함)를 실시하고 있습니다.[경매소개, ypl

弊社(へいしゃ)では、あらゆるジャンルの美術品・骨董品(こっとうひん)の売買[国際的オークションへの出品(しゅっぴん)や入札(にゅうさつ)を含む]を行っております。

13. 최상품 : 最上品(さいじょうひん), 最良品(さいりょうひん), 上々品(じょうじょうひん)

▶ 특제 최상품인 흰색 '잘게 썬 다시마'. 확 입 안에 퍼집니다. [다시마, ypl

特製最上品の白'とろろ昆布(こんぶ)'。フワーっと口の中に広がります。

▸ '특선 망고'는, 수많은 미야코지마産 망고 중에서도 최상품의 부류에 들어갑니다.[미야코지마 망고, yp]
'特選マンゴー'は、数(かず)ある宮古島産マンゴーの中でも最良品の部類に入ります。

▸ 한방에서 '무'는 야채중의 최상품이다. 늘 먹어야 된다.[야채 '무', kr]
漢方では'大根'は野菜中の上々品である。常(つね)に食うべし。

14. 호가하다 : 値(ね)をつける, 値段(ねだん)をつける

▸ 내가 갖고 있는 한국 화가의 그림은 500만원을 호가했다.
私が持っている韓国の画家の絵(え)は、五百万ウォンの値をつけていた。

▸ 세상에는 호가할 수 없을(값을 매길 수 없을) 정도로 비싼 골동품도 있다고 합니다.
世の中には値段がつけられないほど、高い骨董品(こっとうひん)もあるそうです。

15. 반짝반짝 : きらきら, ぴかぴか

▸ 이야기가 재미있어지자, 아이들은 모두 눈을 반짝반짝 거리며 듣고 있었습니다.
話がおもしろくなると、子どもたちは、みんな目をきらきら輝(かがや)かせて聞いていました。

▸ 7월의 태양은 눈부시게 빛나고, 정자바다는 코발트 빛으로 반짝반짝 빛나고 있다.

7月の太陽は、さんさんと輝(かがや)き、亭子(ジョンザ)の海は、コバルト色にきらきら光(ひ)かっている。

▶ 먼 곳의 등대 불빛이 반짝반짝 비치고 있다.
遠くの灯台(とうだい)の火が、ぴかぴか光っている。

▶ 열심히 닦았더니 더러웠던 마루가 반짝반짝 빛나 거울처럼 되었다.
一生けんめい磨(みが)いたら、汚(よご)れていた床(ゆか)がぴかぴかに輝いて、鏡のようになった。

16. 띠다(지니다) : 帯(お)びる, 含(ふく)む

▶ 물론 명품은 물품을 넘어 예술품이다. 실질적인 사용가치를 뛰어넘는 가치를 지녔다.[명품, 동아]
もちろん名品(めいひん)は物品(ぶっぴん)を越えた芸術品(げいじゅつひん)だ。実質的な使用価値を上回(うわまわ)る価値を帯びる。

▶ 공청회에서는 노여움을 띤 날카로운 목소리가 사람들로 가득 찬 회의장에 울렸다.
公聴会(こうちょうかい)では怒気(どき)を含んだ鋭(するど)い声が満員の会場に響(ひび)いた。

17. 앞 바다 : 沖(おき), おきあい(沖合, 沖合い)

▶ 젊은이가 물가에서 앞 바다 쪽으로 헤엄쳐 갔다.
若い人が岸から沖のほうへ泳いで行った。

▸ 군함은 독도 앞 바다 부근에서 좌초했다.
軍艦は、独島(トクトウ)の沖合いで坐礁(ざしょう)した。

▸ 최근에는 어선은 멀리 아프리카 대륙 앞 바다까지 나가 고기를 잡고, 그것을 냉동 운반해 오게 되었다.[생선요리, 리더스]
最近では漁船(ぎょせん)は、遠くアフリカ大陸の沖合まで出かけていて魚をとり、それを冷凍(れいとう)して運んでくるようになった。

18. (그물 등을) 뿌리다(치다) : 張(は)る, 掛(か)ける

▸ 그물을 뿌리고서(치고서) 물고기가 걸리기를 기다리고 있다.
網(あみ)を張って魚がかかるのを待っている。

▸ 왕거미는, 저녁이 되자 줄을 치고 밤새 거미줄 가운데 먹이가 걸리기를 기다린다.
オニグモは、夕方になると網(あみ)を張り、一晩じゅう網の真(ま)ん中でえものがかかるのを待つ。

▸ 여름철 발을 치고 낮잠을 자면 시원하게 느껴지지요.
夏ごろ、すだれをかけて昼寝をすると涼しく感じられますね。

cf) (물건 등을) 뿌리다 : 撒(ま)く, 振(ふ)り掛(か)ける

▸ 이 단체는, 북으로 많은 전단을 풍선에 달아 뿌렸다.
この団体は、北に向けて多くのビラを風船(ふうせん)につけて撒いた。

▸ 마지막에 검정 후춧가루를 뿌려 샌드위치용 식빵을 얹어 완성합니다.
最後に黒こしょうをふりかけ、サンドウィッチ用の食パンをのせて出来上がります。

19. (기계 등을) 설치하다 : 据(す)える, 備(そな)え付(つ)ける, 取(と)りつける, セットする, 設置(せっち)する

▸ 이 공장에는 여러 가지 기계가 설치되어 있습니다.
この工場には、いろいろな機械が据えられています。

▸ 요즈음은 조그만 배에도 레이더가 설치되어 있습니다.
このごろは、小さな船にでもレーダーが備え付けてあります。

▸ 이 황토 집은, 지은지 얼마 되지 않아 에어컨은 아직 설치되어 있지 않다.
この黄土(おうど)の家屋は、建てたばかりで、エアコンはまだ取りつけられてない。

▸ 폭탄은 9시간 후에 폭발하도록 설치되어 있다.
爆弾(ばくだん)は、9時間後に爆発するようにセットされている。

▸ 옥외광고물법에 따르면, 백화점이나 대형마트 건물에는 외벽에 광고 현수막을 설치할 수 있다.[도심 현수막, 중앙]
屋外広告物法によると、デパートや大型マートの建物では外壁(がいへき)に広告垂(た)れ幕(まく)を設置できる。

20. 다치다 : 傷付(きずつ)く(自), 怪我(けが)をする, いためる[傷める(他), 痛める(他)]

▸ 어느 날, 다친(부상당한) 병사 한사람이 농부집 앞으로 비틀비틀 거리며 겨우 도착했다.
ある日、一人の傷付いた兵士(へいし)が百姓(ひゃくしょう)の家の前によろよろとたどり着いた。

▸ 중학생 시절은, 딱 사춘기이기에 사소한 것에도 다치기(상처

입기) 쉬운 나이입니다.

中学生の時代は、ちょうど思春期(ししゅんき)でちょっとしたことにも傷つきやすい年頃(としごろ)です。

▸ 다치지 않도록 해주세요. 항상 초심을 잃지 않고 겸손한 마음 갖도록 해주세요.[지소연 엄마의 기도, 동아]

怪我をしないようにしてください。いつも初心(しょしん)を失わず、謙遜(けんそん)な心を持つようにしてください。

▸ 교통사고 등에서 가장 무서운 것은, 목이나 등을 다치는 경우입니다.

交通事故などで一番恐いのは、首(くび)や背中(せなか)を傷めている場合なのです。

▸ 발목을 다쳐버리면 일상생활에 꽤 지장이 발생합니다.[외과, yp]

足首(あしくび)を痛めてしまうと、日常(にちじょう)生活にかなりの支障(ししょう)が発生します。

21. 떼내다(떼다) ： 取(と)る，外(はず)す，取(と)り外す，剥(は)がす

▸ 겨울에 입은 한 벌의 기모노는, 여름이 되면 안을 떼내어 홑겹으로 입었습니다.

冬に着(き)た合わせの着物は、夏になると裏(うら)を取って単衣(ひとえ)にして着ました。

▸ 일본의 집은 장지문을 떼내고 방을 넓힐 수 있습니다.

日本の家は、障子(しょうじ)を外し部屋を広くできます。

▸ 이 차는 좌석을 떼내고 짐을 실을 수도 있다.

この車は、座席(ざせき)を取り外して、荷物を積むこともできる。

▶ 구청에서는 전봇대의 포스터가 보기 흉하여 떼내기로 했다.
区役所では、電柱(でんちゅう)のポスターが醜(みにく)いので<u>はがす</u>ことにした。

22. 희귀하다(귀하다) : 希少(きしょう)だ, 珍(めずら)しい, 貴重(きちょう)だ

▶ 1900년경 프랑스에서 제작된 디자인이 <u>희귀한</u> 작품으로, 30여년전 파리 벼룩시장에 있는 유명한 아르누보(= art nouveau) 작품전문점에서 구했습니다.[bronze lamp, yp]
1900年頃、フランスで作られたデザインの<u>希少な</u>作品で、30数年前、パリの蚤(のみ)の市(いち)[30]にある有名なアールヌーボー作品の専門店で手に入れました。

▶ 그 미술가는 개성 넘치는 <u>희귀한</u> 작품을 계속 만들고 있다.
その美術家は、個性(こせい)あふれる<u>珍しい</u>作品を創(つく)り続けている。

▶ 폴라로이드(= Polaroid) 사진을 찍고 있자, 옆에 있던 할아버지는 <u>희귀한</u>(신기한) 듯 보고 있었다.
ポラロイドの写真をとっていると、そばにいたお祖父さんが<u>珍し</u>そうに見ていた。

▶ 신나게 놀아도 모자랄 텐데, 몸져누워 <u>귀한</u>(금쪽같은) 휴가를 보내자니 억울해 미칠 판이다.[휴가병, 중앙]
楽しく遊んでも足りないはずなのに、病気で寝込(ねこ)んで<u>貴重な</u>休暇を過ごすことになると、くやしくてたまらないだろう。

30) '蚤(のみ)の市(いち)'는, 고물시장, 벼룩시장. 파리 교외의 노상에서 열리는 벼룩시장이 그 시초임. (= a flea market、ヨーロッパの大都市の各地で春から夏にかけて、教会や市庁舎前の広場などで開かれる古物市をいう。)

일본어번역문 17-A

文民政府のシンボル的な商品として定着したカタクチイワシの値段が、また跳ね上がっている。昨年の秋、韓牛を圧倒して精一杯上がっていたカタクチイワシの値段は、政府の規制で下ったがこのごろ秋夕を前に控えてまた跳ね上がっている。

3キロ入り1袋の商品を基準として昨年の今頃15万ウォンまで記録したカタクチイワシの値段は、この夏10万ウォンまで下がったがまた8月末から徐々に上がり始めて、現在12万ウォンを超えている。特に、一日に競り売り商品が10袋ぐらい出ている「バンチャギ」と呼ばれるジュクバン最上品は、可楽(カラク)市場の競売値段が13万～14万ウォンに達し、デパートの販売価格は24万ウォンの値段をつけている。

きらきらする鱗(うろこ)に銀白色を含んだ「バンチャギ」は、三千浦(サムチョンポ)-麗水(ヨス)-巨済(コジェ)の沖で取れ、網を掛けて取る普通のカタクチイワシと違って、魚の通り道に網を取り付けた後、鱗が傷つかないように一匹ずつ外して、船や近くの島ですぐに加工するとても希少な最高級品だ。

일본어번역문 17-B

文民政府の象徴的な商品として定着したカタクチイワシの値段が、また跳ね上がっている。昨年の秋、韓牛を凌いで思い切り急騰していたカタクチイワシの値段は、政府の規制で下がったがさいきん秋夕を目前に迫ってまた上昇している。

3キロ入り1袋の商品を基準として昨年の今ごろ15万ウォンまで記録したカタクチイワシの値段は、この夏10万ウォンまで下がったがまた8月末からじわじわと上がり始めて、現在12万ウォンを上回っている。特に、一日に競売商品が10袋しか出ない「バンチャギ」と呼ばれるジュクバング上々品は、可楽(カラク)市場での競売価格が13万~14万ウォンに達し、デパートの販売価格は24万ウォンの値をつけている。

きらきらした鱗(うろこ)に銀白色を帯びた「バンチャギ」は、三千浦(サムチョンポ)-麗水(ヨス)-巨済(コジェ)の沖合で取れ、網を張って取る普通のカタクチイワシと違って、魚の通り道に網をセットして取った後、鱗を傷めないように一匹ずつ取り外して、船や近くの島ですぐに加工されるとても稀少価値のある上々品だ。

18장 TV는 사랑을 싣고

한국어문

얼마 전 저는 KBS 1TV의 'TV는 사랑을 싣고'라는 프로그램에서, 30년 동안 잊지 못하던 죽마고우를 만날 수 있었습니다. IQ 158에 '케네디'라는 별명을 갖고 있던 친구였지요. 30년 만에 만난 친구는, 그 날 『白夜3.98』이라는 소설책을 저에게 주었습니다. 실로 '30년 만의 선물'이었지요. 그 사이에 그는, 미국 대학에서 학생들을 가르치는 교수이자 한 태훈이라는 필명으로 이름난 소설가가 되어 있었습니다.

〈백야 3.98〉. 이 책처럼 하룻밤 만에 해치우듯 독서를 한 기억이 별로 없습니다. 우선 읽기가 수월해서 마음에 들었고, 짜임새도 튼튼해서 내용이 머리에 쏙쏙 들어왔습니다. 비행기나 무기에 대한 해박한 지식과 탁월한 묘사에 혀를 내두르지 않을 수 없었습니다. 물론 박진감도 넘쳐났지요. 소설은 백야의 러시아를 비롯하여 미국, 한국, 북한 등 우리와 운명적으로 엮여 있는 세계를 넘나들고 있었습니다.

사랑은 눈꽃처럼 그 사이에서 피어나고 있더군요. 한마디로 흥미진진하면서도 인간과 문학에 대한 품위를 잃지 않는 대단한 작품이었습니다. 책을 놓으면서 저는 불쑥 「작가로서 할 수 있는 애국」이 바로 이런 것이구나 하는 생각이 들었습니다.

비록 하룻밤이었지만 『白夜3.98』은 그 친구와 저 사이에 놓인 30년의 간격을 메워 주기에 전혀 부족함이 없었던 것이지요.[TV는 사랑을 싣고, 광고, 조선]

한자어휘

신다 : 乗(の)せる
프로그램 : 番組(ばんぐみ)
죽마고우 : 竹馬(ちくば)の友(とも)
별명 : あだ名(な), ニックネーム
백야 : 白夜(はくや)
선물 : 贈(おく)り物(もの)
교수 : 教授(きょうじゅ)
필명 : 筆名(ひつめい), ペンネーム
소설가 : 小説家(しょうせつか)
하룻밤 : 一晩(ひとばん)
독서 : 読書(どくしょ)
기억 : 記憶(きおく)
무기 : 武器(ぶき)
해박하다 : 博識(はくしき)だ
지식 : 知識(ちしき)
탁월하다 : 卓越(たくえつ)する
묘사 : 描写(びょうしゃ)
박진감 : 緊迫感(きんぱくかん)
운명적이다 : 運命的(うんめいてき)だ
흥미진진하다 : 興味津々(きょうみしんしん)だ

품위 : 品位(ひんい)　　간격 : 間隔(かんかく), 隔(へだ)たり
애국 : 愛国(あいこく)　　부족 : 不足(ふそく)

어휘 및 어구

1. 얼마 전 : この前(まえ), この間(あいだ)

▶ 얼마 전엔 '승연'이랑 식당에 갔는데 점심값을 안 받겠다고 하시더라.[엄마의 편지, 동아]
この前は、'スンヨン'と一緒に食堂へ行ったら、食事代を払わなくていいと言われたの。

▶ 얼마 전 '헤본'은 신문사업의 선구자인 '요시다 · 긴코'와 협력하여 일본 최초의 일영사전인 '和英語林集成'를 완성시켰다.[헤본, 리더스]
この間、'ヘボン'は新聞事業の先駆者(せんくしゃ)の岸田吟香(ぎんこう)と協力(きょうりょく)し、日本最初の和英辞典である'和英語林集成'を1866年に完成させた。

2. 싣다 : のせる(乗せる, 載せる)(他), 積(つ)む(他)

▶ 오프라인상에서 진행되는 방송통신대 특강이 있으면 MP3 플레이어는 녹음기가 된다. 강의를 전부 MP3 플레이어로 녹음해 자신이 속한 공부모임의 인터넷 사이트에 싣는다(올린다).[디지털맨이 사는 법, 동아]

オフライン上で行われる放送通信大学の特別講義があれば、MP3プレーヤーは録音機になる。講義を全部MP3プレーヤーに録音し、自分が属している勉強会のインターネットサイトに乗せる。

▸ 이번 공연에서는, 데뷔 앨범에 실은 비발디 '사계절' 편곡판과 바이올리니스트 '강주미'씨가 협연하는 바흐 바이올린 협주곡 2번 등을 연주한다.[기타의 유혹, 동아]
今回の公演では、デビューアルバムに載せているヴィヴァルディの'四季'の編曲版(へんきょくばん)や、バイオリニストの'カンジュミ'さんが協演(きょうえん)するバッハのバイオリン協奏曲(きょうそうきょく)2番などを演奏する。

▸ 이듬해 서울지역 학교를 대상으로 제도 시행에 들어간 것이다. 처음엔 긴가민가하던 학부모들도 경험을 쌓으면서 긍정적 반응을 보였다.[체험학습, 중앙]
翌年ソウル地域の学校を対象に制度の施行(しこう)に入ったのだ。当初はあいまいな態度だった保護者も、経験を積むに連れて前向きな反応を見せるようになった。

3. 잊지 못하다 : 忘(わす)れられない, 忘れることが出来(でき)ない

▸ 2년 지나도 잊지 못했던 그 맛. 다시 찾아가 맛있게 먹었다.[수제 돈카스, yp]
二年たっても忘れられなかったあの味。再訪(さいほう)しておいしく食べた。

▸ 어쨌든 한번 보면 잊지 못하는 특이한 '로고'를 만들어야한다.
とにかく一度見たら、忘れることが出来ないユニークな'ロゴ'

をつくらなきゃ。

4. 죽마고우(소꿉친구) : 竹馬(ちくば)の友(とも), 幼友達(おさなともだち), 幼馴染(おさななじ)み

▶ 죽마고우의 술 모임이라니 멋지네요.
竹馬の友との飲み会だなんて、素敵(すてき)ですね。

▶ 학부형 중에는 죽마고우였던 엄마도 있었습니다.
学生の父兄(ふけい)の中には、竹馬の友であったお母さんもいました。

▶ 어른이 되면, 순진한 놀이상대였던 소꿉친구와 같은 관계는 바라기 어렵다.
大人になると、無邪気(むじゃき)な遊び相手だった幼友達のような関係は望みにくい。

▶ 소꿉친구인 미유키는, 서로 간에 없어서는 안 될 둘도 없는 친구사이이다.
幼馴染みの美幸さんとは、お互いがなくてはならない、かけがえのない親友同士(しんゆうどうし)なのだ。[筆談ホステス, 斎藤理絵]

5. 필명(펜네임) : ペンネーム(= pen name), 筆名(ひつめい)

▶ 그녀는 본명과는 별도로 필명을 쓰고 있습니다.
彼女は本名(ほんみょう)とは別に筆名を名乗(なの)っています。

▶ 펜네임은, 소설이나 비평 등의 문장, 만화작품 등을 발표할 때 사용되는 본명 이외의 이름. 필명이라고도 한다.[펜네임, yp]

ペンネームとは、小説や批評(ひひょう)などの文章、漫画作品などを発表する際(さい)に使用される本名以外(いがい)の名前。筆名ともいう。

6. 해치우다 : 仕上(しあ)げる, 片付(かたづ)ける, 終(お)える

▸ 어쨌든 손님이 재촉해서 급하게 해치웠기(만들었기) 때문에 완성도는 자신이 없다.
なにしろ、お客さんに催促(さいそく)されて急に仕上げたので、出来(でき)には自信がない。

▸ 하찮은 이야기는 간단히 해치우고(정리하고) 어서 빨리 놀러 가자.
面倒(めんどう)な話は、手短(てみじか)に片付けて、早く遊びに行こうよ。

▸ 꼭 보고 싶은 방송이 있기 때문에 그때까지 숙제를 해치우자(끝내버리자).
どうしても見たい番組があるので、それまでに宿題を終えてしまおう。

7. 수월하다 : たやすい(た易い), ～やすい, 容易(ようい)だ, 楽(らく)だ

▸ 말하기는 수월하지만 실행하기는 어렵다.
言うのはたやすいが、行(おこな)うのは難しい。

▸ 나의 전화 번호 6554677은, 매우 수월하게(쉽게) 소인수 분해

해 버렸다.[인간컴퓨터, 리더스]
私の電話番号6554677は、いともたやすく素因数分解(そいんすうぶんかい)してしまった。

▶ 간단하면서 뜻을 전달하기 쉬운 것이 '사자성어'이다. 어떤 메시지가 좋을지 항상 준비하고 고민을 한다.[사자성어, 중앙]
簡単で意味を伝えやすいのが'四字成語'(よじせいご)だ。どのようなメッセージが良いか、いつも準備し悩んでいる。

▶ 세계인이 우리 음식을 수월하게(쉽게) 경험할 수 있는 기회를 보다 많이 만드는 것이 무엇보다 시급하다.[한식 세계화, 중앙]
世界の人々が韓国料理を容易に体験できる機会をより多く提供することが急(いそ)がれる。

▶ 치킨 하면 KFC를 떠올리는 것처럼 비빔밥 전문브랜드, 불고기 전문브랜드를 육성한다면, 세계인들은 한식에 더욱 수월하게(쉽게) 친숙해질 것이다.[한식 세계화, 중앙]
チキンといえばKFCを思い浮かべるようにビビンパ専門ブランド、焼肉専門ブランドを育成(いくせい)すれば世界の人たちは韓食にもっと容易に親しめるだろう。

▶ 조금 더 아버지의 월급이 오르면, 가계도 수월해질 텐데(편해질 텐데).
もう少しお父さんの月給が上がったら、家計も楽になるのに。

8. 마음에 들다 : 気(き)に入(い)る, 気に添(そ)う

▶ 고등학교 때 10대 잡지에 '일본에서 아이돌보다 더 인기 있는 스모 선수'로 소개된 '다카노하나'의 깜찍한 외모가 맘에 들었다.[스모, 중앙]

高校生当時、ハイティーン雑誌に'日本でアイドルよりも人気がある力士(りきし)'と紹介された'貴乃花'のキュートな外貌(がいぼう)が気に入った。

▶ 일단 마음에 드는 사람이 있으면 적극적으로 나설 작정입니다.
いちおう気に添う人がいたら、積極的にアプローチするつもりです。

9. 짜임새 : 構成(こうせい), 仕組(しく)み, 体裁(ていさい)

▶ K의원은 토론대회와 관련해 '(패널은) 못생긴 애 둘, 예쁜 애 하나로 이뤄진 짜임새(구성)가 최고다'고 말했다고 한다.[성희롱 발언, 중앙]
K議員は、討論大会について、'(パネリストは)不細工(ぶさいく)な子2人、きれいな子1人の構成が最高だ'と言ったという。

▶ '미츠코시 마에'라는 이름의 지하철역을 나오면, 길은 그대로 미츠코시의 지하 일층의 점내로 통하는 짜임새(구조)로 되어있다.[三越デパート, 리더스]
'三越前'という名の地下鉄駅を出ると、道はそのまま三越の地下一階の店内に通じる仕組みになっている。

▶ 작년에 개교했는데 겨우 대학으로서 짜임새(체재)가 갖추어졌다.
去年、開校したのだが、やっと大学としての体裁が整(ととの)った。

10. 튼튼하다 : しっかりする, 頑丈(がんじょう)だ, 達者(たっしゃ)だ, 健(すこ)やかだ, がっちりする, 堅固(けんご)だ, 丈夫(じょうぶ)だ

▶ 가드레일이 튼튼했더라면 고속버스의 추락을 막았을 수도 있었다.[운전문화, 동아]

ガードレールがしっかりしていたなら、高速バスの墜落(ついらく)を防(ふせ)げたかもしれない。

▶ 일본의 콘크리트제 빌딩에는, 가해지는 힘의 모든 것을 튼튼한 기둥과 벽으로 막아내는 '강한 구조'로 되었다.[내진설계, 리더스]

日本のコンクリート造(づく)りのビルディングでは、かかる力のすべてを頑丈な柱と壁とで受けとめようとする'剛構造'(こうこうぞう)がとられたのである。

▶ 아이가 한살 조금 되었는데, 꽤 다리가 튼튼해서 매일 공원에 데리고 갑니다.[상담, yp]

子供が1歳ちょっとで、かなり足が達者なので、毎日公園に連れて行きます。

▶ 차세대를 짊어지고 갈 아이들이 꿈을 갖고 튼튼하게 자라고, 부모가 안심하고 육아할 수 있는 도시 실현을 목표로, 육아지원을 추진합니다.[새로운 도시 만들기, yp]

次代(じだい)を担(にな)う子どもたちが夢を持って健やかに育ち、親が安心して子育てができる町の実現を目指し、子育て支援を推進します。

▶ 그럼에도 오늘날 양국의 자동차산업은 튼튼한(탄탄한) 내수시장의 수요를 바탕으로 발전해 세계경제를 이끄는 원동력으

로써 역할을 다하고 있다.[자동차도 패션, 중앙]

それにもかかわらず、今日両国の自動車産業は、がっちりした内需(ないじゅ)市場の需要(じゅよう)を基盤に発展し、経済を導く原動力(げんどうりょく)としての役割を果たしている。

▶ 한국과 미국이, 어제 서울에서 열린 외무·국방장관(2+2)회의에서 튼튼한(굳건한) 유대관계를 한껏 과시했다.[한·미동맹, 중앙]

韓国と米国が、昨日、ソウルで開かれた外務・国防長官会議で堅固な同盟関係を思う存分誇示(こじ)した。

▶ 신제품은, 종래의 물건에 비해 튼튼하고 오래가는 것이 큰 특징이다.

新製品(しんせいひん)は、従来(じゅうらい)の物に比べて、丈夫で長持(ながもち)するのがおおきな特徴(とくちょう)だ。

11. 머리에 쏙쏙 들어오다 : ちゃんと頭(あたま)に入(はい)る、十分理解(りかい)される

▶ 선생님이 노트정리를 더욱 알기 쉽게 쏙쏙 머리에 들어오게 해! 라고 화를 내셨다.[노트정리, yp]

先生にもっとノートを分かりやすくちゃんと頭に入るようにとれ! と怒られた。

▶ 화산에 대한 정보나 예보가, 사람들 머리에 쏙쏙 들어와(쉽게 이해되어) 잘 활용할 수 있게 되었다.

火山(かざん)についての情報(じょうほう)や予報(よほう)が、人々に十分理解され、よく活用できるようになった。

cf) 쑥, 쏙 : すぽっと[31], すぽんと

▸ 드디어 와인 마개가 쏙 빠져 모두들 기뻐했다.
ついにワインのコルク栓(せん)が、すぽっと抜(ぬ)けて、みなこおどりした。

▸ 이 파이프는 먹이가 동물의 입 속으로 쏙 들어오게 되어 있습니다.
このパイプは、食べ物が動物の口の中にすぽっと入るようになっています。

▸ 이 파자마(서양식 잠옷)는, 쏙 입고 벗을 수 있기 때문에, 아이 혼자라도 갈아입을 수 있어 편하지요.[파자마 광고, yp]
このパジャマは、すぽんとかぶって脱(ぬ)げるので、お子様一人でもお着替(きが)えできてラクチンです。

12. 해박하다 : 博学(はくがく)だ, 博識(はくしき)だ, 博学多識(はくがくたしき)だ, 専門的(せんもんてき)だ

▸ 식품 바자, 학급전시, 공업과의 학과전시, 아이디어 로봇대결 등 놀 수 있는 것에서 부터 해박한 물건까지 있었다.[학교축제, yp]
食品バザー、クラス展示、工業科の学科展示、アイデアロボット対決など遊べるものから博学なものまであった。

▸ A : 이시자카씨는 그렇게 머리가 좋습니까? 자주 TV에서 여러 분야에 머리 좋은 사람으로 말하고 있던 데요….

31) 'すぽっと'는, 단번에 빠지거나 알맞게 끼워지는 모양을 말한다.(= 栓などを勢いよく引き抜くさま, また, その音を表す語, 'すぽんと')

B : 머리가 좋고 해박하지요(박식하지요). 인간성은 모르겠습니다만….[인물평가, yp]

A : 石坂さんって、そんなに頭がいいんですか。よくテレビでいろいろ頭がよさそうなことといってますけど…。

B : 頭が良くて博識ですね。人間性はわかりませんが…。

▶ H감독의 연세대 74학번 동기인 프로농구 SK감독은, '그는 학창 시절부터 책을 많이 읽어 해박하다(박학다식하다)'고 말했다.[축구 대표감독, 동아]

H監督の延世(ヨンセ)大学同期(1974年入学)のプロバスケットボールSK監督は、'彼は学生時代からたくさんの本を読んで、博学多識だ'と言った。

▶ 그 소설가는, 해박한 지식과 독특한 문체를 구사해, 다양한 장르에 걸쳐 집필활동을 계속하고 있다.[장르, yp]

あの小説家は、専門的な知識と独特な文体を駆使(くし)し、さまざまなジャンルに渡って執筆(しっぴつ)活動を続けている。

13. 탁월하다 : 卓越(たくえつ)する(=excel in), すぐれる(優れる, excel, surpass), 勝(まさ)る(=excel at, be superior to), 秀(ひい)でる(= excel in, be very good at, 비교 표현)

▶ H여대 李감독은 '현숙이는 체구가 작지만 침착하고 영리하다. 위치 선정도 탁월해 공격수에게 공간을 허락하지 않는다'고 칭찬했다.[여자축구, 동아]

H女子大学の李監督は、'ヒョンスクは身体は小さいが、落ち着きがあり、利口(りこう)だ。位置感覚も卓越しており、FWに空間を許さない'と褒(ほ)めた。

▶ 선조대의 탁월한(우수한) 문화를 계승하고, 다음 세대 사람들에게 물려주는 것이 우리들의 역할입니다.
先代(せんだい)の優れた文化を継承(けいしょう)し、次世代(じせだい)の人々に伝(つた)えるのが、わたしたちの役目(やくめ)です。

▶ 정치적인 수완에서 그보다 탁월한(능가하는) 정치가는 없다.
政治的な駆(か)け引(ひ)きにおいて、彼に勝る政治家はいない。

▶ '디・스테파노'(= Di Stéfano)는, 슬픔을 표현하는 가창에 탁월하지만, 더욱이 '델・모나코'(= Del Monaco)는 분노를 표현하는 가창에 탁월하다.[오페라가수, yp]
'ディ・ステファノ'は悲しみを表現する歌唱(かしょう)に秀でているが、'デル・モナコ'はそれ以上に怒(いか)りを表現する歌唱に秀でている。

14. 혀를 내두르다 : 非常に驚(おどろ)く, 感心(かんしん)する, 舌(した)を巻(ま)く(= 관용구, ひどく驚き、ひどく感心するさま)

▶ 인간 컴퓨터 '윔'의 암산 속도는 혀를 내두를 만하다.[암산, 리더스]
人間コンピューター、·ウィムの暗算(あんざん)の速さは非常に驚くべきものだ。

▶ 이 작가의 세련된 문체에는 언제나 혀를 내두르게(감동하게) 된다.
この作家の洗練(せんれん)された文体には、いつも感心させられる。

▸ 그 학생의 환자에 대한 헌신적인 활동에는 동료들도 혀를 내둘렀다.
その学生の患者に対する献身的(けんしんてき)な活動には、同僚(どうりょう)たちも舌を巻いた。

▸ 막걸리에 대한 이들의 끊임없는 질문과 호기심은, 시연을 맡은 강사마저 혀를 내두를 정도였다.[막걸리, 동아]
マッコリを巡る彼らの相次(あいつ)ぐ質問や好奇心(こうきしん)は、デモンストレーションを担当した講師すら舌を巻くほどだった。

15. 박진감(이) 넘치다(있다) : 迫力(はくりょく)溢(あふ)れる, 緊迫感(きんぱくかん)溢れる, 真(しん)に迫(せま)る[32]

▸ 월드컵이 끝난 후 프리미어 리그는 개막할 것이고 아마도 세계에서 가장 박진감 넘치는 경기가 이어질 것이다.[프리미어리그, 동아]
W杯が終わった後、プレミアリーグは開幕するだろうし、たぶん世界で最も迫力溢れる試合が展開されるだろう。

▸ 지금까지 그가 보여준 젠틀하고 부드러운 일면은 물론, 박진감 넘치는 액션 연기를 통해 패기가 흘러넘치는 남성미도 동시에 발산할 예정이다.[韓流스타, yp]
今まで彼が、見せていたジェントルでソフトな一面はもちろん、緊迫感溢れるアクション演技を通じ覇気(はき)に満(み)ち溢れた男らしさも同時に発散する予定だ。

---

32) 진짜와 꼭 같다, 생생하다 (=ほんものと同じように見える，いかにも本当らしく感じられる)

▸ 이 남자배우는 액션영화에서 박진감이 있는 연기로 신인상을 받았다.

この男優(だんゆう)は、アクション映画の真に迫る名演技(めいえんぎ)で新人賞(しんじんしょう)を受けた。

cf) 박진감 : 緊迫感(きんぱくかん), 迫力(はくりょく)

▸ 이 전쟁드라마는 전편에 넘치는 박진감으로 대단히 흥미진진하다.

この戦争ドラマは、全編(ぜんぺん)に溢れる緊迫感で、たいへん興味深い。

▸ 그 4번 타자는, 항상 박력이 있어 인기가 높다.

あの4番打者(だしゃ)は、いつも迫力があって人気が高い。

▸ 어제의 그룹기타 연주는, 친숙한 멜로디와 박력 있는 연주로 청중도 만족한 모습이었다.[기타 연주회, yp]

昨日のグループギターの演奏(えんそう)グループは、馴染(なじ)みのあるメロディーと迫力のある演奏に聴衆(ちょうしゅう)も満足した様子だった。

16. ~를 비롯하다 : ~を初(はじ)める

▸ 저의 출판기념회에, 대기업 사장을 비롯해 100명이 참석하여 축하해 주셨다.

私の出版記念会に、大手(おおて)メーカーの社長を初め、100名(めい)がご参加(さんか)して祝(いわ)ってくださった。

▸ 한반도에서 첫 임무를 수행하는 F-22 전투기(랩터) 4대를 비롯한 200여대의 항공기와 양국 병력 약 8000여명이 참가한다.[한미연합훈련, 중앙]

朝鮮半島で初めて任務を遂行(すいこう)するF-22戦闘機(ラプター)4機などを初め、約200機の航空機と両国の兵力(へいりょく)およそ8000人が参加する。

cf) ～에서 비롯되다(시작되다) : ～に始(はじ)まる, ～から始まる

▸ 환경문제는 너무나 중요하여 어제 오늘에 비롯된(시작된) 문제가 아니다.
環境問題は非常に大事で、昨日、今日に始まった問題ではない。

▸ 일본 자동차산업의 역사는, 1935년 닛산의 창립자인 요시스케・아이카와에 의해 선보인, 최초의 대량생산 모델 '닷선'에서 비롯됐다(시작됐다).[자동차도 패션, 중앙]
日本自動車産業の歴史は、1935年、日産の創立者(そうりつしゃ)である鮎川義介によって紹介された、最初の大量生産モデルであるダットサン(= Datsun)から始まった。

▸ 기자의 취재는, '설마' 하는 마음에서 비롯됐다(시작됐다). 솔직히 기자는, 그때까지 K의원을 전혀 몰랐다.[국회의원, 중앙]
記者の取材は、'まさか'という気持ちから始まった。率直に記者は、その時までK議員を全く知らなかった。

17. 엮다(관계있다, 얽매다) : 絡(から)む(自), 縛(しば)る, 組(く)む

▸ 술에 취해 여성과 관계있는 남자가 경찰에 넘겨졌다.

酔(よ)って女性に絡んでいた男が警察につき出(だ)された。

▶ 업무와 관계있어 일주일에 서너 번 술자리를 가졌던 그는, '사커 대디'(=soccer daddy)가 되고 나선 술을 거의 입에 대지 않았다.[사커 대디, 중앙]

仕事絡みで週に3～4回ほどお酒を飲んでいた彼は、'サッカーダディ'になってからはお酒をほとんど飲まなくなった。

▶ 규칙은 지켜야 하지만, 때로는 틀에 얽매이지 말고 자신의 의사대로 행동하는 것도 중요하다.

規則(きそく)は守るべきだが、ときには枠(わく)に縛られず、自分の意思で行動することも大切だ。

▶ NHK와 5대 민영방송사는, 이날 아침부터 특집방송을 긴급히 엮어(편성해) 일본이 골을 넣는 장면을 되풀이해 보여주면서 찬사를 쏟아냈다.[일본축구, 중앙]

NHKと5大民営放送局は、当日(とうじつ)の朝から特集放送を緊急に組み、日本がゴールを決める場面を繰り返し放映しながら、賛辞(さんじ)を送った。

18. 넘나들다 : 出入(でい)りする, 行(ゆ)き来(き)する

▶ 그것은 양쪽으로 열리는 유리문으로, 어느 쪽에서 밀어도 자유롭게 넘나들 수(출입할 수) 있도록 되어 있다.[학문의 목적, 리더스]

それは両開きのガラスのドアで、どちらから押しても自由に出入りできるようになっていた。

▶ 연간 무역액이, 1500억 달러에 달하고 매주 650편의 여객·화물수송기가 넘나들고(오가고) 있다.[중국의 무역, 중앙]

年間貿易額(がく)は、1500億ドルにのぼり、毎週650便の旅客(りょかく)・貨物輸送機(ゆそうき)が行き来している。

19. 흥미진진하다 : 興味津々(きょうみしんしん)だ

▸ 선거에 당선된 그가 이제 어떻게 나올지 흥미진진하다.
選挙に当選(とうせん)した彼が、いまやどう出るか興味津々だ。

▸ 이 주말 드라마는, 앞으로 어떻게 전개될지 흥미진진합니다.
この週末のドラマはこれからどのように展開(てんかい)するのか興味津々です。

20. 품위를 잃다 : 品位(ひんい)を失(うしな)う, 品格(ひんかく)を失う

▸ 공무원으로서 품위를 잃지 않는 복장으로, 노우 넥타이 노우 윗도리를 합시다.[하절기 근무, yp]
公務員としての品位を失わない程度の服装で、ノーネクタイ・ノーブレザー(= blazer)を実行しましょう。

▸ 우리들 상점은, 친근하면서도 긴자의 품위(품격)을 잃지 않은 가게로 만들고 싶습니다.
われらの商店街は、フレンドリーでありながらも銀座の品格を失わないお店にしようと思っています。

21. 불쑥 : ふと, 出(だ)し抜(ぬ)けに, いきなり, ぬっと, にゅっと

▸ 산책을 하면서 불쑥(문득) 멋진 아이디어가 떠올랐다.
散歩をしながら、ふと素晴らしいアイディアが浮(う)かんだ。

▸ 진지하게 생각하고 있는 중에 그런 말을 불쑥 꺼내다니.
真剣(しんけん)に考えているのに、出し抜けにそんなことを言い出すとは。

▸ 투자자들은, 연간 세계 생산량의 20%에 이르는 금을 받아놓은 BIS가 불쑥(갑작스럽게) 금을 매도할까봐 긴장하고 있다. [금 투자, 동아]
投資家(とうしか)らは、世界での年間生産量の20%に当たる金を受け取ったBISが、いきなり金を売るのではないか緊張している。

▸ 골목길로 돌아서자 어둠 속에서 덩치 큰 사나이가 불쑥 나와 깜짝 놀랐다.
路地(ろじ)を曲(ま)がると、暗闇(くらやみ)から図体(ずうたい)の大きい男がぬっとあらわれてびっくりした。

▸ '우리 동네에 도깨비가 불쑥 나온다.' 이러한 소문이 퍼지면서 여자들은 해가 지면 문 밖으로 못나오게 되었다.
'わが町内には化(ば)け物(もの)がにゅっとあらわれる。' こんな噂(うわさ)がひろがって、女子供は日が暮れると表(おもて)へ出ないようになった。

22. 생각(느낌)이 들다 : 気(き)がする, 思(おも)いがする

▸ 지압을 받으면 심신 모두 정화되는 생각이 듭니다.
指圧(しあつ)をやっていただけば、心身(しんしん)ともに浄化(じょうか)される気がします。

▸ 배가 아파 아무것도 먹고 싶은 생각이 들지 않는다.
おなかがいたくて、何も食べる気がしない。

▸ K의원의 발언을 여러 사람이 거론했기 때문에 기사가 나가면 부인하기 어려울 것이라는 생각이 들었다.[거짓말, 중앙]
K議員の発言(はつげん)を多くの人がとり挙げたので、記事になれば否認(ひにん)しにくいだろうという思いがした。

23. 비록 : わずか, たとえ, 万一(まんいち), 仮(かり)に

▸ 사고지점은, 요금소에서 비록 500m 떨어진 거리인데도 아무도 신고하지 않았다.[교통사고, 중앙]
事故地点は、料金所からわずか500メートル離れた距離だったが、誰も届(とど)け出(で)なかった。

▸ 비록 약속은 지키지 못했지만, 역대 일본 감독 중 이처럼 독기를 품고 명확한 목표를 정해 달려든 감독은 없었다.[일본축구, 중앙]
たとえ約束は守れなかったとしても歴代の日本代表監督のうち、これほどの覚悟(かくご)を抱(だ)いて明確な目標に向かっていった監督はいなかった。

▸ 비록(만일) 사고를 당한 경우에도 구조자가 간단하게 풀 수 있도록 만들어져 있다.[안전벨트, 리더스]
万一事故にあった場合でも、救助者(きゅうじょしゃ)が簡単にはずすことができるように作られている。

▸ 비록 제3차 세계대전이 일어난다고 하면 우리들은 어떻게 되는 걸까.
仮に、第三次世界大戦(だいさんじせかいたいせん)が起きたとしたら、ぼくたちはどうなるのだろう。

24. 간격(사이) : 間隔(かんかく), 隔(へだ)たり, 距離(きょり), ギャップ(= gap), みぞ(溝)[33], インターバル(= interval)

▶ 차를 운전할 때는 앞 차와의 <u>간격</u>을 충분히 두지 않으면 위험합니다.
車を運転するときは前の車との<u>間隔</u>を十分に取らないと危険(きけん)です。

▶ 중학교와 고등학교의 교육 <u>간격</u>(격차)을 없애고, 학생 한 사람 한 사람이 생동감 있게 학교생활을 보낼 수 있는, 용의주도한 교육을 목표로 하고 있습니다.[교육목표, kr]
中学校と高校の教育の<u>へだたり</u>をなくし、生徒一人ひとりが、生き生きと学校生活をおくることが出来る、ゆきとどいた教育をめざしています。

▶ 선두와의 <u>간격</u>(거리)이 너무 멀어지지 않도록 주의하세요.
先頭(せんとう)との<u>距離</u>が離(はな)れすぎないように注意しなさい。

▶ 현실과 이상의 <u>간격</u>(갭)이 너무 커 그만두기로 했다.
現実(げんじつ)と理想(りそう)の<u>ギャップ</u>があまりにも大きくて止めることにした。

▶ 어느 쪽으로 하더라도 대립하는 의견의 <u>간격</u>(틈)을 메우는 것은 꽤 어려울 것 같다.
どちらにしても、対立する意見の<u>溝</u>を埋(う)めるのは、かなり難しそうだ。

---

33) 도랑, 좁고 긴 홈. 사람 사이의 의견·감정 등의 틈, 간격 (= 水を流すため地面を細長く掘ったもの, 人と人との間の意見·感情などのへだたり)
▶ 메리나 9호가 거대한 긴 <u>도랑</u> 상공을 나를 때, 당신은 화성에서 가장 놀랄만한 신비로운 현상을 발견할 것이다.[火星, 리더스]
マリナー9号が、巨大な<u>溝</u>のような上空を飛ぶとき、あなたは火星で最も驚くべき神秘的な現象を発見するだろう。

▶ 시간 간격(인터벌) 타이머가 붙어있는 디지털 카메라를 찾고 있습니다. 좋은 메이커나 제품이 있으면 가르쳐 주세요.[디카, yp]

インターバルタイマー付(つき)のデジカメを探しています。いいメーカーや製品があれば教えてください。

▶ 트레이닝 목적에 따라 간격(인터벌) 길이를 바꿉니다. 근육비대가 목적이라면, 대체로 1분 전후를 기준으로 짧게 하면서 점점 유산을 내보내어 펌프 업(=pump up)합니다.[근육강화 강좌, yp]

トレーニングの目的によってインターバルの長さを変えます。筋肥大(きんひだい)が目的なら、だいたい一分前後を目安(めやす)に短(みじか)めにしてどんどん乳酸(にゅうさん)を出させてパンプアップします。

25. 메우다 : 埋(う)める(他), 埋(うず)める(他), 塞(ふさ)ぐ, 補充(ほじゅう)する, 補填(ほてん)する

▶ 일주일간의 업무공백을 메우려고 열심히 야근하고 있다.

一週間の仕事の空白(くうはく)を埋めるために、いとも夜勤(やきん)している。

▶ 자, 모두들 모래사장에 판 구멍은 메워두자. 위험하니까.

さあ、みんな、お砂場(すなば)に掘(ほ)った穴(あな)は埋めとこうね、危ないから。

▶ 구장을 꽉 메운 사람들의 성원에 보답하여, 타자는 멋지게 홈런을 쳤습니다.

球場(きゅうじょう)を埋(うず)めた人々の声援(せいえん)にこたえて、バッターは、見事(みごと)なホームランを打ちました。

▸ 미리 타이어튜브 안에 주입해 두어, 펑크가 나면 자동적으로 구멍을 메워주는 타입도 있습니다.[타이어, yp]

あらかじめタイヤチューブ内に注入(ちゅうにゅう)しておき、パンクしたら自動的に穴を塞いでくれるタイプのものもあります。

▸ 이 부족한 100만원은 다른 차입금으로 자금을 메우는 것이 됩니다.

この不足した100万ウォンは、違う借(か)り入(い)れ金(きん)で資金を補充したことになります。

▸ 도쿄都는, 대회운영으로 만일 적자가 되었을 경우, 정부가 올림픽 대회 조직위원회에 대해 적자를 메우는(보전하는) 것을 확약한 재정보증서를 가지고 있다.[五輪유치, yp]

東京都は、大会運営で万が一赤字(あかじ)になった場合、政府が五輪大会組織委員会に対して赤字を補填することを確約(かくやく)した財政保証書(ざいせいほしょうしょ)を得ている。

일본어번역문 18-A

この前、私はKBSの1チャンネルの'テレビは愛を乗せて'という番組で、30年間忘れることができなかった幼友達に会えました。IQ158で「ケネディ」というあだ名を持っていた友達だったです。30年ぶりに会った友達は、その日『白夜3.98』という小説を私にくれました。実に'30年ぶりの贈り物'でした。その間、彼は、アメリカの大学で学生を

を教える教授である同時に「ハンテフン」という筆名で有名な小説家になっていました。

『白夜3.98』。この本のように一晩にやっつけるような読書をした覚えがあまりありません。まず読むのが容易で気に入ったし、仕組みも丈夫で内容がはっきり頭に入って来ました。飛行機や武器に対する該博な知識と優れた描写に非常に驚かなくてはいられなかったです。もちろん迫力も溢れたのです。小説は白夜のロシアを初めとして、アメリカ、韓国、北朝鮮など私達と運命的に絡まれている世界を行き来していました。

愛は雪の花のように中から咲き始めていましたね。一言で興味津々ながらも人間と文学に対する品位を失わない素晴らしい作品でした。本をおきながら私は出し抜けに「作家として出来る愛国」がまさにこういうのだろうという思いがしました。

たとえ一晩だったけれども、『白夜3.98』はその友達と私の間におかれた30年の間隔を埋めてくれるのにぜんぜん不足がなかったのですね。

일본어번역문 18-B

この間、私はKBS1チャンネルの'TVは愛を乗せて'と言う番組で、30年間忘れられなかった竹馬の友に会うことができました。IQ158の「ケネディ」

と言うあだ名を持っている友達でした。30年ぶりに会った友達は、その日『白夜3.98』と言う小説を私にくれました。実に「30年ぶりのプレゼント」でした。その間に、彼は、アメリカの大学で学生たちを教える教授であると共に「ハンテフン」と言うペンネームで有名な小説家になっていました。

〈白夜3.98〉。この本のように一晩で一気に読みおえることのできた本はこれまで出合ったことがありませんでした。まず読みやすくて気に入り、構成もしっかりしていて内容がかんたんに理解できました。飛行機や武器についての博学な知識と卓越した描写に舌をまかずにはいられませんでした。もちろん緊迫感にも溢れていました。小説は白夜のロシアをはじめ、アメリカ、韓国、北朝鮮など我々と運命的に絡みあう世界を出入りしていました。

愛は雪の花のようにその中にあふれていました。一言でいえば興味津々で人間と文学にかんする品格を失わないすばらしい作品でした。本を読みおえて私はふと'作家として示すことのできる愛国'とはこのようなものではないかという気がしました。

わずか一晩でしたが、『白夜3.98』は彼と私の間に置かれた30年の隔たりを埋めてくれるのに全く不足のないものだったのです。

색인편

이 [색인편] 에는, 본서에 있는 어휘 및 어구를 쉽게 찾아 볼 수 있도록, 한국어와 일본어 어휘 뒤에 그 위치를 숫자로 표시해 두었다. (예, 「상징적이다-7-3」의 경우, 앞의 숫자는 〈7장 한국어문〉의 번호이고, 뒤의 숫자는 7장의 〈어휘 및 어구〉의 번호 3을 말한다.)

〈한국어 편〉

(ㄱ)

(ㄴ)

(ㄷ)

(ㅇ)

〈일본어 편〉

(さ)

(し)

(ひ)

(ふ)

(み)

(む)

〈한자읽기 편〉

(ㄹ)

(ㅁ)

(ㅂ)

(ㅅ)

(ㅇ)

(ㅎ)